国家出版基金项目
NATIONAL PUBLICATION FOUNDATION

U0791402

风电场建设与管理创新研究丛书

风电场项目
投资管理

简迎辉　鲍莉荣　欧阳红祥 等　编著

中国水利水电出版社
www.waterpub.com.cn
·北京·

内 容 提 要

本书是《风电场建设与管理创新研究》丛书之一。本书内容共分 8 章，分别为绪论、风电场项目投资政策发展沿革、风电场项目遴选与立项管理、风电场项目投资决策分析与评估、风电场项目设计概算、风电场项目融资、风电场项目投资管控、风电场项目投资风险管理。

本书可作为风电场项目投资开发人员的入门学习参考书，也可作为从事风电场项目开发的投资商、运营商的培训教材，并且对从事风电场项目投资管理实践工作的从业人员有一定参考价值；本书还可作为高等院校相关专业的教学参考用书。

图书在版编目（CIP）数据

风电场项目投资管理 / 简迎辉等编著. -- 北京 : 中国水利水电出版社, 2020.12
（风电场建设与管理创新研究丛书）
ISBN 978-7-5170-9235-3

Ⅰ. ①风… Ⅱ. ①简… Ⅲ. ①风力发电－发电厂－基本建设项目－投资管理 Ⅳ. ①F407.616

中国版本图书馆CIP数据核字(2020)第251317号

	风电场建设与管理创新研究丛书
书　　名	**风电场项目投资管理** FENGDIANCHANG XIANGMU TOUZI GUANLI
作　　者	简迎辉　鲍莉荣　欧阳红祥　等　编著
出版发行	中国水利水电出版社 （北京市海淀区玉渊潭南路 1 号 D 座　100038） 网址：www.waterpub.com.cn E-mail：sales@waterpub.com.cn 电话：（010）68367658（营销中心）
经　　售	北京科水图书销售中心（零售） 电话：（010）88383994、63202643、68545874 全国各地新华书店和相关出版物销售网点
排　　版	中国水利水电出版社微机排版中心
印　　刷	天津嘉恒印务有限公司
规　　格	184mm×260mm　16 开本　15.75 印张　326 千字
版　　次	2020 年 12 月第 1 版　2020 年 12 月第 1 次印刷
印　　数	0001—3000 册
定　　价	**82.00** 元

《风电场建设与管理创新研究》丛书

编 委 会

《风电场建设与管理创新研究》丛书

主 要 参 编 单 位

（排名不分先后）

河海大学
哈尔滨工程大学
扬州大学
南京工程学院
中国三峡新能源（集团）股份有限公司
中广核研究院有限公司
国家电投集团山东电力工程咨询院有限公司
国家电投集团五凌电力有限公司
华能江苏能源开发有限公司
中国电建集团水电水利规划设计总院
中国电建集团西北勘测设计研究院有限公司
中国电建集团北京勘测设计研究院有限公司
中国电建集团成都勘测设计研究院有限公司
中国电建集团昆明勘测设计研究院有限公司
中国电建集团贵阳勘测设计研究院有限公司
中国电建集团中南勘测设计研究院有限公司
中国电建集团华东勘测设计研究院有限公司
中国长江三峡集团公司上海勘测设计研究院有限公司
中国能源建设集团江苏省电力设计研究院有限公司
中国能源建设集团广东省电力设计研究院有限公司
中国能源建设集团湖南省电力设计院有限公司
广东科诺勘测工程有限公司

内蒙古电力（集团）有限责任公司
内蒙古电力经济技术研究院分公司
内蒙古电力勘测设计院有限责任公司
中国船舶重工集团海装风电股份有限公司
中建材南京新能源研究院
中国华能集团清洁能源技术研究院有限公司
北控清洁能源集团有限公司
国华（江苏）风电有限公司
西北水利水电工程有限责任公司
广东粤电阳江海上风电有限公司
江苏省风电机组结构工程研究中心
中国水利水电科学研究院

丛书前言

随着世界性能源危机日益加剧和全球环境污染日趋严重，大力发展可再生能源产业，走低碳经济发展道路，已成为国际社会推动能源转型发展、应对全球气候变化的普遍共识和一致行动。

在第七十五届联合国大会上，中国承诺“将提高国家自主贡献力度，采取更加有力的政策和措施，二氧化碳排放力争于2030年前达到峰值，努力争取2060年前实现碳中和。”这一重大宣示标志着中国将进入一个全面的碳约束时代。2020年12月12日我国在“继往开来，开启全球应对气候变化新征程”气候雄心峰会上指出：到2030年，风电、太阳能发电总装机容量将达到12亿kW以上。进一步对我国可再生能源高质量快速发展提出了明确要求。

我国风电经过20多年的发展取得了举世瞩目的成就，累计和新增装机容量位居全球首位，是最大的风电市场。风电现已完成由补充能源向替代能源的转变，并向支柱能源过渡，在我国经济发展中起重要作用。依托“碳达峰、碳中和”国家发展战略，风电将迎来与之相适应的更大发展空间，风电产业进入“倍速阶段”。

我国风电开发建设起步较晚，技术水平与风电发达国家相比存在一定差距，风电开发和建设管理的标准化和规范化水平有待进一步提高，迫切需要对现有开发建设管理模式进行梳理总结，创新风电场建设与管理标准，建立风电场建设规范化流程，科学推进风电开发与建设发展。

在此背景下，《风电场建设与管理创新研究》丛书应运而生。丛书在总结归纳目前风电场工程建设管理成功经验的基础上，提出适合我国风电场建设发展与优化管理的理论和方法，为促进风电行业科技进步与产业发展，确保工程建设和运维管理进一步科学化、制度化、规范化、标准化，保障工程建设的工期、质量、安全和投资效益，提供技术支撑和解决方案。

《风电场建设与管理创新研究》丛书主要内容包括：风电场项目建设标准化管理，风电场安全生产管理，风电场项目采购与合同管理，陆上风电场工程施工与管理，风电场项目投资管理，风电场建设环境评价与管理，风电场建设项目计划与控制，海上风电场工程勘测技术，风电场工程后评估与风电机组状态评价，海上风电场运行与维护，海上风电场全生命周期降本增效途径与实践，大型风电机组设计、制造及安装，智慧海上风电场，风电机组支撑系统设计与施工，风电机组混凝土基础结构检测评估和修复加固等多个方面。丛书由数十家风电企业和高校院所的专家共同编写。参编单位承担了我国大部分风电场的规划论证、开发建设、技术攻关与标准制定工作，在风电领域经验丰富、成果显著，是引领我国风电规模化建设发展的排头兵，基本展示了我国风电行业建设与管理方面的现状水平。丛书力求反映国内风电场建设与管理的实用新技术，创建与推广风电中国模式和标准，并借助“一带一路”倡议走出国门，拓展中国风电全球路径。

丛书注重理论联系实际与工程应用，案例丰富，参考性、指导性强。希望丛书的出版，能够助推风电行业总结建设与管理经验，创新建设与管理理念，培养建设与管理人才，促进中国风电行业高质量快速发展！

蔡新

2020年6月

本书前言

火种的出现使人类从茹毛饮血的原始时代开始迈入文明进化时代，自此人类经济社会的发展便与能源发展密切相关。尤其是进入工业化时代后，能源战略上升为国家安全战略，甚至是决定世界地缘政治格局的核心要素。随着不可再生化石能源的枯竭和全球温室效应日趋严重，节能减排成为世界大多数国家和地区的共识，自20世纪90年代以《联合国气候变化框架公约京都议定书》为标志，可再生能源步入了快速发展的道路。

《BP世界能源统计年鉴（2019）》显示，可再生能源在全球一次能源消费中占比从2001年的0.7%提高到2018年的9.3%。在可再生能源发电的增长中，超过一半源于风电的增长。而全球第一个商业风电场于1980年年底在美国新罕布尔州西南部的克罗奇山投产发电，这意味着现代风电产业开始诞生。欧洲（尤其是北欧各国、德国）和美国成为风电产业技术先进和风电市场开发力度较大的地区。我国风电产业的发展起源于1985年，进入21世纪后，在国家可再生能源政策的支持下，尤其是《中华人民共和国可再生能源法》颁布后，风电产业发展迅猛，风电的总装机容量和增长率位于全球市场前列，并于2010年左右形成了完整的风电产业链，风电产业进入成熟期。2013年我国提出“一带一路”倡议后，我国企业的海外投资成为热潮，电力项目成为关注重点。风力发电的资源禀赋性和可预期的未来盈利空间决定了我国风电技术、风电产业资本和金融资本走出国门也是时代所趋。在此背景下，中国水利水电出版社策划的《风电场建设与管理创新研究》丛书获得国家出版基金项目的资助，本书即为该丛书的其中一册。

本书从风电开发企业或投资商的视角，围绕风电场项目投资的核心目标，按照全过程投资管理的理念，梳理出风电场投资管理的主要内容框架，运用项目管理学、项目投资融资理论、决策理论和风险管理等理论对风电场项目前期工作、投资决策、设计概算、融资、投资管控和投资风险分析与应对等内容进行了较为系统的阐述；本书的亮点还在于针对风电海外投资的需求，介绍了国内企业在“一带一路”国家风电投资的现状，并综合考虑了国际关系、电力市场和电网覆盖率、风能资源、可再生能源政策、经济发展程度和投资风险等要素，着重选取了蒙古、俄罗斯、印度、巴基斯坦、越南、泰国、菲律宾、印度尼西亚、埃及、土耳其、格鲁吉亚、哈萨克斯坦、土库曼斯坦、波兰和罗马尼亚10个“一带一路”沿线国家，介绍其风电投资政策和风电市场发展现状。

本书为充分体现理论与实务兼顾的定位，组建了由河海大学牵头，部分国内风电开发企业和设计院相关人员参与的编写团队。本书第1章由河海大学简迎辉编写，第2章由中国三峡新能源（集团）股份有限公司（简称三峡能源）曹冬梅、方超、张子瑞和南京工业大学浦江学院鲍莉荣编写，第3章由三峡能源曹周生、张航编写，第4章由河海大学简迎辉和杨志勇编写，第5章由中国电建集团西北勘测设计研究院有限公司杜为编写，第6章由中国华能集团清洁能源技术研究院有限公司彭文博、李晓磊、张鹏、应超和三峡能源黄婧编写，第7章由三峡能源朱杭杰、史兆培和中国电建集团西北勘测设计研究院有限公司崔永峰编写，第8章由中国华能集团清洁能源技术研究院有限公司彭文博、李晓磊、张鹏、应超和南京工业大学浦江学院鲍莉荣编写，全书由简迎辉统稿、完善，河海大学欧阳红祥和三峡能源袁丙青负责审稿。

本书写作过程历时1年有余，得到了许多专家的帮助和支持。北控清洁能源集团张双益博士及其同事参与了本书框架的讨论，并撰写了部分章节的初稿，但后来因单位工作繁忙，中途不得不退出书稿的进一步撰写，这不得不说是一个遗憾，希望下次再有机会能够合作。本书的编写工作量大，但统筹工作量更大，中国水利水电出版社李莉女士为此付出了许多心血，中途不断督促我们抓紧写稿，如果没有李莉女士的敦促，估计交稿日期会推迟不少；同时为了书稿更具鲜活性，多次牵线搭桥实务单位的相关人员，以获得更多资料和案例。三峡能源刘建平主任协调各分公司，为本书提供了详实的案例资料。河海大学研究生高梦博、施佳博、崔志鹏和本科生申逸凡、陈焕发、隋鑫、苏旻宇、嵇凯、邹博文、冯雨、左娜、王凯祥和林源在本书的资料搜集整理、文字校对和图形绘制等方面做了很多工作。无以言表，唯有在此奉上书稿，深表谢意。

本书参考了国内外许多专家学者的论文、著作以及相关网站上的资料文献，在此不能一一列举，谨向他们表示深深的谢意。限于编著者的水平，疏漏与不当之处在所难免，敬请大家不吝赐教，予以批评指正。

简迎辉

2020年7月于南京

目录

第 1 章　绪　　论

古人掌握“击石取火”技能是人类文明诞生的象征。纵观人类社会的发展，与能源的发展及其结构的调整息息相关。化石能源的发展对人类社会步入工业化时代具有巨大的促进作用，并逐渐成为人类经济社会发展的重要基石。但与此同时，化石能源的大量使用，导致了地球温室效应和环境污染等外部不利性。据统计，传统化石燃料每产生 1kW·h 电，就会释放 4kg 的有害气体和污染环境的残余物。以化石能源为核心的资源依赖性的经济发展模式对人类赖以生存的地球生态环境以及人类经济社会的可持续发展造成了严重影响。20 世纪 80 年代，由于全球化石能源资源日趋枯竭，能源战略安全受到威胁，发达国家和一些发展中国家开始重视可再生能源的研究和开发利用，并将之提升到国家战略层面上考虑，确保拥有先发竞争优势。随后，太阳能、风能、生物质能和地热能等可再生能源被先后挖掘，并逐渐得以实践应用。2015 年 12 月，《联合国气候变化框架公约》的近 200 个缔约方在巴黎气候变化大会上达成了《巴黎协定》，有 1000 多家公司和 70 多个国家政府宣称 2050 年达到“零碳排放”标准的规划。英国石油公司（British Petroleum，简称 BP 公司）2019 年发布的《BP 世界能源统计年鉴（2019）》显示，在全球一次能源消费结构中，尽管 2018 年煤炭占比仍高达 38%，与 20 年前几乎没有变化，但从整体来看，可再生能源渗透率越来越高，可再生能源在全球一次能源消费占比从 2001 年的 0.7%提高到 2018 年的 9.3%。在可再生能源增长中，超过一半源于风能的增长。《BP 世界能源统计年鉴（2017）》曾跟踪了 67 个国家，统计了 1965—2016 年间这 67 个国家中各类能源生产国的比例，如图 1-1 所示。由图 1-1 可知，上规模的风能生产国比例从 15%上升到 75%历经了 20 年，而太阳能完成相似程度的扩张仅用了其一半的时间。近些年，全球太阳能增长速度虽然比较快，但从规模总量看，仍不及风能的发展规模。2018 年，太阳能贡献了超过 40%的可再生能源增长，发电增长

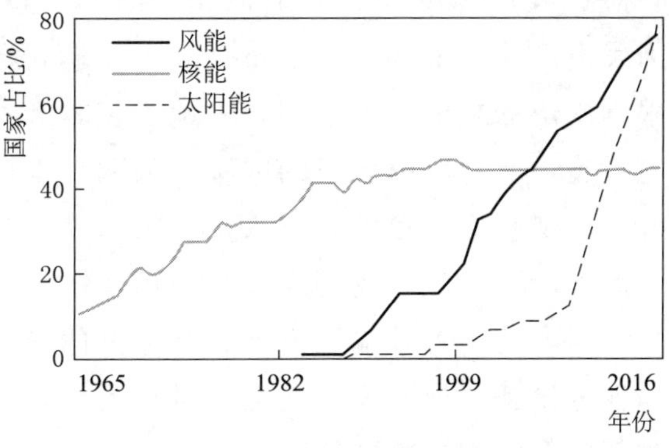

图 1-1　不同发电技术的占比

［资料来源：《BP 世界能源统计年鉴（2017）》］

3000万t油当量，但低于风力发电（3200万t油当量）。从区域分布看，亚太地区于2016年首次取代欧洲和欧亚地区，成为最大的可再生能源产区。中国已经超过美国，成为全球最大的可再生能源生产国之一。

1.1 风电场项目的内涵

1.1.1 风电场项目的定义

1. 风电场

风能资源通过电机设备的处理，可以产生电力。第一台水平轴式风电机组出现在12世纪，主要用于碾米、提水和无电地区农牧民的供电。Charles F. Brush（1849—1929）是美国电力工业的奠基人之一，他于1887年安装了一台被现代人认为是第一台自动运行且用于发电的风电机组，功率仅为12kW，风轮直径为17m，有144个由雪松木制成的叶片。而丹麦人Poul la Cour（1846—1908）是现代空气动力学的鼻祖，也是现代风力发电机的先驱，他发明了快速转动、叶片数量少的风电机组，发电时比低转速的风电机组效率高得多。1950年，Johannes Juul工程师曾是Poul la Cour创办的“风电工”培训班学员，开发了世界上第一台交流风力发电机，并于1956—1957年为SEAS电力公司创新地开发了200kW Gedser风力发电机。Gedser风力发电机是三叶片、上风向，带有电动机械偏航和异步发电机的风力发电机，其最终在激烈的商业竞争中获胜，由此形成了目前最为常见的水平轴、三叶片、上风向和管式塔的统一风电机组技术形式。

风能资源最显著的特点是具有时空变化性，且缺乏稳定性，风电设备所生产的电流需要通过充电器处理才能保证稳定使用。风能是风速的三次方的函数，风电机组的目的就是充分、有效地开发利用风速。考虑到风电机组的尾流效应，因此风力发电场[简称风电场（wind farm or wind park），也称为风力发电站（wind power station）或风力发电厂（wind power plant）]一般建立在风能资源较为充足的地区，风电机组需要根据既定的要求摆列阵型，占地面积较大。风电场包括所有已建成的风电设备与输变电设施，所有风电机组的准备、采购、设计施工工作，以及设备操作与后期运营维护等工作和相应的运维管理人员。

综上所述，风电场可定义为使用一定数量和规模的风电机组和风电机组群，将风能转化为电能并有效输送电能直至电网的场所，是具有完善、成熟的风电机组及配套的输变电设备，配备有专业运营维护人才，占据具有足够开发利用的风能资源的土地资源等的多维因素集合体。

2. 风电场项目

迄今为止，学者和协会团体对项目的定义有很多，比较具有代表性的如下：

（1）美国项目管理协会（Project Management Institute，PMI）认为项目是为提供某种独特产品、服务或成果所做的临时性努力。所谓临时性是指每一个项目都有明确的起点和终点，具有一次性特征。而独特性是指项目所形成的产品、服务或成果甚至活动在关键特性上与其他产品、服务、成果或活动存在不同之处。

（2）国际标准化组织（ISO）认为项目是由一系列具有开始和结束日期、相互协调和控制的活动组成的，通过实施活动而达到满足时间、费用和资源等约束条件和实现项目目标的独特过程。该定义是基于过程视角给出的，认为项目的目标及其产出物由一系列有组织的活动实现。

（3）美国学者麦克·吉多认为项目是以一套独特而又相互关联的任务为前提，有效地利用资源而为实现特定的目标所作的努力。

以上关于项目的定义，尽管视角有所差异，但不外乎都强调资源约束性、目标实现性、产品或服务的独特性以及活动的内在关联性。因此，目前项目较为普遍的定义为：项目是一个专门组织为实现某一特定目标，在一定约束条件下，所开展的一次性活动或所要完成的一个任务，以形成独特的产品或服务。这是一个狭义的项目定义，其持续时间是从提出项目的意图开始，到项目通过竣工验收交付使用结束，体现了项目的“一次性”特征。

习惯上常将项目与日常运营比较，两者的工作性质与内容有所不同。一般在项目中存在较多创新性、非程序性和一次性活动；而日常运营中则较多存在程序性、常规性和不断重复的活动。但站在投资者的视角，项目和日常运营之间有着天然的、不可分割的内在联系。项目的成败，即项目建设质量的好坏、工期的长短和成本的高低对投资效益有着重要影响，同时也影响着运营成本和运营质量。因此，从广义的角度，项目不仅包括项目建设期，还包括项目运营期，两者共同构成了一个项目的全生命期。

综合前述风电场和项目的定义，将狭义的风电场项目界定为：为实现将风能资源转换为电能，在一定的约束条件下所开展的风电场规划设计施工，以及风电机组采购安装等一次性活动或任务，以形成一定规模和数量，且能投入运行的风电机组群及相应的输变电设施。而广义的风电场项目不仅包括风电场投入运行以前的所有一次性活动，还包括风电场投入运行后的日常运营活动。

1.1.2　风电场项目的类型

1. 按风电场地理位置的不同分类

根据风电场地理位置的不同，通常将风电场项目分为陆上风电场项目（onshore

wind energy project）和海上风电场项目（offshore wind energy project）。

（1）陆上风电场项目，亦称岸上风电场项目，是指风电场通常设置在山地、平原等风能资源较为充足的陆地地区的风电场项目。在我国，陆地风能资源主要分布在“三北”地区，即东北、华北和西北地区的省份，以及低风速的中东南部地区，如河南省就呈现出典型的平原内陆低风速特征。随着风电技术的创新与发展，风电机组性能大幅提升，可开发风速下探至4.5m/s。有关数据表明，我国中东南部风速在5m/s以上达到经济开发价值的风能资源有10亿kW。而截至2018年，湖南、湖北等地的低风速重点区域风电装机容量仅为13kW/km^2，开发潜力远未挖掘出来。

（2）海上风电场项目，亦称离岸风电场项目，是指在沿海多年平均大潮高潮线以下海域开发建设的风电场项目，包括在相应开发海域内无居民的海岛上开发建设的风电场。根据位置的不同，海上风电场项目分为潮间带和潮下带滩涂风电场项目、近海风电场项目和深海风电场项目。

1）潮间带和潮下带滩涂风电场项目（intertidal and subtidal wind energy project），是指在沿海多年平均大潮高潮线下至理论最低潮位以下5m水深内的海域开发建设的风电场项目。从风电机组设备角度看，潮间带风电机组不会受到波浪荷载，所受荷载与陆上风电机组几乎没有差异，一般是在陆上风电机组增加一些冗余设计来实现的。

2）近海风电场项目（shallow - sea wind power project），是指在理论最低潮位以下5～10m水深的海域开发建设的风电场项目。相较于陆地风力而言，海风速度快，风能资源有效利用率比较高，不过设备安置与后期维修费用相对高一些。我国第一个近海风电场项目上海东海大桥风电场于2010年并网发电。

3）深海风电场项目（deep - sea wind power project），是指大于理论最低潮位以下50m水深的海域开发建设的风电场项目。深海风电场项目面临的环境更为恶劣、技术难度更大，例如漂浮式风电基础设计、漂浮式风电机组的研制、建设与运维以及超远距离风电输送等。由于深远海域风功率密度更大，平均风速更高，相比近海有更加广阔的开发空间和价值，同时深远海域风电场的建设和运行对于海洋、渔业、军事、海事通航以及对城市居民等利益相关方的不利影响相对更小，再加上近海海域日益紧张，许多国家和地区开始重视深远海风电开发利用技术，英国、葡萄牙和法国等国家的深远海海上风电在2018年左右进入商业化开发阶段。在我国，国家发展改革委、国家能源局于2016年4月联合发布《能源技术革命创新行动计划（2016—2030）》，其中明确要求风电技术发展将“深海风能”提上日程。2016年12月，国家海洋局在发布的《海洋可再生能源发展“十三五”规划》中，明确提出要研发深海漂浮式风电机组，掌握远距离深水大型海上风电场项目设计、建设及运维等技术。同时，我国已有公司积极参与国际合作开发深海风电场项目，如中广核欧洲能源公司与法国合作方Eolfi公司组成的联合体，于2016年8月成功中标大西洋法属布列塔尼地区的Groix深远海海上风电项目（24MW）。

根据全球风能理事会（GWEC）发布的《2020年全球海上风电报告》，2019年全球新增海上风电装机容量6.1GW，累计海上风电装机容量达到29.24GW，其中中国2019年新增海上风电装机容量为2.40GW，累计海上风电装机容量为6.99GW。GWEC预测到2030年，中国海上风电装机总量将达到58.8GW，超过英国的40.3GW，成为世界海上风电累计装机容量最多的国家。

2. 按电源与电力负荷中心距离的不同分类

按照电源与电力负荷中心的距离不同，风电场项目可以分为集中式风电场项目和分散式风电场项目。

（1）集中式风电场项目。集中式风电场项目是“建设大基地，融入大电网”开发模式下的产物，其风电场装机容量较大，所有风电机组发电汇集到1～2个变电站（或升压站），然后接入220kV及其以上的配电网输送至电力用户。显然，在这种集中式开发模式下，电源中心与电力荷载匹配性不好，需要用高压（特高压）电网进行长距离输送。

（2）分散式风电场项目。鉴于我国“三北”地区集中式风电场项目“弃风限电”情形较为严重，分散式风电场项目概念于2011年7月首次提出，之后在国家能源局颁发的多份文件中均有相关规定，对分散式风电场项目规模、接入电压等级等均作出了明确规定。2018年4月，国家能源局印发了《分散式风电项目开发建设管理办法》，更新了分散式风电场项目的概念，明确分散式风电场项目是指所产生电力可自用，也可上网且在配电系统平衡调节的风电场项目。项目建设应满足以下技术要求：

1）接入电压等级应为110kV及以下，并在110kV及以下电压等级内消纳，不向110kV的上一级电压等级电网反送电。

2）以35kV及以下电压等级接入的，应充分利用电网现有变电站和配电系统设施，优先以T型或者π型接线方式接入电网。

3）以110kV（东北地区66kV）电压等级接入，只能有1个并网点，且总容量不应超过50MW。

4）在一个并网点接入的风电容量上限以不影响电网安全运行为前提，统筹考虑各电压等级的接入总容量。

由以上定义可知，分散式风电场项目的特点为：①单个风电场的规模比较小，不是集中连片，而是比较分散的；②接入电压等级比较低。

与分散式风电场项目相类似的概念还有分布式风电场项目。要定义分布式风电场项目，首先要定义分布式风电电源（distributed wind generation，DWG）。美国分布式风能协会把分布式风电电源定义为：就近安装在农场、工业区、居民社区、商业办公楼及公共设施等地，直接接入配电网用于满足全部或部分用户自身或附近用电需求的风力发电设备。国内规范性文件《关于做好分布式电源并网服务工作的意见》（2013年2月）对分布式风电电源进行了界定，指出分布式风电电源是位于用户附近，所发电能就地利用，以10kV及以下电压等级接入电网，且单个并网点总装机容量不超过6MW的发电项目。显然，分布式风电场项目是不以大规模远距离输送电力为目的，所发电能就近接入配电网、就近利用的风电开发形式。

从分布式风电场项目概念起源看，分布式风电场项目一词出现更早，且在国际上应用更为普遍。从概念提出的动机看，分布式风电更强调自发自用、用户消纳；而分散式风电更强调多点接入、配网消纳。但两者都是分散部署开发，项目规模较小，且接入电压等级较低。

3. 按风力发电是否纳入国家电网分类

根据风力发电是否纳入国家电网分为并网型风电场项目和离网型风电场项目。

（1）并网型风电场项目。并网型发电是指将风电机组与电网连接，将风电输出到电网后再向大规模用户供电的运行方式，适合大型风电机组和大中型风电场项目使用。采用并网型发电方式的风电场就称为并网型风电场项目。它是目前技术最成熟、商业化运行最优的风电开发方式，也是风力发电主要的发展方向。

（2）离网型风电场项目。离网型发电是指风电机组不与电网连接，直接给小范围用户供电的运行方式，适合小型风电机组，主要包括：①风力独立发电；②风/光互补系统；③风/柴油供电系统等。这些发电方式主要用于解决偏远的农村、牧区、海岛等远离电网的无电地区，或者某些小规模集中用户的用电需求。但是，目前技术水平并不完善，成本也很高，导致离网型风电场项目开发与普及程度还不广泛。

1.1.3 风电场项目的特征

风电场项目的主要功能是将风能资源转换为电力资源，是一种可再生能源，其本身就是一种能源技术的创新，因此，风电场项目具有一般项目的整体性、目的性、一次性、创新性和资源约束性等特征；从风电场项目投资最终形成的资产主要属性看，风电场项目固定资产投资在总投资中占比很大，本身属于建设工程项目领域，具有工程项目的特征，但由于风能资源及其开发利用的特点，也有其自身的特殊性。这种特殊性可从风电场项目实体、建设过程和运营过程来描述。

1. 风电场项目实体的特殊性

（1）风电场项目名义占地面积较大。风能是太阳能的一种转化形式。由于太阳的辐射造成地球表面受热不均，引起大气层中压力分布不均，从而使空气沿水平方向运动，空气流动所形成的动能称为风能。风功率密度（wind - power density）是决定风能大小的重要因素，其与空气密度密切相关。空气密度小，其流动产生的风能密度就低。显然，只能开发利用那些能使风能转换装置运行但又不至于破坏风能设备的有效风能，这就是有效风功率密度。风能资源属于面上资源，因此，要想在一定区域内获得比较多的风能资源，就需要占用大量土地来建设规模较大的风电场。不过需要说明的是，尽管风电场名义上需要占用许多土地，但实际占地却较少，风电场项目的相关设备和建筑占地面积不到整个风电场的1%，其余土地仍可进行农林牧渔活动。

（2）风电场项目实体在空间上的固定性。风电场项目实体均由自然地面以下的基础和自然地面以上的塔筒和风电机组设备两部分组成。基础承受风电机组传递过来的全部荷载（包括基础自重），并传给地基，同时将风电机组固定在地面上。风电场工程产品都是在选定的地点上建造和使用的，与选定地点的土地不可分割，从建造开始直至拆除均不能移动。因此，风电场项目实体的建造和使用地点在空间上是固定的。

（3）风电机组设备高度高且叶片直径大。风能资源时空差异性大。在不同季节，风的大小、方向均有变化。在水平空间上，随着山地、丘陵、平原、高原等不同地形的变化，风力大小分布的差异性明显。如在宽阔大陆的收缩地带、地形交错过渡地带等良好地形区的风力会比邻近区域中的不利地形下的风力大很多。不同气候区的风能资源差异也特别大，如沿海地区的风能资源比内陆深处的丰富。在垂直空间上，具有层次分布性，由于气压、空气密度等因素的差异，不同高度层上的风能资源差异也比较大。根据风能资源评估方法，目前常见的是开发利用50～80m高度的空间风能资源。此外，风能资源的能量密度小，风能利用效率也较低，因此要求塔筒高度高，同时风轮的叶片直径要大，因此在获得一样的发电量情况下，风轮直径是水轮机的几十倍，可以达到几十米甚至上百米不等。

2. 风电场项目建设过程的特殊性

（1）建设周期较长。大中型风电场项目实体工程量一般较大，需要用较长的时间才能将其建成，即建设周期较长。一般工业企业通常一边消耗人力、物力和资金，一边生产出产品，并产生经济效益。风电场项目建设则不同，它需要经过较长时间（如1～2年甚至更长）的建设才能完工投产，进而发挥效益，回收投资。而在建设期间，风电场项目占用大量人力、财力和物力，但并不能产生效益。为了更好地发挥投资效益，应尽可能缩短风电场项目的建设周期，及时形成生产能力或交付使用。

（2）受建设环境影响大。建设环境包括自然环境和社会环境。风电场项目建设一般只能露天作业，受水文、气象、潮汐、台风等因素影响较大。如台风和潮汛对海上风电场项目建设影响极大，在施工组织安排中，应尽量避开潮汛和台风；风电场地点的选择常受到地形、地貌、地质等多种复杂因素的制约；建设过程所使用的建筑材料、施工机械等的价格受到工程所在地物价等因素的制约，工程项目投资控制问题也较为复杂。总而言之，工程建设受到的制约因素较多。

（3）建设过程中对运输和吊装机械要求高，施工安全隐患大。不同机构、组织和学者的风能资源评估结果显示，风能资源丰富的陆地区域通常位于山区、地形狭窄地带，以及深远海域。由于风轮叶片装置尺寸非常大，且其整体性要求高，因此对叶片装置的运输机械不仅要求动力足，而且还要求是体型庞大、操作灵活的重型（陆上或海上）运输机械。对陆上风电场而言，从风电机组的供应商所在地到风电场现场，需历经长途跋涉以及山区坡险弯急的行驶，运输安全问题较大。同时不论是整体性吊装，还是分节拼装，均存在高空作业，这对施工吊装机械的起重高度、起重重量和稳定性都有很高的要求。

3. 风电场项目运营过程的特殊性

（1）风电场项目运营不确定性较大。风电场项目运营受风能资源影响很大，而风能资源具有间歇性、波动性和随机统计性，因此风电出力稳定性无法保障，不可控。风电设备只有在有效风能密度区内才能相对稳定地运转。但风电出力的稳定性调节控制十分困难，在接入电网后，会对整个电网的稳定性和电能质量带来一定影响。而且迄今为止，风电还不能直接大量储存。风电出力的波动性，决定了风电场项目运营收益的不确定性较大。

（2）海上风电场项目运维难度较大。海上风电场项目面临的自然环境较为恶劣，运维人员出海并不便利，因此尽管风电场项目运行自动化程度高，但定期的现场运维检查难度很大，且风险较高。

（3）风电场项目建设、设备安装和拆除成本高。随着风电产业技术的发展与进步，风电成本下降较为明显，平均可以达到 7000～8000 元/kW，虽然大大低于光伏发电成本，但相对于传统的火电、水电等发电成本总体上还是偏高。此外风电机组和设备的设计寿命期一般为 20 年，按照目前的拆除技术和工艺，风电机组和设备拆除成本也很高，甚至高于新建项目的投资成本。

1.2 风电场项目生命期与利益相关者

1.2.1 风电场项目生命期

时间的限制性和一次性决定了风电场项目有自己的生命期（life cycle）。正如学者将人生划分为不同阶段一样，根据发展规律的不同，风电场项目也可以划分为一系列不同的阶段，这些阶段构成了项目的全过程。现代项目管理理论将由这些阶段所构成的项目全过程称为项目生命期。因此，有些学者也将项目生命期称为“项目全过程”。

美国项目管理协会（PMI）认为“项目生命期有多少个阶段和各阶段的名称取决于组织开展项目管理的需要”。因此在实践中，风电场项目性质（政府投资、私人投资、中外合资等）、规模不同，风电场项目生命期有所不同，但常见的项目生命期模型为四阶段模型，如图 1-2所示。[1] 随着项目阶段的不断推进，项目资源需求先低后高，在项目施工阶段达到高峰期，随后到项目收尾阶段，项目资源需求水平又会急剧下降。同时，随着项目的实施，项目不确定性和风险性不断降低，其可变性也不断降低。

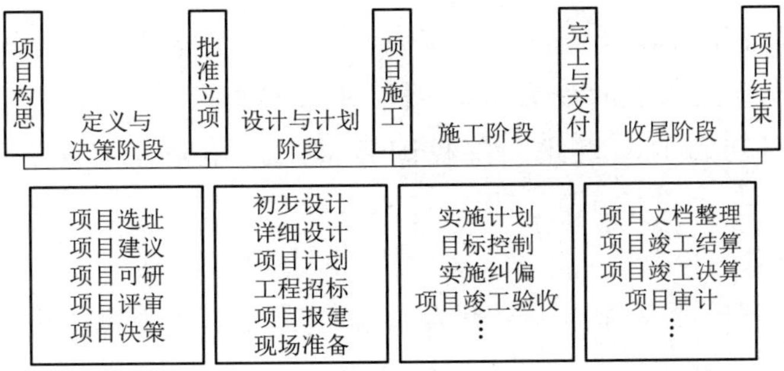

图 1-2　风电场项目生命期

由图 1-2 可知，风电场项目在不同的阶段有不同的实施工作内容或任务、不同的可交付成果以及不同的参与人员。

1. 项目定义与决策阶段

项目定义与决策阶段又称为前期决策阶段或概念阶段。这个阶段从项目构思到批准立项为止，主要包括的工作如下：

（1）风能资源测评和项目选址。主要是采用科学的风能资源测评方法评估风能资源储量，对风电场进行初步选址。

（2）项目建议书研究。主要是对项目进行初步定义与规划，初步确定项目地点、项目建设规模和方案。

（3）项目可行性研究。项目建议书批准后，应进行项目可行性研究。可行性研究是对风电场项目实施方案进行全面技术经济论证的工作，其分析结论为项目决策提供依据。可行性研究阶段最后提交的成果是可行性研究报告。经批准的可行性研究报告是工程项目实施的依据。

（4）项目评审。项目评审是决策者或行政主管部门委托第三方对项目可行性研究报告的真实性、科学性进行全面评估的工作。

（5）项目决策立项。由于工程项目投资的不可逆性，在我国，工程项目立项制度根据项目投资资金来源的不同分为审批、核准和备案三种制度。政府投资项目立项实行行政审批制，企业投资项目视对社会公共利益、公众安全和生态环境的影响程度不

[1] 在国外，常采用风电场项目生命期五阶段模型，即项目预开发阶段、项目开发阶段、项目采购阶段、项目施工阶段和项目收尾阶段。

同，分别采用项目核准立项制、项目备案立项制。项目的建设和运营对社会公共利益、公众安全和生态环境影响大的采用项目核准立项制，企业投资者向行政主管部门递交的项目申请报告获核准后即可立项。相对应的，如果项目的建设和运营对社会公共利益、公众安全和生态环境影响小，则实行项目备案立项制，企业投资者自行决策立项，仅需向行政主管部门履行备案手续。

如前所述，风能资源作为可再生能源，与传统化石能源相比，虽然对环境影响较小，但由于风电场项目占地面积较大，项目建设和拆除成本高，且可能存在噪声污染、景观破坏等不利影响，因此，在我国目前对风电场项目采用的是项目核准立项制。

2. 项目设计与计划阶段

项目设计与计划阶段又称为项目开发阶段，从批准立项到现场开工为止。这个阶段通常包括的工作如下：

(1) 项目勘察、设计。项目勘察是对项目所在地的工程地质情况、水文地质情况进行调查，对工程场地进行测量。全面深入的勘察调查是确保设计依据和基础资料准确性的前提，没有一定广度和深度的勘察工作，就不可能有正确的设计工作。项目设计是分阶段进行的，常分为初步设计阶段和详细设计阶段。详细设计阶段包括技术设计和施工图设计，但技术设计并不是每个项目所必需的。

1) 初步设计。初步设计是根据可行性研究报告的要求所做的具体实施方案。目的是论证在指定的地点、时间和投资控制数额内，拟建项目在技术上的可行性和经济上的合理性，并通过对风电场项目作出的基本技术经济参数的规定，编制项目总概算。

2) 技术设计。技术设计是针对重大项目和新型特殊项目，为进一步解决某些具体技术问题，或确定某些技术方案而增加的设计，并不是每项工程所必需的。技术设计是对初步设计阶段中无法解决而又需要进一步解决的问题进行的设计，例如：特殊工艺流程方面的试验、研究及确定；大型建筑物、构筑物某些关键部位的结构型式、工程措施等的试验、研究和确定；新型设备的试验、制作和确定等。对于一般的工程项目，较少设置专门的技术设计。

3) 施工图设计。施工图设计要完整地表现建筑物外形、内部空间分割、结构体系、构造状况以及建筑群的布局和周围环境的配合，具有详细的构造尺寸。设计完的施工图经过审核可予以指导施工。

(2) 项目计划。项目计划是对风电场项目建设的实施方法、过程、费用、时间、质量、采购和组织等做出详细的安排，以确保项目的顺利实施和目标的实现。

(3) 工程招标。招标是我国现行的工程项目采购制度，通过招标委托风电场项目范围内的设计、施工、风电机组和设备、项目管理（咨询、监理）等任务，选择这些任务的承担者。

(4) 工程报建报批。根据我国现行建设法律法规，工程项目正式开工前，在许多关键环节有报批报建手续，这是项目行政性管理工作的一部分。常见的政府部门审批环节有用地许可、工程建设许可、施工许可的审批等。随着我国“放管服”改革的深化，工程报建报批手续日益简化，并呈现联合审批和并行审批的趋势。

(5) 现场准备工作。现场准备工作主要包括征地拆迁、场地平整、施工用水电气和通信等条件的准备等。

3. 项目施工阶段

风电场项目经批准开工，便进入了施工阶段。项目施工阶段从现场开工直到工程竣工并通过验收为止。一般开工建设的时间，是指工程项目开工报告中规定的任何一项永久性工程第一次破土开槽开始施工的日期。不需要开槽的，正式开始打桩的日期就是开工日期。项目施工活动应按设计要求、合同条款、规程规范、施工组织设计进行，保证工程项目的质量目标、工期目标和投资控制目标得以实现。在这个过程中，项目参与各方各司其职，按合同规定完成各自的项目任务，并采取技术、经济、管理和组织等措施对偏离目标的活动进行纠偏，最终按照实施计划将设计蓝图经过施工过程转换为实体产品。

当按照项目任务书（或设计文件，或合同）完成规定的全部内容，即可组织项目竣工验收和交付。如果风电场项目分别由多个承包商承担施工任务，则对于每个承包商而言，均存在合同完工验收和移交过程。整个工程达到竣工验收标准后，则标志着整个施工阶段的结束。

4. 项目收尾阶段

项目收尾阶段是以项目完工与交付为起点，直至项目缺陷责任期结束为止。该阶段包含的工作如下：

(1) 项目竣工结算。项目竣工验收合格后，合同双方要办理竣工结算手续。如果项目是由多个承包商承担，则此时是合同完工结算工作。

(2) 项目竣工决算。项目竣工决算是项目业主确定项目最终价格以及交付使用资产价值的估价文件。

(3) 项目竣工资料的收集整理。项目资料文件，尤其是竣工图的收集整理是非常重要的工作，不仅是对设计施工、项目管理工作的评价，也是对交付使用资产的质量、工期和价值进行全面总结描述的文件，为项目后期的运营维护提供依据。

(4) 项目缺陷责任期管理和回访。项目交付使用后，即进入缺陷责任期，施工阶段的任务除了按照项目任务书或合同完成项目建设，还需承担因建设问题产生的缺陷责任，负责对质量缺陷进行维修整改及进一步完善等。此外，还需对风电场项目回访，了解项目运营情况、质量以及用户的意见等。

（5）项目后评价。项目后评价是指在项目建成1～2年后，对已投入运营的风电场项目的目标、实施过程、影响、效益和可持续发展等进行系统而客观的总结分析和评价，为后续类似项目提供经验和借鉴。

需要注意的是，风电场生命期与风电场全生命期是两个完全不同的概念。项目全生命期或项目全寿命期的概念最早由英国皇家特许测量师协会（Royal Institute of Charted Surveyors，RICS）给出，认为项目全生命期是包括整个项目的建造、使用和最终拆除清理的全过程。项目全生命期一般可划分成项目建造阶段、运营阶段和拆除清理阶段，而项目生命期仅仅包括项目的建造阶段或开发阶段。

1.2.2 风电场项目利益相关者

1. 利益相关者的概念

利益相关者的概念由斯坦福大学一个研究小组于1963年首次提出，是主要针对公司治理中股东利益至上主义的弊端而提出的改进思想。利益相关者最初的界定是指那些没有其支持组织就无法生存的群体，包括股东、雇员、顾客、供应商和社会；后来泛指与公司有利害关系的群体。

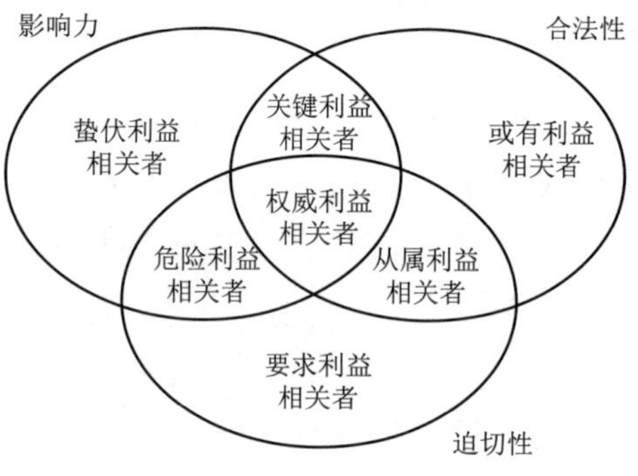

图1-3 利益相关者分类

关于利益相关者的分类，弗里曼从利益关系和权力两个维度进行分类，而影响更为广泛的则是米切尔等人提出的分类方法。米切尔等从影响力、合法性和迫切性三个维度将利益相关者划分为七类：同时具有三种属性的权威利益相关者；同时具有其中两种属性的关键、从属和危险利益相关者；只有一种属性的蛰伏、或有和要求利益相关者，如图1-3所示。

2. 项目利益相关者

项目利益相关者，又称为项目干系人，是指受风电场项目建设运营影响的人或组织，或对风电场项目目标和可交付成果施加影响的人或组织。实践表明，项目利益相关者的努力程度、积极性、组织行为和对项目的支持，是项目成功的重要影响因素，进而利益相关者理论被引入项目管理领域，增加了“项目利益相关者管理”知识领域。这就要求项目的总目标应该包容项目利益相关者各方的目标和利益，体现各方面利益的平衡，使相关者满意，才有利于信任与合作，确保项目的整体利益。

常见的风电场项目主要利益相关者如图1-4所示，主要包括：

（1）项目投资者（project investor）。项目投资者指为风电场项目提供股本资金或权益资金的自然人或组织。在国内外项目实践中，项目投资者往往出资成立项目公

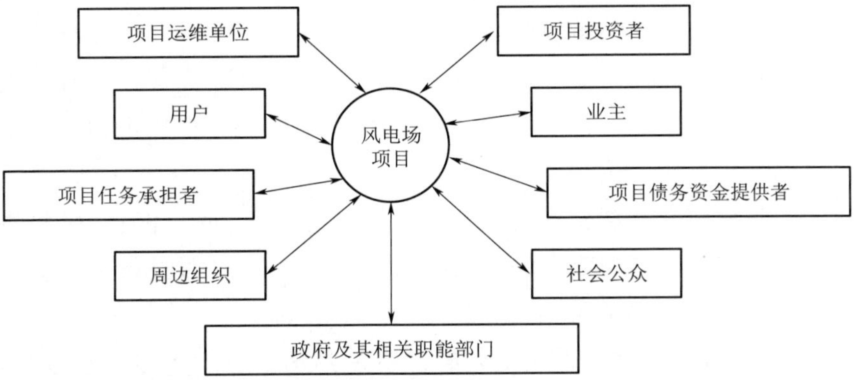

图 1-4 风电场项目主要利益相关者

司，通过项目公司投资建设风电场项目，因而是项目公司的股东，并通过股东合资协议成立董事会，对项目公司行使控制权，参与项目公司经营过程中的重大问题，如资产处分、融资、项目收益的分配、公司重要人事任命等问题的决策。

根据投资策略不同，风电场项目投资者常常分为三类。

1）后进入投资者（late entry investor）。后进入投资者包括第三方资本投资者，主要是寻求股权投资，并不想涉及资产的核心经营活动，如公司投资者、基础设施基金和机构投资者。他们仅仅承担运营风险，一般在风电场调试完成后才进入，从而避免承担建设施工风险。这些投资者是低风险偏好的，且追求稳定投资回报，主要购买风电场项目资产的少数股份。根据对英国海上风电场项目投资者的调研，后进入投资者占的股份平均为40.7%。

2）试车准备投资者（pre-commissioning investor）。试车准备投资者主要包括独立能源公司、EPCI（Engineering，Procurement，Construction and Installation）总承包商和设备供应商（Original Equipment Manufacturers，OEMs）。这些投资者可被认为是交钥匙开发商，在风电场项目的建设和安装阶段进入。通常情况下，这些投资者倾向于在项目完成试车的几年后，通过出售他们持有的风电场项目大部分股份而实现退出。

3）BOT（Build-Operate-Transfer）投资者。BOT投资者主要包括公用设施和独立的电力生产者，他们投资建设风电场项目，并将这些资产保留在他们的资产负债表里。在一些情况下，这些投资者也会在项目运营阶段出售他们手中的少数股份。

（2）业主。业主的英文为owner一词，就是风电场项目的所有者。在国际上，项目投资者通常会成立一个项目实体组织——项目公司来行使项目业主的职责。在我国，类似概念还有项目法人一词，这主要是针对政府投资项目而提出的。因为从理论上讲，所有政府投资项目的业主是全体纳税人或纳税人的代表——国家，这存在经济学上所说的“搭便车”问题。为了明确项目投资责任主体，1996年提出了项目法人，是指对工程项目策划、资金筹措、建设实施、生产经营、债务偿还和资产保值增值，实行全过程负责的企事业单位或其他经济组织。

（3）项目债务资金提供者。风电场项目投资规模相对较大，项目投资资金来源除了权益资金外，还有大量的债务资金。常见的项目债务资金提供者包括商业银行、地区性开发银行和机构投资者等。

（4）项目任务承担者。项目任务承担者主要包括承包商、设备/材料供应商、勘察和设计单位、咨询单位（项目管理公司、监理单位）、技术服务单位等。上述任务承担者通常又可分为以下两类角色：

1）项目业主方的代表。项目业主方的代表主要是项目管理（咨询或监理）公司，在接受项目业主的委托后，代表项目业主承担项目的管理工作，协调承包商、设计单位和供应商的管理。因此，作为项目业主方的代表，其主要反映业主的利益和期望，追求风电场项目全生命期的整体效益。

2）承包商/供应商。他们通常接受项目业主的委托，签署工程承揽合同、设计服务合同或供货合同，在规定工期内完成合同规定的专业性任务，如设计、施工、提供材料和设备。

（5）项目运维单位。在实践中，风电场项目的运维任务通常会外包给一个专业的运维单位，或者项目业主自己专门成立一家专业运维公司承担项目运维任务，从而实现运维的专业化运作。

（6）用户。用户指直接购买或使用或接受风电场项目所提供的最终电力产品的人或组织。风电场项目的用户主要为电力公司、工业用电大户。项目的产品和服务要有市场，就必须使用户满意，通常用户对风电场项目的要求有产品或服务的价格合理，功能上符合适用性、美观性和安全可靠性、环境协调性等。

（7）政府及其相关职能部门。政府及其相关职能部门主要承担宏观和行业管理的职能，如各种项目审批、指导产业发展、提供服务（发放项目需要的各种许可）、实施监督和管理，从而促进风电产业的可持续发展。

（8）社会公众和周边组织。社会公众和周边组织主要包括项目所在地的居民、周边的社区组织、媒体、环境保护组织以及其他社会公众等。除了项目移民和被征收土地的原住民，社会公众和周边组织与项目业主一般没有合同关系，他们主要关心生态环境、保护景观和文物等社会公共利益。

传统项目投资决策者、投资者往往只关心自身投资收益情况，从而对其他利益主体的利益产生损害。随着经济社会的进步和地球生态环境的日趋恶化，项目利益相关者对项目的投资建设和运营影响也越来越大，项目投资者应该承担一些社会责任，而不仅仅是自身的经济利益，否则其他利益相关者会“用脚投票”，从而对项目的成功产生重要的不利影响。

1.3 风电场项目投资管理的内涵

1.3.1 风电场项目投资的内涵与目标

1. 投资的含义与分类

（1）投资的含义。投资作为经济学基本范畴之一，迄今已形成多层次、多侧面的经济概念。经济学家们一般从“经济”和“金融”两个层面上界定投资。1970年诺贝尔经济学奖获得者保罗·A·萨缪尔森在其著作《经济学》中将投资描述为：“投资的意义总是实际的资本形成——增加存货的生产，或新工厂、房屋和工具的生产……只有当物质资本形成时，才有投资；只有当社会的消费小于它的收入，把资源用于资本形成时才有储蓄。”而在财政金融学层面上，斯坦福大学教授赫伯特·E·杜格尔与圣克拉拉大学教授弗朗西斯·J·科里根在合著的《投资学》（1920年）一书对投资的描述为：“从投资者或资本供给者的观点来看，投资是投入现在的资金以便用利息、股息、租金或退休金等形式取得将来的收入，或者使本金增值”“从这种金融的立场出发，储蓄和投资是否用于经济意义上的‘生产性’用途是无关紧要的……实际上，一般意义上讲，大多数投资都是金融资产在其所有者之间的转让。”显然，经济学和财政金融学层面上的投资含义明显不同，经济意义上的投资强调“以新的建筑、新的生产者的耐用设备，或追加存货等形式构成新的生产性资本”。

综合经济和财政金融意义的投资含义，可将投资定义为：经济主体为获取预期收益，将经济要素投入经济运动过程并转化为资产的一种行为或活动。显然这是一个广义的投资概念。在该概念中，经济主体即投资者，包括经济法人和自然人，具体表现为各种类型的企事业单位、个人、政府以及外国投资者等。预期收益不仅包括可计算的微观经济收益，还包括不可直接计算的社会效益和环境效益等。一般对于可计算的微观经济收益而言，应该能补偿预期的通货膨胀率、未来收益的不确定性和投资资金被占用的时间。投入的经济要素，是指从事建设和经营活动所必需的物质条件和生产要素。它可以是现金、机器设备、房屋、运输工具、通信、土地等有形资产，也可以是人力资源，还可以是专利权、商标、工艺技术、经济信息等无形资产。

（2）投资的分类。投资分类标准较多，在此择其要者介绍。

1）按投资对象划分，投资可分为实物投资和金融投资。实物投资是指投资者将资金用于建造购置固定资产和流动资产，直接用于生产经营，并以此获得未来预期收益的投资行为。金融投资，也称为证券投资，是指投资者以获得未来收益为目的，预先垫付一定的资金并获得金融资产（股票、公司债券或国债券等有价证券等）的行为。两者的根本区别在于前者是社会积累的直接实现者，即通过实物投资最终实现社会的积累；而后者只是一种间接的过程，投资者以最终获得金融资产为目的，至于这些资金怎样转化成实物形态则与证券投资者无关。

2）按是否具有参与投资企业的经营管理权划分，投资可分为直接投资和间接投资。直接投资是指投资者直接将资本用于购买生产资料、劳动力或其他企业一定比例的股份，通过一定的经营组织形式（合资、独资等）进行生产、管理、销售活动以实现预期收益。间接投资通常是指投资者以购买债券、股票等有价证券的方式所进行的投资行为。

3）按投资资金周转方式的不同，投资可分为固定资产投资和流动资产投资。固定资产投资包括基本建设投资和更新改造投资两部分。基本建设投资是指以扩大生产能力或工程效益为主要目的的新建、扩建、改建工程及相关投资，其经济实质为固定资产的外延扩大再生产。更新改造投资是指以设备更新、企业技术改造为主要形式的固定资产投资，其经济实质为扩大再生产。流动资产投资是相对于固定资产投资而言的，是对企业生产经营中所需劳动对象、工资和其他费用方面的货币的预先支付。

2. 风电场项目投资的内涵

根据前述投资的含义，风电场项目投资可界定为：项目投资主体为获得预期的经济效益和实现特定的目的，而在风能资源开发中投入一定的经济要素，以形成能源资产的一种行为或社会经济活动。从范围上看，风电场项目投资涉及多个环节的经济要素投入，如风能资源勘探评估、开发、生产、加工、转换、运输、储备、使用，以及环保和节能等。与一般性基础设施投资活动，尤其是与其他传统能源投资相比，风电场项目投资既有共性特点，也有其自身特点。

（1）风电场项目投资属于实物投资范畴，是以形成固定资产为主的投资行为或活动，资本密集度高，而且具有投资不可逆性。

（2）风电场项目投资是技术密集性的投资活动。作为可再生能源的一种，风能资源的商业化开发利用始于20世纪50年代，风电技术尚在不断发展中，需要投入大量研发成本攻克技术难关。更便宜的风电机组、更智能的操作和维护、性能更好的设备结合起来有助于降低风力发电成本。2007年，风电机组度电成本为1.32欧元/W，到2018年，降低为0.86欧元/W。从20世纪80年代初至今的数据可以总结出每增加一倍的生产能力，风电机组成本就会降低10.7%的规律。单机容量增加有如下优势：由于安装和维护的电缆等部件的减少，单机容量的增加意味着其他基础投资的降低；每个风电场机位数减少，每台风电机组可以针对风向和地理条件选择更好的机位，有利于降低运行和维护成本；改进的性能监测系统将进一步提高运行和维护工作的效率和有效性等。目前，美国已成功运行7MW级风电机组，3.6MW级风电机组在欧洲一些国家批量安装。对于10MW级的巨型风电机组，英国近年来正在攻坚。我国虽然在新增装机容量和累计装机容量上独占鳌头，但在单机方面，目前仍然以2MW机组的中型风电机组为主，风电技术与美国、丹麦等西方发达国家相比仍存在一定差距，因此尚需进行大量的研发投入进行风电技术创新，完善风电产业链，提高国际竞争力。

(3) 风电场项目投资不确定性较高。这是由风电技术自身发展的不足，以及风能资源的随机性和波动性所决定的。自风电商业化开发以来，风电技术的发展比较快速，对于风电产业的先进入者而言，如果不对风电场项目进行技术更新改造投资，可能会导致效率低下，缺乏市场竞争力；此外，随着全球气候的异常变化，风能资源的时空变化也越来越大，因此风电场项目投资从技术和市场两方面均存在较高的不确定性。

(4) 风电场项目投资具有明显的正外部性。为了减少传统化石能源的碳排放问题，风能资源作为主要的清洁能源，其开发利用受到世界各国政府和学者们的重视。同时风电不像水电那样需要大规模的征地移民和破坏生态平衡，也不像核电那样存在泄漏核燃料，产生核辐射，从而对人类和生态环境造成致命影响的危险，因此环境效益是风电场项目投资外部性的主要表现形式。风能资源的开发利用，诞生了一个新兴的风电产业。2008 年我国开始形成较为完整的风电产业链，不仅拉动了对钢铁、铝合金、水泥等大宗产品的需求，而且促进了现代仓储物流业的发展，创造了大量的就业机会，最终对全社会的经济发展有促进作用。经济效益和社会效益是风电场项目投资外部性的其他表现形式。

3. 风电场项目投资的目标

从国家层面看，风电场项目投资具有战略先导性；同时从风电产业发展过程看，产业发展初期风电场项目开发成本高，投资回报率低，市场机制通常难以自行完成产业内的资源调动和利益分配。政府一般通过政策工具，如投资补助、财税、规制（准入）、规划、电价补贴等政策对市场主体活动及其关系进行引导或干预是风电产业发展的必然阶段。如我国在“十二五”期间，规划投入 5300 亿元扶持风电产业的发展。因此，从某种程度上说，除了企业投资主体外，政府也可视为风电场项目的隐性投资者，两者在投资目标上是有所区别的。

(1) 企业投资主体的投资目标分析。企业作为市场主体，属于经济学中所说的“经济人”人性假设，因此其投资目标主要如下：

1) 以盈利性为投资的直接目标。企业投资是以价值再生产为主体的运营过程，企业投资的最高目标是获得利润，投资利润率水平是决定企业投资规模和方向的基本依据。

2) 以时效性为投资的重要目标。无论是从资金的使用成本看，还是投资的风险控制角度看，企业投资的时效性特征非常明显，即企业投资见效快、回收快、增值快是其投资的重要目标。

3) 以市场占有率提高为投资的主要目标。风能资源时空分布特征，决定了先进入者拥有资源禀赋优势，因此，“跑马圈地”，以提高企业在风电市场的占有率，从而达到规模经济，也是企业投资的主要目标之一。

（2）政府隐性投资主体的投资目标分析。政府股权投资和投资补助具有引导性作用，而政府公共投资的职能决定了政府投资必须能够促进产业发展，调整产业结构，维护公共利益、社会稳定和就业，并最终促进经济社会的可持续发展等。仅就风电场项目投资看，政府作为隐性投资主体的投资目标如下：

1）满足国家能源需求，保障能源安全。化石燃料是不可再生的、稀缺性资源，对一国的国民经济发展有着决定性影响。而我国作为化石燃料，如石油、天然气、煤炭的进口国，国民经济发展对化石燃料价格的变化较为敏感。因此寻求化石能源的替代能源，是保障能源战略安全的重要举措。我国风能资源储量较为丰富，积极开发利用风能资源是实现我国能源战略安全的重要途径。

2）减少能源碳排放，促进生态环境的可持续发展。据统计，传统化石燃料每产生 1kW·h 电，就会释放 4kg 的有害气体和污染环境的残余物，导致当地及区域性甚至全球性的环境恶化。据欧盟委员会的“外部性 E”研究项目的估算，如果将这些外部成本内部化，煤炭和石油的发电成本将翻倍，天然气的成本则会上升 30%。而风电作为清洁能源，其在生产过程中几乎没有 CO_2 等有害气体排放。因此节能减排，促进生态环境的可持续发展是风电场项目投资的主要目标。

3）提高风电开发企业的营运能力，扩大产业国际竞争力。通过政府股权参与和投资补助，提高风电开发企业的营运能力，并扩大风电产业国际竞争力，这是新兴产业发展和风电产业安全的必然要求，也是政府投资的主要目标之一。

1.3.2 风电场项目投资管理的内涵与特征

1.3.2.1 风电场项目投资管理的内涵

风电场项目投资具有明显的外部性，如何使外部性内化是投资者关注的问题，也是市场机制部分失灵的主要原因。为弥补市场机制的部分失灵，政府有必要干预风电场项目投资活动。从这个视角看，风电场项目投资管理存在宏观和微观两个层面，即政府层面的投资管理和企业（市场经济主体）层面的投资管理。

1. *政府层面的投资管理*

根据规制经济学，政府层面对风电场项目的投资管理，常用政府规制（regulation）一词。规制，是指政府对经济的干预和控制。《新帕尔格雷夫经济学大辞典》对规制有两种解释：一是指国家以经济管理的名义进行干预；二是指政府为控制企业的价格、销售和生产决策而采取的各种行动，政府公开宣布这些行动是要努力制止不充分重视“社会利益”的私人决策。我国学者何立胜将政府规制定义为：在市场经济条件下，政府为矫正和改善市场机制内在问题对经济主体（企业）的活动所实施的法规条例约束行为。换言之，政府规制是政府采取的旨在限制、规范和激励市场经济主体行为，以使其符合政府目标的一系列行为和制度。

从规制的性质来看，政府规制的内容一般包括经济性规制和社会性规制。经济性规制是指在自然垄断和存在信息不对称的领域，为了防止发生资源配置低效率和确保利用者的公平利用，政府机关用法律权限，通过许可和认可等手段，对企业的进入和退出、价格、服务的数量和质量、投资、财务会计等有关行为加以规制。社会性规制是以确保国民生命安全、防止灾害、防止公害和保护环境为目的的规制，都是对应经济活动中发生的外部性（特别是外部不经济）、提供公共性物品、准公共性物品有关的政策。

具体对风电场项目投资活动来说，政府规制主要通过四种方式实施：①市场进入规制，旨在提高资源配置效率，保持竞争程度，确保规模经济和范围经济，如特许权招标和项目核准制是进入规制的常用方法；②价格规制，指在自然垄断产业中，政府以资源有效配置和提供公平服务为目标，确定垄断价格，如标杆上网电价政策是价格规制的一种手段；③数量、质量规制，指政府对企业生产和供应的产品数量的控制，如对风电场的发电量采用全额保障性收购制度；④资源、环境规制，指为避免资源浪费、环境污染和生态破坏等进行的政府规制行为。

早期的政府规制理论假定政府是慈善的，其行为目标是社会公共利益，随着公共选择理论的兴起，政府官员的“理性人”假设逐渐被接受，政府干预经济的行为也不再单纯的以公共利益为目的。在我国财权与事权分离体制和政绩考核晋升机制下，地方政府的行为目标体现了政府和官员的双重性。一方面，政府要保持必要的活动经费和维持甚至扩大政府规模的需要，必然以财政收入最大化为目标；另一方面，理性的官员要赚取足够的晋升资本和更好的待遇（如薪酬、福利、隐性权利等），就会极力迎合政绩考核机制而追求快速的经济增长。在某种程度上，地方经济增长和财政收入最大化与官员追求晋升资本是统一的。因此，在风电发展问题上，地方政府常见的利益考虑为：①发展风电带来的直接收益，即税收增加、经济规模增加、相关上游产业获得发展，且风电是国家政策大力支持的产业，发展风电能赚取可观的政治晋升资本；②发展风电的未来收益，如风电规模扩张而被定为风电发展基地从而享受特殊政策的机会，以及在风电市场占据先发优势带来的垄断收益等。于是在现实中，在财政收支失衡和政府间竞争的巨大压力下，地方政府将风电产业作为拉动税收的主要产业，有强烈的扩大本地风电规模，促进风电场投资建设和风机设备销售的冲动，从而增加就业和税收。地方政府推动风电投资行为的直接结果就是，中央与地方之间存在一种博弈关系，中央政府制定的风电发展目标常常为地方政府所放大，最终导致风电装机规模迅速膨胀，风电消纳困难，面临巨大的资源浪费。

2. 企业层面的投资管理

如前所述，盈利性、时效性和市场占有率是企业投资的主要目标。因此企业层面的投资管理是围绕如何实现上述目标而开展的规划、决策、计划、组织实施和协调、控制风电场项目投资活动全过程各环节、各方面的行动。

（1）风电场项目建设规划，是在风能资源测评的基础上，探明风能资源储量和开发利用的可能性，进行区域规划和风电场的初步选址。

（2）投资决策管理，包括可行性研究论证、项目评估等决策依据的管理，提出多方案比较选择最佳投资方案工作，申请投资计划，确定设计任务书等内容。

（3）投资实施计划管理，主要是从建设内容、规模、技术方案、资金筹措、组织机构确定、征地等方面进行统筹规划。

（4）投资组织实施管理，包括设计管理、施工组织管理以及投资项目的竣工验收管理等内容。

（5）投资协调管理，是指针对投资目标、风电场项目参与各方利益之间的权衡，以及项目参与各方行动的协作活动等。

（6）投资控制管理，主要指针对投资计划目标，定期进行检查，并及时纠偏，以确保投资计划目标的实现。

1.3.2.2 风电场项目投资管理的特征

1. 系统协同性

（1）风电场项目投资管理主要有投资（费用）、进度和质量安全等约束性目标，这些目标之间是辩证统一关系，在管理中不能过分偏重其中的某一目标。例如在风电场建设和生产技术既定的情形下，质量安全要求高，必然计划投资就要高些；如果建设工期短，则必然导致赶工费用的增加，从而导致投资增加等。

（2）风电场投资活动是在高度社会化、专业化的基础上进行的协作劳动，必须依靠科学严密的组织、项目参与各方的协同努力，方可保证项目顺利实施。

2. 全生命期性

根据项目全生命期理论，项目的规划设计必须考虑项目的运维要求，按照全生命期费用最低准则进行方案比较选择，这是投资决策管理最为重要的准则。

3. 动态性

（1）鉴于风电场项目生命期具有阶段性，且基于信息的非完备性和决策者的有限理性，投资管理是分阶段进行的，每个阶段有不同的管理目标。仅就项目投资金额而言，从可行性研究、初步设计、招标、施工等阶段，就有不同的控制目标，分别为投资估算、初步设计概算、最高投标限价、合同价等。

（2）由于风电场项目的不确定性较大，控制目标也可能随着环境条件的变化而不断动态调整。

4. 方法多样性

管理方法是实现管理职能目标和任务的方式和手段。风电场项目投资管理方法是多种多样的，最基本的方法如下：

（1）合同方法。市场经济就是合同经济。随着专业分工的日益深化和细化，“小业主、大社会”模式盛行，风电场项目从设计、施工到运维，以及咨询、项目管理等，合同外包方式越来越普遍。因此科学的合同体系策划、合同类型和计价方式的选择、合同内容分析等尤为重要。

（2）经济方法。经济方法就是根据客观经济规律，运用经济手段，依靠经济的力量来调整经济关系，以提高投资效益和促进社会经济的发展。运用经济方法的核心是自觉利用价值规律，通过价格、成本、利润、效率等经济杠杆，加强投资经济核算。

（3）组织方法。大规模协作劳动离不开组织管理。一方面，责、权、利的合理配置是组织方法的核心所在。设置合理的管理组织机构和清晰的职责分工，是风电场项目投资管理的基础。另一方面，对风电场项目进行项目分解和工作分解，并将之合理组合，采用不同的发包模式，可以节约交易费用，降低工程成本。

（4）技术方法。技术是一切投资活动的基础。只有技术可行，才有投资活动。风电场项目投资中，无论是设计还是施工，都离不开技术创新活动，技术创新有助于降低工程成本、提高投资效益。

1.3.3 风电场项目投资管理的内容框架

风电场项目投资管理的具体内容极为丰富，可以从不同角度来划分管理的具体内容。在考虑宏观层面的投资管理基础上，本书从投资过程、管理职能和项目管理知识领域三个维度，采用霍尔三维结构得到风电场项目投资管理内容框架，如图 1－5 所示。

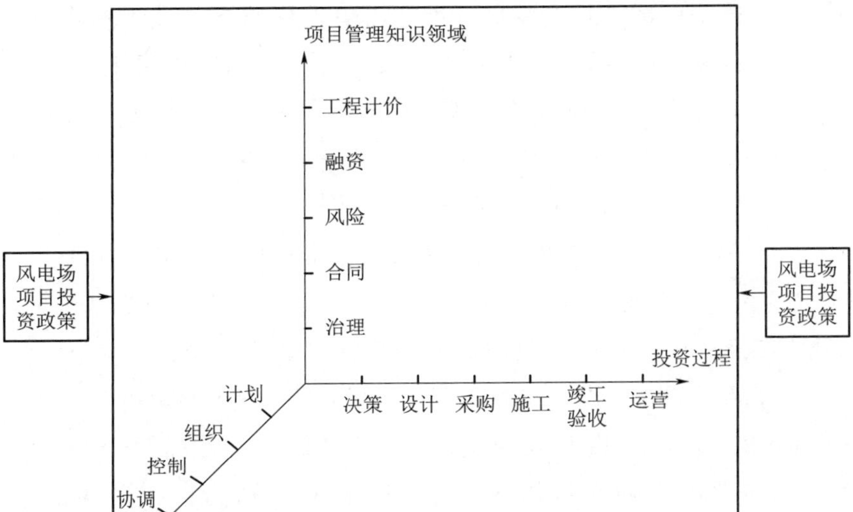

图 1－5 风电场项目投资管理内容框架

在图1-5中，两两维度组合即可得到不同的投资管理内容。如工程计价与投资过程相结合，便有决策阶段的投资估算、初步设计阶段的初步设计概算、采购阶段的最高投标限价、施工阶段的工程款支付、竣工验收阶段的竣工结算等管理工作。投资过程与管理职能相结合，就是每个阶段的工作都要按计划、组织、控制和协调、激励等职能逻辑展开。

1.4 世界风电产业现状与发展趋势

风力发电被认为是保障国家能源战略安全的最有前途的技术之一。自2006年以来，世界风电累计装机容量平均每年以22%的速度增长。风电装机容量占据整个可再生能源的1/4，位列第二，仅次于水电。风力发电技术的持续创新推动了市场的繁荣，目前风电机组能够在不同的风力条件下运行，包括低风速和极限风速。近年来，随着风电产业的迅猛增长，风电企业对政府财政支持的依赖度越来越低，并且已经有实力在越来越多的地区与传统能源竞争。

1.4.1 发展现状

1. 世界风能资源概况

世界风能资源的理论蕴藏量约为2000万亿kW·h/a。受大气环流、地形、海陆和水体等因素的影响，在世界不同地区，风能的分布和发展并不均衡，非洲、亚洲、北美洲、南美洲、欧洲、大洋洲分别占世界风能理论蕴藏量的32%、25%、20%、10%、8%、5%，这是由经济社会发展程度、历史发展情况、技术进步程度和能源禀赋等共同决定的。根据50m高度风功率密度大小，美国国家可再生能源实验室（National Renewable Energy Laboratory，NERL）将风能资源分为七级，即贫乏（poor，0～200W/m^2）、小（marginal，200～300W/m^2）、一般（fair，300～400W/m^2）、较好（good，400～500W/m^2）、好（excellent，500～600W/m^2）、很好（outstanding，600～800W/m^2）、卓越（superb，>800W/m^2）。通常将风功率密度大于500W/m^{2}的称为EOS等级。罗马尼亚学者在最新世界风力地图集（Global Wind Atlas，GWA）数据库[1]的基础上，指出具有EOS等级的陆上热点区域包括：北美洲的中北部区域、南美洲的南部区域、欧洲的北部/西北部区域、北亚，以及亚洲大陆的中-南-北部区域。这些区域面积大约400万km^2，约占全球陆地面积的3%。按照各大洲EOS等级风能资源分布看，亚洲最为丰富，约150万km^2，占亚洲大陆面积的3.5%；接下来分别为：中北美洲（约100万

[1] GWA数据库是由丹麦技术大学和世界银行集团在能源部门管理援助计划（Energy Sector Management Assistance Program，ESMAP）的资助下共同开发的数据库。

km^2，占该块陆地面积 4.3%）、南美洲（70 万 km^2，4.1%）、欧洲（50 万 km^2，5%）、非洲（10 万 km^2，0.4%）、大洋洲（10 万 km^2，1.3%）。从国家分布看，EOS 级风能资源蕴藏量丰富的国家有 8 个，分别为：中国（90 万 km^2，约 10%国土面积）、加拿大（60 万 km^2，6%）、美国（50 万 km^2，5%）、阿根廷（40 万 km^2，14%）、俄罗斯（共 40 万 km^2，2%）、智利（20 万 km^2，28%）、挪威（10 万 km^2，30%）和阿富汗（10 万 km^2，16%）。上述国家非常适合大规模风能资源的开发利用。

伯克利大学国家实验室学者 Gumerman&Marnay 2004 年通过国家能源模型系统计算得到主要国家和地区的海上风能容量，见表 1-1。由表 1-1 可以看出，俄罗斯、澳大利亚和加拿大海上风能容量位列全球前三。

表 1-1 主要国家和地区海上风能容量表 单位：GW

国家和地区	浅海	过渡	深海	总计
阿根廷	296.5	511.7	2202.6	3010.8
澳大利亚	842.1	1229.3	3377.3	5448.7
巴哈马	126.4	9.4	246.2	382.0
巴西	913.7	706.2	1349.0	2968.9
加拿大	47.7	321.0	4515.7	4884.4
智利	12.8	34.8	594.2	641.8
中国	316.3	756.4	1127.1	2199.8
丹麦	64.4	163.5	27.9	255.8
斐济	35.7	27.3	248.8	311.8
法国	46.4	134.7	568.1	749.2
希腊	0.1	1.9	365.7	367.7
圭亚那	102.2	106.4	84.1	292.7
洪都拉斯	150.0	62.9	169.3	382.2
冰岛	1.5	17.9	1440.0	1459.4
印度尼西亚	459.1	324.2	617.8	1401.1
爱尔兰	5.1	34.3	770.3	809.7
意大利	0.2	4.1	338.5	342.8
日本	5.4	38.9	2415.2	2459.5
马达加斯加	17.5	59.2	171.1	247.8
毛里求斯	8.8	48.5	236.4	293.7
墨西哥	198.2	372.5	598.7	1169.4
摩洛哥	1.2	32.1	210.2	243.5

续表

国家和地区	浅海	过渡	深海	总计
莫桑比克	32.9	92.6	384.4	509.9
纳米比亚	0.0	0.2	280.4	280.6
荷兰	110.1	150.9	0	261.0
新喀里多尼亚	19.9	36.3	299.2	355.4
新西兰	35.4	117.2	3270.1	3422.7
尼加拉瓜	201.0	24.3	97.9	323.2
挪威	5.4	163.3	3466.0	3634.7
巴布亚新几内亚	208.2	48.1	242.0	498.3
菲律宾	35.0	24.7	208.0	267.7
朝鲜	2.0	68.7	430.7	501.4
俄罗斯	264.0	872.3	6132.0	7268.3
索马里	1.3	27.1	302.6	331.0
南非	1.4	19.5	878.8	899.7
西班牙	21.4	9.9	285.8	317.1
苏里南	64.0	122.0	130.8	316.8
瑞典	21.8	138.2	259.6	419.6
中国台湾	44.7	69.1	538.5	652.3
突尼斯	2.6	27.2	236.4	266.2
乌克兰	146.3	84.4	79.8	310.5
英国	167.8	463.8	1841.4	2473.0
美国	234.1	394.6	1461.1	2089.8
乌拉圭	147.4	93.7	115.9	357.0
委内瑞拉	90.3	107.8	371.4	569.5
越南	196.4	280.8	465.7	942.9
西撒哈拉	30.1	114.9	264.7	409.7

注 表中国家和地区按其英文单词首写字母排序。

2. 风电投资情况

世界第一个商业风电场于1980年年底在美国新罕布尔州西南部的克罗奇山投产发电，现代风电产业应运而生。不久之后德国和丹麦的风电市场开始逐步发展起来，然后是西班牙。尽管在过去的十年中，美国仍然是风电市场的领导者，但整个欧洲的装机容量总和超过了美国。欧洲市场已经由德国、丹麦逐渐扩大到意大利、荷兰、英国和瑞典。第一个非经合组织市场是印度，印度在1986年开发了第一个商业风电项目，并于20世纪90年代迅速发展。中国、日本、加拿大和澳大利亚也加入到风电开发市场中，到2000年左右，加拿大和葡萄牙进入了世界前10名。2005年中国颁布《中华人民共和国可再生能源法》后，中国的风电市场发展迅猛，并成为全球市场的领导者。在20世纪末和21世纪初的10年，巴西、墨西哥、南非、埃及、摩洛哥以及智利等国家也加入了风电开发。此外，欧洲也出现了许多较小的风电市场，尤其是土耳其和波兰。迄今为止，全球90多个国家和地区开展了商业化风电开发，其中9个国家的风电装机容量超过10GW，30个国家和地区的风电装机容量超过1GW。

2009—2013年，由于世界金融危机，风电市场相应萧条，平均每年新增装机容量约40GW；2014年首次突破新增装机容量50GW的门槛；随后2015年由于中国市场的“异军突起”，世界风电行业创造了超过60GW的新增装机容量记录；2016—2018年，市场又恢复到“新常态”，每年新增装机容量52GW左右。截至2019年年底，世界风电总装机容量增至650.6GW，其中2019年陆上风电累计装机容量621GW，海上风电装机容量29.6GW。历年世界年新增装机容量和累计装机容量如图1-6和图1-7所示。

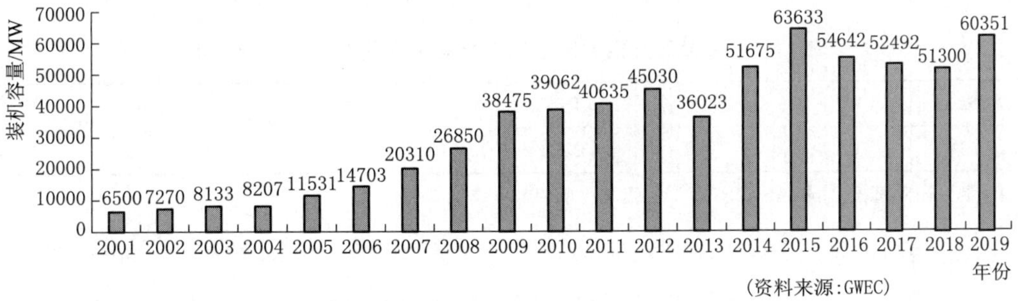

图1-6　历年世界年新增风电装机容量

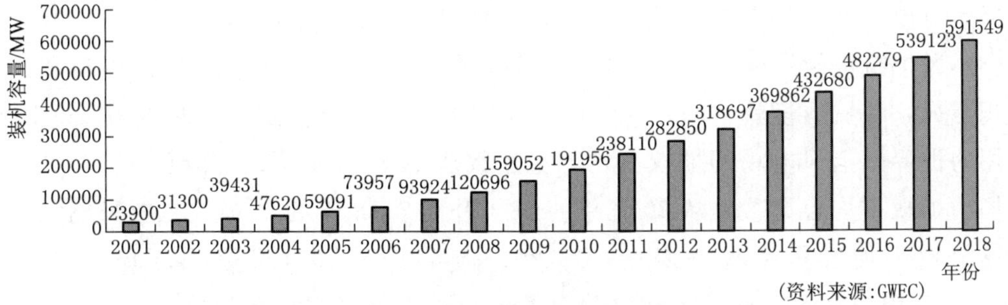

图1-7　历年世界累计风电装机容量

从风电新增装机区域看，亚太地区继续领跑，2019年亚太地区风电新增长装机容量30612MW，新增装机容量占全球的50.72%；其次是欧洲地区，风电新增装机容量

15368MW，占全球的25.46%；美洲新增装机容量13427MW，占全球的22.25%。

从风电累计装机容量看，2019年亚太地区风电累计装机容量291228MW，占全球累计装机容量的44.77%；欧洲累计装机容量204555MW，占比31.44%；美洲累计装机容量148102MW，占全球的22.77%。

3. 技术及市场发展概况

20世纪50年代，丹麦工程师Johannes Juul开创性地用异步交流发电机将风电机组与电网连接起来，开发制造了稳定的三叶片风电机组，Gedser风电机组成为了全球标准。随着风电技术的不断革新，风力发电开辟出了许多以前没有商业化的领域。主要表现如下：

（1）技术和制造工艺的改进、区域制造设施和有竞争力的供应链促进风电机组价格的不断降低。2018年，除中国和印度外，风电机组平均价格从2017年的910～1050美元/kW下降至790～900美元/kW。

（2）风电机组安装成本持续下降。由于风电机组价格持续下跌，2019年世界陆上风电场加权平均总安装成本同比下降4.9%，从2018年的1549美元/kW下降到2019年的1473美元/kW。2019年主要风电国家陆上风电平均总安装成本见表1-2。

表1-2 主要风电国家陆上风电平均总安装成本（2019年） 单位：美元/kW

参数	中国	印度	美国	巴西	德国	法国	英国
安装成本	1222	1054	1553	1558	1762	1765	1896

资料来源：国际可再生能源署（IRENA）《可再生能源发电成本2019》。

2010—2019年，世界海上风电加权平均安装成本下降了18.3%，从4650美元/kW降至3800美元/kW。影响安装成本的整体演变的因素较为复杂，其中一些因素推动成本下降，另一些因素起着相反作用。在欧洲，供应链和物流的规模和容量较小，以及向更远和更深的水域部署的转变，在某种程度上增加了安装、基础和电网连接成本。但是风电行业近年来的规模有所扩大，缓解了其中一些压力。

（3）风电机组规模继续呈上升趋势，发电效率随之提高。风电机组塔筒越高、扫风面积越大，装机容量就越高，通常能从相同的风能资源中获取更多电力。2018年投入使用的世界陆上风电场的加权平均容量系数从2017年的32%升至34%，世界海上风电场的加权平均容量系数从2010年的38%升至2018年的43%。主要风电国家陆上风电场加权平均容量系数见表1-3。2017年，世界风电机组平均单机容量超过2.4MW，其中加拿大、德国、瑞典和土耳其的平均风电机组单机容量接近3MW，而风电领军国家英国（3.7MW）和丹麦（3.5MW）的平均单机容量明显领先；2010—2017年，在新投产项目的风电机组风轮直径增长幅度方面，巴西为42%，加拿大为64%，法国为25%，美国为34%；单机容量分别增长31%、41%、16%、29%；2017年，巴西、丹麦、德国、印度、瑞典、土耳其和美国的风电机组平均风轮直径都超过了110m，而2010年这些国家的平均风轮直径在77m（印度）到96m（丹麦）之间。

表1-3 主要风电国家陆上风电加权平均容量系数（2019年） %

参数	中国	印度	美国	巴西	德国	法国	英国
容量系数	31.4	32.2	43.8	51.2	31.1	33.0	32.8

资料来源：国际可再生能源署（IRENA）《可再生能源发电成本2019》。

（4）平准化度电成本（Levelized Cost of Energy，LCOE）不断下降。2019年投运的陆上风电项目的全球加权平均平准化度电成本为0.053美元/（kW·h）[约合人民币0.386元/（kW·h）]，比2018年低8.6%。主要风电国家2019年陆上风电场的加权平均平准化度电成本见表1-4。其中，中国和美国在2019年投入使用的陆上风电场的加权平均平准化度电成本十分接近，分别为0.047美元/（kW·h）和0.046美元/（kW·h），与2018年基本持平。而由于近年来本国货币疲软，印度和巴西2019年陆上风电项目的加权平均平准化度电成本都出现大幅度降低，由0.062左右降到0.048左右。国际可再生能源署（IRENA）可再生能源成本数据库的数据显示，自2010年以来，世界生物质能发电、地热能发电、水电、陆上风电和海上风电项目的全球加权平均平准化度电成本都在化石燃料发电成本范围内[按国家和燃料划分的化石燃料发电成本范围估计在0.049～0.174美元/（kW·h）]。而目前，陆上风电成本处于化石燃料成本区间的底端。

表1-4 主要风电国家陆上风电加权平均平准化度电成本（2019年）

单位：美元/（kW·h）

参数	中国	印度	美国	巴西	德国	法国	英国
度电成本	0.047	0.049	0.046	0.048	0.068	0.065	0.071

资料来源：国际可再生能源署（IRENA）《可再生能源发电成本2019》。

2010—2019年，世界海上风电平准化度电成本从0.161美元/（kW·h）降至0.115美元/（kW·h），降低28.6%。但是海上风电市场仍然相对薄弱，各国平准化度电成本降幅存在很大差异。在欧洲，2010—2019年投运的项目中，平准化度电成本下降了26.4%，从0.159美元/（kW·h）降至0.117美元/（kW·h）。其中比利时降幅最大，2010—2019年间下降39.9%，从0.198美元/（kW·h）降至0.119美元/（kW·h）。德国和英国的海上风电项目平准化度电成本分别下降33.0%和25.8%，降至0.120美元/（kW·h）和0.121美元/（kW·h）。在亚洲，2010—2019年间平准化度电成本的降幅为45.3%，从0.214美元/（kW·h）降至0.117美元/（kW·h）。这主要是由中国推动的，中国拥有亚洲95%以上的海上风电设施。

（5）风电技术的革新扩大了风电经济运行区域的范围，这意味着低风速或开发困难地区也可能具有开发经济性。

4. 融资方式和金融工具创新

风电场项目投资规模较大，因而资金的可获得性和融资成本对于能源的低碳化转换至关重要。与公司融资相比，近年来风电场项目采用无追索权或有限追索权的项目融资情形大幅增加。采用项目融资，项目真正投资人（或发起人）会设立一个特殊目的载体（SPV），由SPV作为融资主体与贷款银行签署贷款协议，贷款银行在提供贷款时，仅依靠新建风电场项目的现金流及其投资形成的资产作为还款保证，对项目真正投资人的资产没有或仅有非常有限的索赔权。与公司融资方式相比，项目融资成本较高，这其中既包括较高的尽职调查费用，也包括为降低风险而进行的合同体系架构费用，通常这部分费用可达项目总价值的5%～10%。项目融资的一个重要先决条件是预期现金量的稳定性，在实践中一般通过与国家电网有限公司签署上网电价或长期购电协议实现。项目融资同时可以实现风险隔离，即项目真正投资人可以保护其核心公司免受潜在项目失败的影响，从而降低核心公司的融资成本。项目融资还有利于解决风电场项目真正投资人因发展过快、资产负债率过高而无法开拓新项目的困扰，项目融资允许项目真正投资人为项目选择比公司融资更高的负债率，从而获得更高的利息扣税效应。

随着欧洲风电的显著扩张，用于对冲风电发电量波动风险的金融工具应运而生，这导致了风电生产指数上的标准化产品的推出，即风电期货（或风电指数期货）。目前，纳斯达克和欧洲能源交易所（EEX）可以进行风电期货交易。风电期货的卖家主要是风电生产商和拥有大量风电场投资组合的公司，以抵消低风速情况下收入降低的风险；买家通常是传统的化石能源电厂，以对冲其盈利能力的下降。

1.4.2 发展面临的困难

随着风电技术的发展和成熟，世界各国的风电场项目愈加普遍，风电开发对各国人民的生活影响也越来越大。在一些国家和地区，社会政治和文化因素正变得与风能资源同等重要，如人们对鸟类死亡率的担忧越来越高，并希望减少森林砍伐，这对地处林地的风电场开发提出了更高的要求。人们支持减少碳排放，但不能危害野生动物，环保人士与风电开发商之间的立场冲突日趋增加。近年的研究访谈表明，随着风力发电市场的发展，土地稀缺性的担忧增加和对噪声的天然厌恶，社区居民“邻避现象（not in my backyard）”越来越多。

在世界一些地区，开发风电产生的土地压力直接转换为当地社区主张领土权利的斗争。例如，没有充分协商的土著土地私有化，是墨西哥和肯尼亚两国冲突的核心所在；洪都拉斯谴责对祖传领土的强制征用；瑞典森林土地的私有化征用损害了萨米人的放牧活动；撒哈拉人民称风电场项目开发加强了摩洛哥对其领土的非法占领。土地压力和发展不平衡已表现为维持恢复环境的努力和维持当地生计的挑战；印度的一项林地保护计划与风电开发的矛盾引发了维持当地生产性土地和水源退化的法律诉讼；在巴西保护区内安装的风电场，造成了当地社区、保护区管理者和联邦政府机构之间的紧张关系；东南欧的两次冲突构成了农村和城市周边社区动员起来应对大规模风电场项目影响的案例；希腊奇奥斯岛居民谴责岛内的7个风电场项目对自然保护区和考古遗址的潜在不利影响，他们声称“我们不会允许他们以‘绿色能源’的名义把我们美丽的半岛变成工业能源区”；在斯洛文尼亚，成立了一个非政府组织联盟以保护“国家自然遗产”，因一个风电场项目拟建在被认为是“地中海最原始的遗址之一”的半岛上而受到该组织的强烈反对；印度环保组织对保护区内安装风电机组造成的森林砍伐和生物多样性损失提出了公众关注。发达国家和地区也有反对风电场项目的案例，如美国的第一个海上风电场需在马萨诸塞州南塔基特海峡沿岸安装130台风电机组，南塔基特桑德社区作为一个富裕社区，声称这样的“工业设施”将对维持景观的商业、旅游、休闲和精神美学产生负面影响。

1.4.3 发展趋势

风电行业发展趋势主要包括风电平价上网、市场再设计、风电和储能的结合、离岸风电的蓬勃发展和供应链全球化等。

1. 风电平价上网

如前所述，随着风电技术的进步、融资成本的降低，风电的度电成本持续下降，这为风电平价上网提供了基础。一方面，世界风电机组价格日趋相同；另一方面，风电的发展与购电协议模式的广泛应用有很大关系，购电协议模式推动了风电成本的下降，同时也促进了市场规模的不断扩大和市场效率的不断提高。风电平价上网是由市场行为决定的，也是风电产业发展的必然。

对制造企业而言，风电平价上网要应对两大问题：①技术创新，近年来每年风电机组有90款左右的技术革命；②成本管理，未来制造企业的制造成本、物流成本、风电机组的维护成本等都将成为决定平价上网能否持续的重要因素。

2. 市场再设计

当前，如何重建电力系统的规则，将风电和太阳能发电这些极具经济性且多变的可再生能源尽快融入电力系统，是当务之急。“市场再设计”已成为当下最热的话题。世界风电市场正在发生转变，不再依靠支持计划，风电作为一种单纯的商业技术，越来越多地在没有补贴或支持机制的条件下运行。这种转变正影响着每年的市场规模。新旧体制之间的“政策差距”导致2017—2018年间部分市场经历了一段颠簸的历程。

在世界范围内，拍卖作为可再生能源的支持计划越来越普遍。中标人将收到一份保证 20 年固定报酬率的购电协议，同时承诺在实施期限内建设风电场，并每年生产预定数量的电力。尽管竞争激烈，拍卖价格仍可能由于货币贬值等原因上涨。拍卖带来的是行业集中度的降低，例如，经过 10 年的拍卖，巴西风电场项目业主的数量已从 16 个增加到 49 个，五大业主的市场份额从 60%左右下降到 37%。对特定风电场的拍卖，除了降低价格外，还有如下优势：首先，拍卖特定风电场，通常意味着预先确定的装机容量和系统接入方案，获取必要许可文件的任务也由政府完成，这降低了投资人的风险；其次，由于风电场是事先决定好的，投资人只需要提供证明自己按期交付项目的技术和财务能力，资格要求没有那么严格。

大多数国家如丹麦、荷兰、英国和美国等，都采用了最低价中标的方式选择中标单位。但日本采用了综合评分方式，除考虑价格因素外，还突出了其他政策目标。中标价格的高低受项目交付日期、合同结构，以及涉及的处罚和责任等因素影响。2017 年德国离岸风电拍卖获得低价的一个重要原因，就是较晚的项目交付日期，其交付日期在 2025—2030 年之间。随着风电机组价格和建设成本的降低以及技术的进步，晚交付的项目预计技术成本更低。

3. 风电和储能的结合

随着风电、光电等新能源在电力系统中渗透率的不断提高，电力系统依靠传统电源进行调频的能力不断被削弱；同时，风能和太阳能等作为典型的间歇性可再生能源，其出力具有波动性和不确定性。为了在风电、光电等大量并网的情况下，保证电力系统安全稳定运行，有必要发展储能，使风电和太阳能发电参与电网调频、调压。

各地区可以消纳的可再生能源比例不尽相同。总体来看，美国西北部电力系统尽管有大量水电，但由于发电用水的优先级落后于灌溉用水等，因此几乎没有灵活性；北欧电力系统的灵活性较大，如丹麦西部地区，由于存在大量的水电，风电可以占到其地区消费量的 50%以上，但随着未来风电的进一步扩张，其电力市场是否具有足够的灵活性，这一点还有待观察。

储能技术可为电网提供灵活的发电和时移负载能力。随着电池价格的快速下降和一些地方的法定储存要求的制定，能源储存可能成为未来几年在高渗透水平整合可再生能源的一个重要的灵活选择。尽管风电发展前景广阔，但未来依然面临不小的挑战。随着风电装机规模的扩大，站在整个能源系统的角度，未来风电如何与太阳能发电、储能等做到更好的配合，如何做到优势互补是未来要思考的问题。

4. 离岸风电的蓬勃发展

欧洲离岸风电无论是在技术上还是在商业上已经发展得相对成熟，目前它对养老基金、投资机构和银行等机构投资者有着强烈吸引力。离岸风电领域资源非常丰富，世界上大多数国家和地区都转向离岸风电领域发展。推动这一领域的技术进步和创新包括更大的风电机组、工程技术的进步、浮动平台解决方案等实验技术的开发、基础设计和安装方法的不断改进，接入、运行和系统集成方面的发展也允许离岸风电从海岸向更深的水域拓展，以获得更好的风能资源及更大的开发场地。

离岸风电场主要包括风电机组（包括转子、机舱、塔架和电缆）、基础、陆上和离岸变电站等。对于离岸风电来说，最为关键的制约因素是基础，近年来，适应更深水域（超过 50m 深）的浮动风电机组的发展促进了离岸风电的开发。浮动风电机组在安装过程中海底侵入活动较少，可以较大程度上克服水深的问题，以开发更多的深海风能资源。信息技术对于识别潮汐和波浪特征以及气候特征（如海床地形、土壤特征和海洋生物信息）至关重要。海权、自然海域保护范围、鸟类迁徙路线、对海洋生物和濒危物种的影响、与可再生能源支持计划相关的政策法规以及电网连接等信息都是离岸风电开发过程中需要关注的重点问题。

离岸风电的成本在很大程度上取决于海岸的距离和水深。2017 年，德国和荷兰都出现了“零补贴”招标。未来 5 年左右要完成的项目的离岸价格是过去 5 年的一半，而且这种趋势可能继续下去。欧洲已提出一个离岸风岛计划，拟建规模是已有离岸风电场的 2 倍。离岸风电技术的迅速成熟意味着离岸风电正逐渐成为主流能源。

5. 供应链全球化

随着世界风电产业的发展，供应链全球化的趋势愈加明显。欧洲是全球风电行业的技术领军者，尤其是离岸风电，占全球装机容量的 88%，欧洲风电设备出口为欧洲本土创造了巨大的价值。但未来的发展趋势是，制造商和服务供应商之间的竞争在国际上日益激烈，一些国家要求在当地获得一定份额的设备、组件和服务，供应链正在变得更加全球化。目前，已有超过 85%的欧洲风电公司在世界其他地区拥有制造或商业业务，例如 SimensGamesa 公司由于合并在 2017 年取代了丹麦风机制造商 Vestas，成为最具全球化的供应商，其在 2017 年在 35 个国家设厂。随着供应链全球化，一些国家的风电行业可以从全球市场的发展中受益。

除了上述趋势，分散式风电也是未来的发展方向，但目前看来分散式风电还处于早期发展阶段。对整机企业来说，还有不少空白点尚需攻克填补，例如如何降噪、如何并网等问题。

1.5 本书主要任务与内容

1.5.1 主要任务

随着我国风电产业链的完整，以及世界风电开发力度的加大，风电在经济社会发展中发挥着越来越重要的作用。近 20 年来，风电场项目成为重要的投资领域，无论是发达国家还是发展中国家政府，都将风电作为发展战略，制订了重要的政策支持计划，从而促进市场经济主体，如风电开发商或财务投资者，能够在精确算计自身利益的基础上进行风电场项目的大力投资。风电政策随着风电技术的发展而不断变化，能源规制不可或缺。可以预见的是，风电作为新兴产业，风电场项目投资前景光明。因此本书的主要任务如下：

(1) 在梳理国内现行政策法规的基础上，从决策、计划、组织和管控的职能视角总结国内风电投资现行做法和经验教训，并提出系统的投资管理框架，为风电场项目投资提供理论指导。

(2) 随着“一带一路”倡议的提出，以及沿线国家的积极参与，无论是对于风电开发商、国内投资者或国内基建承包商而言，向境外找寻合适的投资机会，促进自身可持续发展的动机极为强烈。因此，在国内风电场项目投资运营经验的基础上，研究“一带一路”沿线国家的风能资源储量，以及相应的风电投资政策，指出投资潜力及其风险所在，为国内风电投资者向境外拓展业务提供参考。

1.5.2 主要内容

根据本书的任务和前述的投资管理框架，本书的主要内容分为8章，具体如下：

(1) 第1章主要介绍风电场项目的概念、类型、特征，以及风电场项目生命期与利益相关者；风电场项目投资的内涵与目标、风电场项目投资管理的内涵与特征，并在此基础上，借鉴霍尔三维结构，提出了风电场项目投资管理内容框架。本章最后从全球视野，介绍了风电产业发展现状、存在的问题及其发展趋势。

(2) 第2章主要介绍国内和“一带一路”沿线国家风电投资政策发展沿革，以及最新政策对风电产业发展的影响。在分析“一带一路”沿线国家风能资源储量的基础上，找出风能资源丰富且政府开发风电意愿强烈的国家，进而深入探究这些国家现行的风电投资政策，为国内风电投资者的境外投资提供参考。

(3) 第3章主要介绍风电场项目的遴选与立项管理。本章首先介绍风电场项目场址遴选的方法和条件；然后选取典型风电企业，总结不同企业的内部决策立项流程，进而基于科学性、高效性原则提出内部立项流程优化建议；最后从政府层面，介绍国内风电场项目的现行投资管理制度。

(4) 第4章主要介绍风电场项目投资决策分析和评估的内容、方法，即从风电场项目建设技术、经济和社会效益、社会和环境影响分析评价其可行性和合理性，以及相应的项目可行性多属性决策方法。

(5) 第5章主要根据国内现行概算编制规定，介绍国内风电场项目设计概算的编制，包括项目划分、费用构成，以及设计概算编制方法及其文件构成。

(6) 第6章主要介绍风电场项目融资，包括风电场项目融资分析的内容与要求、特殊目的载体的构建、项目资金的主要来源和项目资金结构的确定，以及近年来涌现的新型融资模式。

（7）第 7 章主要是按照项目生命期阶段逻辑展开，从降本增效的视角介绍风电场项目不同阶段投资管控的目标、方法和常见的措施。

（8）第 8 章按照风险管理流程，采用文献阅读和案例分析的方法，着重对国内外风电场项目投资风险进行识别，进而提出风险应对措施。

第 2 章　风电场项目投资政策发展沿革

世界前两次能源结构转型的经验表明，技术突破和制度安排是能源转型的关键因素。以风能为代表的新能源革命自 20 世纪 70 年代兴起，这是新能源技术、信息技术、网络技术与智能电网的高度结合，其不仅涉及技术领域的突破，也涉及众多利益群体的整合与协调。分析世界各国可再生能源制度安排的研究历程，厘清不同国家可再生能源政策的特点和脉络，探索可再生能源政策制定的思想基础及其变化趋势，不仅可为加快我国风能发展提供参考，同时也为我国投资者境外投资风电场项目提供参考。

2.1　典型发达国家风电投资政策演变

《BP 世界能源统计年鉴（2019）》显示，1998—2018 年，风能在可再生能源中占有重要席位，如图 2 - 1 所示。世界各国和地区一般将风电投资相关政策纳入到可再生能源政策中统筹管理。本节选取美国、德国、英国、日本作为介绍可再生能源政策演变的典型发达国家。一方面，由于这 4 个国家经济总量位于世界前列，对世界经济和技术发展具有重要影响；另一方面，这 4 个国家在可再生能源发展的不同时间段都曾引领可再生能源发展的方向。低碳和可持续的能源系统是实现应对气候变化目标的战略举措，这些典型国家都制定了明确的减排规划：2014 年中美双方在北京发布应对气候变化的联合声明，美国拟于 2025 年实现在 2005 年基础上减排 26%～28%的目标，并将努力减排 28%[1]；日本规划 2050 年将温室气体排放量减少到 1990 年时 80%的水平；德国计划到 2050 年将温室气体排放量在 1990 年的基础上减少 80%～95%，同时德国将可再生能源作为主流能源，提出在 2020 年之前，可再生能源在电力供应中的份额达到 35%，2030 年之前达到 50%，2050 年之前达到 80%。英国政府在 2020

---

[1] 美国特朗普政府于 2017 年 1 月 12 日发布了“美国第一能源计划”（An America First Energy Plan）。该计划的核心要点包括：能源尽量自给自足、取消“气候行动计划”、开发本土页岩油气、支持并振兴清洁煤炭工业、能源发展以保护环境为优先等内容。特朗普旨在使美国实现“能源主导”，在全球治理中进一步强化其他国家对美国的依附关系。从短期看，基于美国是碳排放大国，“美国第一能源计划”会对全球气候治理产生重要影响。从长远看，美国退出《巴黎协定》未必会对全球气候治理造成根本性的危害。因为当前，全球气候治理的主力是欧盟、伞形集团、基础四国三大阵营。其中欧盟是全球应对气候变化行动的引领者。美国曾是伞形集团的领导力量，但基础四国在全球气候治理中将发挥更重要的影响。

年 12 月举办的气候雄心峰会上提出了其减排温室气体新目标，即到 2030 年，英国温室气体排放量与 1990 年相比至少减少 68%，并将大力发展清洁能源，力争成为风能大国。

可再生能源的支持政策包括研究开发补贴、验证补贴、设备引入补助、售电补助和售电配额制度等，但各个国家侧重点有所不同。

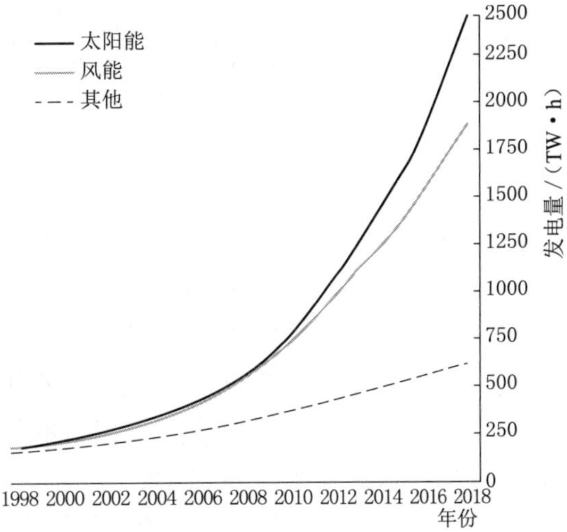

图 2-1　分种类可再生能源发电量

2.1.1　美国

作为世界第一经济大国，美国能源资源消耗最多的是化石燃料，但是，美国也是较早发展新能源产业的国家，是较早采用税收政策激励新能源产业发展的国家。迄今为止，美国拥有一套完善的与新能源产业相关的税收政策，贯穿了新能源产业的生产环节和消费环节，详见表 2-1。美国新能源税收政策的激励手段多种多样，不仅有直接减免的税收政策，如税收减免、税收抵扣、生产税抵免，也有税前费用扣除和加速折旧等减小税基的税收政策；不仅有直接激励的税收政策，也有间接激励的税收政策，如对传统能源、燃料征税。与此同时，美国还充分发挥不同税种对新能源产业发展的激励作用，如生产税、消费税、个人所得税、财产税等。更为重要的是，美国与新能源产业相关的税收激励政策有完善的法律体系保障，这使得税收激励政策拥有权威性和强制性。

表 2-1　美国新能源产业税收政策

产业环节	各环节政策分类	税收政策内容	相关法案
生产环节	促进技术研发的税收政策	研发费用实行“费用扣除”“减免所得税”双重优惠	《1992 年能源政策法案》《复苏和再投资法案》《2005 年国家能源政策法案》
		科研设备加速折旧	
		设备投资税抵扣	
		投资税减免	
		产学研合作的税收抵免	
		财产税减免	
	促进投资的税收政策	加速折旧	《复苏和再投资法案》
		生产税抵扣	
		投资税减免	
	促进生产的税收政策	生产补贴	《1992 年能源政策法案》《能源税收激励法案》
		税收返还	

续表

产业环节	各环节政策分类	税收政策内容	相关法案
消费环节	扩大市场应用的税收政策	消费税减免	《能源税法案》(1978年) 《能源改进及延长法案》 《1992年能源政策法案》
		个人所得税抵免	
		对能源、燃料征税	
		生产税抵扣	
		投资税抵扣	

美国关于新能源政策框架的特点是由自上而下的联邦政策和自下而上的各州政策相互结合。联邦政策体系主要以财税政策为核心，包括如下内容：

(1) 以投资抵税政策（Investment Tax Credit，ITC）和生产抵税政策（Production Tax Credit，PTC）为主的长期税收优惠政策。1978年颁布的《能源税法案》首次对可再生能源实施以投资抵税政策，并于1985年到期。《2005年国家能源政策法案》重新制定了以投资抵税政策；2008年，美国《紧急经济稳定法案》将以投资抵税政策延长8年至2016年。《1992年能源政策法案》提出生产抵税政策，该政策一直持续到2013年。

(2) 实施重点计划并提供有力的资金支持，以加强技术研发和项目推广。2009年，《清洁能源与安全法案》规定在新能源研究项目最初的可行性研究阶段，美国政府给予100%的资金补助，在基础研发和工业性试验阶段，资金补助的比例维持在50%～80%的水平，有效保证了技术研发活动的持续性；2011年美国政府密集出台了一系列能源资助计划，重点资助太阳能、海上风电、生物质和地热能等可再生能源的先进技术研究与示范项目。

(3) 2013年提出绿色购买制度，即可再生能源电力消耗在政府机构总电力消耗中的比重从2013年的7%逐步增加到2015年的10%，2020年要达到20%以上。

各州政策以市场机制来推动可再生能源的发展。1983年，艾奥瓦州率先实施可再生能源配额制（Renewable Portfolio Standard，RPS），到2015年已经有34个州实施RPS。RPS是一个国家或地区用法律的形式，强制性规定可再生能源发电在总发电量中所占比率，并要求电网公司对其全额收购，对不能满足配额要求的责任人将处以相应惩罚。可再生能源电力装机容量和各电力公司分摊量基于政策目标制定，通常各个义务对象业者（电力公司）筹措的电源、供应业者（可再生能源发电厂家）、价格、条件由市场决定。而可再生能源证书（Renewable Energy Certificate，REC）制度，又称绿色电力证书制度，是基于可再生能源配额制度的一项政策工具，配额制的实施需要和可再生能源证书交易市场配套运行，购买可再生能源证书是实现RPS的一种手段，也是实现可再生能源配额制的一种证明。电力企业可以在可再生能源证书交易市场，从可再生能源发电企业手中购买其富余出来的可再生能源证书。在这个市场中，可再生能源证书的持有者与承担指定配额义务的可再生能源证书需求者之间进行可再生能源证书交易，将可再生能源证书的环境属性实现货币化，而可再生能源证书的价格则由市场决定。配额制下的可再生能源电力价格为标准火力上网电价和可再生能源证书交易价格之和，可再生能源发电商通过销售可再生能源证书的市场交易方式来获得“补贴”。与全球性碳交易不同的是，可再生能源证书只能在本国（地区）内交易，不能跨国交易。

美国可再生能源配额制的实践表明，可再生能源配额制虽然通过交易手段发挥了市场的调配作用，但仍需充分结合行政控制手段，指定监管机构进行监管与指导。

2.1.2 德国

鉴于国内石油和天然气资源相对贫乏，德国十分重视对可再生能源的开发与利用。德国可再生能源政策体系经历了以政府为导向的财税支持政策逐步向以市场为基础的政策体系转变的过程。

德国对可再生能源的投资补助始于1991年的太阳能电池屋顶计划，1999年出台《引入生态税改革法》，对矿物能源、天然气等化石能源设定较高税率，但对风能、太阳能等给予税收减免的优惠；并早在1990年，在《电力供应法》中就规定了可再生能源发电的上网电价补贴（Feed－in Tariff，FIT）和全额收购制度，虽然德国风力发电的电价要比常规电厂电价高出近50%，但德国政府要求电力公司收购可再生能源电力价格不低于当地平均电价的90%。2000年4月，《可再生能源法》生效，进一步完善了上网电价补贴制度，再次以法律的形式将固定电价加以确定。将能源的外部成本纳入能源价格，通过政府财政投入和价格激励，为可再生能源的推广提供与传统化石能源平等的市场条件。但随着可再生能源规模的扩大，政府补贴加重及终端电价可再生能源附加成本过高，2009年开始不断修订《可再生能源法》，调整上网电价补贴标准，设计补贴递减机制，即随着装机容量上升，自动变更收购价格的可接受上限（breathing cap）。

上网电价补贴制度虽然有效地促进了可再生能源的快速发展，但也导致终端电价不断攀升，电力市场扭曲等问题。2014年德国政府对《可再生能源法》进行改革，提出了上网溢价制度（Feed－in Premium，FIP），也称“奖励＋市场价格”政策，鼓励可再生能源发电参与电力市场竞价上网，由当时的市场供需情况确定销售电价，政府再根据各类可再生能源规定的电价水平与市场月度价格的平均值给予发电商溢价补贴，也就是说由政府设定补助基准，作为奖励，支付其与市场价格的差额。2016年以前新建大规模可再生能源发电设备（500kW以上）实施这样的政策。2016年德国对《可再生能源法》再次修订，积极响应欧盟关于各国可再生能源支持政策的要求。欧盟要求成员国调整政策，逐步降低可再生能源补贴，激励可再生能源提高自身竞争力。新的可再生能源发电量必须进入电力市场，且承担类似于常规电源的电力系统平衡义务，引入可再生能源发电项目竞争性招标制度（对于 1MW 以上的设备）。按照欧盟裁决，《可再生能源法（2014）》有效期仅到 2016 年年底，2017 年德国政府全面引入可再生能源发电招标制度，正式结束基于固定上网电价的政府定价机制。德国上网溢价制度实施历程见表 2-2。

表 2-2　德国上网溢价制度实施历程

设备装机容量	2014 年 8 月	2015 年	2016 年	2017 年
500kW 以上	FIP	FIP（实验性竞标）	FIP	FIP（竞标）
100～500kW	FIT	FIT		
0～100kW			FIT	FIT

注　也可选择上网溢价制度，每月可变更上网电价补贴制度或上网溢价制度。

总体看，上网溢价制度具有如下特点：

（1）市场直接销售，促进可再生能源发电业者市场竞争。上网电价补贴制度下可再生能源发电业者的核算性与发电成本、发电量有关；但在上网溢价制度下，除了以上两个因素外，还与市场销售价格战略有关。由于发电业者在负担不平衡风险的同时还要在市场售电，可再生能源发电业者为了提高实施发电计划的能力，期待通过提高发电预测精度，利用可根据供需（市场动向）调整电力供应的储存技术，以及与其他电源组合等发挥市场竞争力。同样，由于上网电价补贴制度采取义务收购，在电力剩余出现负价值时，产生了向可再生能源电力支付固定收购价格的矛盾。但采用上网溢价制度，若供需不平衡，可再生能源发电业者要采取用市场信号抑制输出功率等应对措施。另外，若竞争能力降低，与 FIT 制度比较，采用 FIP 制度，可再生能源发电业者负担的核算性风险扩大。

（2）削减制度费用。采用上网溢价（竞标）制度确定基准价格，要求发电业者以低于政府基础收费的价格投标，支付与市场价格的差额作为奖励，这样有望降低制度费用。

（3）利于补助的长期稳定。上网溢价及竞标制度，旨在利用市场原理提高支持政策的经济性；上网溢价及竞标制度也有利于确保可再生能源投资的长期稳定性。FIP 制度在市场直接销售方面与 RPS 制度一样，但在 RPS 制度下，可再生能源电力合同价格、条件通过个别交涉决定等，存在事业不确定性、阻碍投资等问题；而按照 FIP 制度，由政府设定或通过竞标决定奖励，并同时规定与政府或政府设立的组织间的长期合同支付等，使可再生能源事业的经济性具有一定的可靠性和长期稳定性。

德国政府在实施上网电价补贴制度或上网溢价制度的同时，还有对可再生能源的信贷优惠政策和研发资助计划。例如，规定德国复兴银行等政策性银行和商业银行有责任为光伏产品、风能、水能、地热能等可再生能源项目提供低息贷款。对于国内风电项目，政府提供优惠低息贷款；对于在发展中国家开发风电项目的制造商，最多提供出口价格70%的出口信贷补贴。为提高可再生能源市场份额，德国政府有消费者补贴。关于可再生能源的技术研发资助，德国政府的财政扶持政策涵盖了产业链的各个环节，例如联邦教研部对新能源项目进行大量资金资助，仅2008年就拨出3.25亿欧元用于能源研究，其中大约2亿欧元用于资助亥姆霍兹国家研究中心联合会等科研机构的相关研究，并建立了持续资助能源研究的机制来支持可再生能源的相关研究，为可再生能源的大规模应用和发展打下坚实基础；恺赛尔太阳能供给技术研究所也组织实施了“科学测量与评价计划”，对风力发电设备的功率和风速、风向等进行测量，建立了全球第一个覆盖全境的风能参数测量和评价系统，为新型风电机组的研发提供了可靠的设计依据。

2.1.3 英国

英国实施差额支付合同（Contract for Difference，CfD），其与德国上网溢价制度基本相同，是填补市场价格低于基准价格部分的制度，特点是市场价格超过基准价格时发电业者返还差额。另外，对处于可研阶段的可再生电力项目，规定用竞标确定基准价格，进而制定补助总额上限。英国差额支付合同制度于2014年12月8日首次引入，要求可再生能源发电业者义务在电力市场销售，与交易对方签订差额支付合同。差额支付合同是关于批发电力市场价格与政府决定的基准价格之间差额的清算合同。当市场价格低于基准价格时，发电业者接受差额支付合同交易对手支付的市场价格与基准价格的差额；当市场价格超过基准价格时，发电业者向差额支付合同交易对手返还差额。差额支付合同合约期限15年，可保证可再生能源投资收益长期稳定，同时又有避免过度补助、抑制成本的目的。

英国为确定差额支付合同的基准价格，2015年1月实施竞标，相对于投标时政府设定的基准价格（上限价格），业者的中标价格（清算价格）降低了18%左右，详见表2-3。

表2-3 英国风电差额支付合同竞标结果

能源种类	项目数	设备容量/MW	基准价格/[欧元/（kW·h）]	最低清算价格/[欧元/（kW·h）]	最大削减率/%
陆上风电	15	1162	17.1	14.3	17
海上风电	2	746.55	25.2	20.6	18

2.1.4 日本

日本的可再生能源政策始于1974年推行的“阳光计划”（推动太阳能技术的发展利用）和1978年提出的“月光计划”（促进燃料电池发电技术）。1993年日本政府将上述 2 个计划合并为“新阳光计划”，重点推进太阳能利用技术，该计划将一直延续到 2020 年，总支持经费高达 1.6 万亿日元。1994 年日本出台“新能源推广大纲”，首次正式宣布发展新能源及可再生能源，提出到 2010 年，新能源和可再生能源占全国能源供应 3%以上的目标，并对供需双侧进行补贴，1994—2000 年间达到约 7 亿美元。“阳光计划”的实施，使得日本太阳能热利用和光电技术处于世界前列。

为促进可再生能源发展，日本政府遵循法治原则，出台了系列法律法规和相关政策。1997 年制定了鼓励风力发电、光伏发电、废弃物发电、温差能源和太阳能热利用等可再生能源开发利用的政策。2003 年颁布并实施《电力设施利用新能源特别措施法》，要求日本电力企业完成一定数量的新能源发电，如不能完成将被政府罚款，同时开始实施可再生能源配额制。2008 年对《新能源法》进行修订，将太阳能、风能和生物质能等 10 种能源定义为新能源。2004 年 6 月，日本政府公布了“新能源产业化远景构想”，远景目标是在 2030 年以前，把太阳能发电和风能发电等新能源技术扶持成产值达 3 万亿日元的支柱产业之一。2009 年 11 月开始引入“光伏发电剩余电力收购制度”，并实施为期 10 年的 FIT 制度。随着低碳化形势高涨，同时为刺激经济发展，2012 年 7 月，出台《再生能源特别措施法案》，对包括光伏发电在内的所有可再生能源实施长期义务全量收购的上网制度；但同样由于装机容量与费用负担平衡的问题，2015 年 9 月，日本政府对固定电价水平和电力附加费进行了调整。

在技术研究方面，日本政府投入大量资金进行可再生能源技术的基础研究。2007 年日本加大了对新能源技术研究开发的资金支持力度，投入总额达 1153 亿日元，其中约有 245.6 亿日元用于实证试验，约有 330.9 亿日元用于技术开发，而技术推广支出则达到了近 576.5 亿日元。

在财政方面，日本政府将一部分石油进口税作为可再生能源项目的补贴，每年对从事可再生能源生产的公司投资建设的太阳能发电设施项目、风电场项目、生物质能项目等进行财政补贴；对大规模从事太阳能热利用、风力发电及废弃物发电等，或宣传可再生能源的公共团体，补助 50%以内的宣传推广费用；对于符合《新能源法》规定开发目标的新能源推广项目，补助 1/3 以内的事业费；对使用可再生能源的能源管理企业和出租企业及可再生能源消费进行补贴，从而扩大可再生能源用户范围。

在税收方面，日本政府对本国开发可再生能源的企业有多项税收优惠政策。1998 年，税法规定开发利用可再生能源的企业可获得其第一年利润的 30%作为特别奖励，以鼓励企业从事尚处于资源调查和研发阶段的可再生能源的开发。2006 年起，日本对安装利用新能源设备的企业给予一定的税收优惠。企业若购买风力发电设备、光伏发电设备、生物质能发电设备等，则减免购买这些设备的固定资产税。从 2009 年 4 月 1 日至 2011 年 3 月 31 日，中小企业若投资新能源产业，可以对中小企业减征 4%法人税。

除此之外，日本政府还通过向可再生能源产业提供低息贷款和信贷担保、出口信贷及吸引民间资本投资等方法促进可再生能源产业的发展。

2.1.5 风电投资政策演变规律

如前所述，各国一般将风电纳入新能源或可再生能源中统筹管理，因此此处依然是从可再生能源视角总结政策演变规律。尽管各国的可再生能源政策随着其战略定位变化而不断调整，且各自切入点、重点和形式有所差异，但不难发现，其中存在可再生能源政策体系演变的共同规律。

(1) 可再生能源发展的战略定位是各国政策的基础。随着全球温室效应愈加严重，能源低碳化转型亦成为发展主旋律。而发展可再生能源是许多国家推进能源系统转型的重要途径。德国是典型代表，德国将可再生能源定位为主流能源，2015年，可再生能源占一次能源的比例就已经达到12.48%，与其他国家和地区相比，可再生能源在德国能源体系中占据了相当的位置。

(2) 政策演变历程基本一致。初期以研发资助为主，具体表现为以政府主导的重点项目为试点，实现可再生能源技术领域的突破；然后以财政税收价格激励政策支持可再生能源的推广和产业化，不断降低可再生能源的应用成本，提高其技术效率，刺激可再生能源项目的投资；随着可再生能源技术的发展和投资规模的不断扩大，出现装机容量与费用平衡困难的问题，政策出现重大转变，即从以政府主导的行政政策体系向市场化政策体系转变，以推动大规模可再生能源的消纳，以及并网技术和体制的突破。加大技术研发力度是各国关注的焦点，随着可再生能源的发展，可再生能源在能源系统中的占比不断提高。据统计，在供给侧，2018年全球发电量增长主要来自可再生能源(占比14.5%)。但是以大规模、高能量密度、生产消费分离为特征的化石能源体系与适度规模、低能量密度、生产消费靠近甚至合一为特征的可再生能源体系之间的巨大差别带来的挑战，要求各国加大技术的研发，而这一技术变革将引领新的能源革命，这也是许多国家未来争夺的技术和经济发展的制高点。

2.2 “一带一路”沿线主要国家和地区风电投资政策

限于篇幅，本书仅选取“一带一路”沿线主要国家和地区的风电投资政策进行梳理介绍。本书选取时考虑的主要因素如下：

(1) 国际合作关系良好。国际关系理论自20世纪70年代形成初步的系统框架后，迄今经历了结构现实主义、新自由制度主义和结构建构主义的演变。结构现实主义强调主权国家之间的物质实力，主权国家之间的互动依靠物质实力的推动，物质力量分布的状态足以决定国际体系的整体稳定以及主要国家在体系中的行为模式。基欧汉的新自由制度主义以“制度选择”更替了结构现实主义的“结构选择”，认为国际制度影响国家行为、促成国际合作。新自由制度主义是体系层次理论，因为它关注的是国家之间的互动。这种互动就是过程，而影响互动最重要的因素是有形的制度。温特的结构建构主义认为观念结构影响了主权国家的身份构建，并因此影响了它们的行为方式。建构主义的核心被称为“文化选择”，将以权力分布定义的结构替换为观念分布定义的结构。综合国际关系不同理论学派的观点，可以得到影响国际关系的因素主要有物质实力或综合实力、国际制度或规范和文化。主权国家之间的国际关系是一个非常庞杂的概念体系，但它首先是政治关系，美国国际关系专家汉斯·摩根索和法国的雷蒙·阿隆就认为，国际关系就是国际政治，而与政治密切相关的经济关系是最基本的关系。对外风电投资，涉及不同主权国家或单位（如跨国公司）之间的行为，因此国际合作关系对其成功与否有根本性的影响，必须首要考虑该因素。

2016年，国家信息中心从“政策沟通度”“设施联通度”“经贸畅通度”“资金融通度”和“民心相通度”五个维度对“一带一路”沿线64个国家的国别合作度进行了综合评价，评价结论显示，俄罗斯、哈萨克斯坦、泰国、巴基斯坦和印度尼西亚位列前五名。

（2）电力市场及其开放程度。电力市场结构现状和需求是能源合作与能源建设的决定性因素。传统化石能源的储量、产量越高，化石能源的发电量和消费量占比越高，意味着该国对化石能源的依赖程度越高。电力供需缺口越大，意味着能源需求量越大，多样化能源发展潜力越大。

回顾世界经济发展史，不难发现能源是一个国家经济发展的命脉，因此能源安全关乎国家安全，一般会被绝大多数国家上升到国家战略层面考虑。这意味着很多国家不一定对外国投资者开放电力产业市场，或仅是有条件地对外国投资者开放市场。

（3）风能资源情况，进一步分为风能资源潜力和发展阶段两个因素。如前所述，风是一种自然现象，具有自然禀赋性，因此风能资源潜力的评估是开发利用风电的前提条件。风能的开发需要有技术、经济手段的支撑，风电产业的成熟度或发展阶段也是需要考虑的因素。

（4）国家自主贡献目标和可再生能源政策。一个国家未来在化石能源和可再生能源发展的决策中，除了考虑化石能源和可再生能源方面的现有发展水平和潜力外，还要考虑其针对巴黎协定所做出的承诺——国家自主贡献目标。目标说明了一个国家未来在减排和发展可再生能源方面做出努力的意愿。各个国家自主贡献目标数据可由联合国气候变化框架公约（UNFCCC）网站上各国提交的国家自主贡献预案（INDC）目标文件中获取。

此外，一个国家现存的可再生能源相关政策支持也非常重要。基于可再生能源的新兴产业性质，政府的支持是必需的。可再生能源政策可由IRNEA公布的全球可再生能源年度报告中获取。

(5) 国家经济发展情况。常用GDP和GDP增长率指标表征。工业经济时代，意味着一个国家的经济越发达，对电力的消费需求就越高，也意味着用电户的支付能力越强，风电场项目的收益预期稳定性就越好。

(6) 投资风险。风电场项目投资回收期较长，在这期间必须考虑投资风险的大小。投资风险的表现形式诸多，例如政治风险、经济风险、信用风险、市场需求风险、技术风险等。在国际投资中，政治风险的影响有时是致命的，因此政局的稳定性、政策的延续性等是对外投资考虑的重要问题。一些国际组织如世界银行会定期颁布国别投资风险或营商环境风险。

北京市朝阳区永续全球环境研究所徐生年和陈秀莲等除了考虑上述因素外，还考虑了人口、电网覆盖率等因素，对“一带一路”沿线国家的可再生能源发展和能源转型潜力进行了分析评价，结论表明：“一带一路”国家（按储量排名，不含中国）中可再生能源潜力总量排名前10的国家为哈萨克斯坦、巴基斯坦、蒙古、印度、波兰、乌克兰、土库曼斯坦、印度尼西亚、乌兹别克斯坦和越南，其中风电潜力较大的国家有蒙古、波兰、哈萨克斯坦、印度尼西亚、乌克兰、土库曼斯坦、巴基斯坦和印度（不含中国）；国家能源转型潜力排名靠前的国家为印度、印度尼西亚、菲律宾、波兰、埃及、越南、罗马尼亚、泰国、匈牙利、孟加拉、俄罗斯、乌克兰、土耳其和哈萨克斯坦（不含中国）。

综合考虑前述因素和徐生年等人的研究成果，本书拟选取东北亚片区的蒙古、俄罗斯，南亚片区的印度和巴基斯坦，东南亚片区的越南、泰国、菲律宾和印度尼西亚，西亚北非片区的埃及、土耳其和格鲁吉亚，中亚片区的哈萨克斯坦，以及中东欧片区的波兰、罗马尼亚等国家，收集整理其风电或可再生能源的相关投资政策。

2.2.1 蒙古

(1)《绿色发展政策》。2014年6月，蒙古议会第43次决议通过《绿色发展政策》，要求“能源部门通过能源效率提高20%，确保可再生能源在总能源生产的份额在2020年和2030年分别达到20%和30%”。为实现这一战略，国家能源部门还制定了具体的目标和行动计划：第一阶段（2015—2023年），考虑10%的备用容量，装机容量规划增加两倍，实现100%的能源利用，确保更多游牧牧民家庭使用独立的家庭可再生发电系统，同时与周边国家合作开发高容量的输电设施，并修改电价结构，以增加对私人投资者和/或独立发电商（IPP）的经济吸引力，并确保现有能源公司的经营经济可行。第二阶段（2024—2030年），至少实现20%的备用容量和30%的可再生发电装机容量，加强国家电网建设，实现能源出口和可再生能源的战略部署，在配电侧建立电力零售市场。综上，预测将新增水电装机容量675MW、风电装机容量

354MW 和光伏发电装机容量 145MW。

（2）《可再生能源法》。2007 年 11 月蒙古出台了《可再生能源法》，2015 年 6 月进行了修订。《可再生能源法》规定了可再生能源的建设、特别许可证的颁发、上网电价的确定和电力购买协议的谈判等参与者的角色、权利和特权，同时还规定了从国家议会、内阁到地方政府等各级政府及其部门在可再生能源方面的权力，例如乌兰巴托市（Ulaanbaatar）、苏姆省（Soum）和各区首府的政府官员有权在土地开发计划中纳入可再生能源设施，并为这些设施的建设分配地块；能源监管委员会（Energy Regulatory Commission，ERC）负责审查发电许可证持有人的上网电价（tariff）申请，设定上网电价，负责编制购电协议（PPA）指南，并批准 PPA 合同条件和监督 PPA 的实施，设立消费者补贴政策，电力购买协议到期后的上网电价的估计等；能源部门（Ministry of Energy）负责制定并审批输电网技术规范、可再生能源收集和输送规范，并负责制定和实施可再生能源设备操作和维护的标准，实施上网电价补贴制度和电力购买协议（PPA），设立可再生能源专项基金，其中 50%资金将由国家和地方财产实体筹集，50%通过按《京都议定书》规定出售经认证的减排单位的机构筹集。在实践中，主要的资金由供热和供电企业（Combined Heat and Power，CHP）提供。但由于供热和供电企业的财政困难，这些企业常常无法按照《可再生能源法》的要求向基金捐款，但上网电价中包含了可再生能源基金所涵盖的外费用或附加费。为吸引外国直接投资，法律规定了电费的美元支付机制，这大大降低了外国投资者面临的汇率风险，但由于蒙古货币走弱，政府的财务压力一直在增加。

《可再生能源法》2015 年修订的亮点主要体现在两处：一是解决了政府在与可再生能源发电商签订 PPA 时对承诺年限没有最高限制的问题，它规定"购电协议有效期应根据投资回收期确定"；二是设立了消费者补贴政策。但确保可再生能源优先调度的法律框架仍然缺失，且由于仍存在煤电补贴，因此制约了可再生能源的大规模上网可能性，这直接导致在乌兰巴托附近安装的第一个风电场——Alkhit 风电场（52MW，2013 年投运）的发电量减少。

（3）资金支持机制。清洁发展机制（Clean Development Mechanism，CDM）和日本的联合信贷机制（Joint Crediting Mechanism，JCM）为蒙古可再生能源的发展提供了部分资金的支持。日本启动的 JCM，作为 UNFCCC 下 CDM 的补充工具，旨在促进低碳技术的广泛应用，并最终减少温室气体排放。在蒙古实施的重点是高科技低碳技术，日本将承担私营部门使用低碳技术项目的 50%成本，作为回报，日本将获得 2020 年之前补贴项目产生的碳减排信用。

2.2.2　俄罗斯

尽管俄罗斯国内化石能源储量丰富，但为履行应对全球气候变化和节能减排的国际责任，俄罗斯政府仍提出了一系列可再生能源发展计划，主要目标是：通过发展清洁能源拉动经济增长和促进就业；丰富俄罗斯能源供给种类，为西伯利亚、远东、北极等偏远地区提供更多的能源选择；提高可再生能源电力在国家电力生产结构中的比例，逐步降低天然气、煤炭发电比例，减少能源生产和消费相关碳排放。

以2003年5月《电力法》颁布为标志，俄罗斯迄今已建立了一个相对完整的可再生能源开发政策框架，该框架很好地融入了现有的国家电力系统。具体如下：

(1)《电力法》，为可再生能源项目所生产的清洁电力并网销售提供法律支持。该法明确提出俄罗斯电网企业要按照合同价格收购可再生能源电力并网销售，并规定采用招标方式选择可再生能源项目开发商。

(2)《俄罗斯联邦可再生能源发电支持机制》，2009年1月颁布，提出2014—2024年可再生能源发电新增装机容量目标，明确风电、光伏发电及25MW以下小型水电是重点支持领域。其中，风电新增装机容量累计要达到3600MW，2015—2024年风电生产设备的国产化率最终目标为到2024年达到65%。只有符合建设成本和生产设备国产化率要求的项目才能并网售电。该政策不仅可以推动国外可再生能源发电设备制造商在俄罗斯境内投资建厂，生产可再生能源发电设备，还可以通过成本造价的限定促使可再生能源发电设备制造企业相互竞争，最终降低发电成本。

(3) 俄罗斯政府2013年第449号令，2013年5月发布，对享受政府上网补贴的可再生能源电力项目建设成本进行了限定，主要对风电、光伏发电和小型水电这三类可再生能源项目规定了2014—2024年的建设成本上限。2018—2024年俄罗斯风电每千瓦建设成本最大限值如图2-2所示[1]，其中2020年，风电装机建设成本为每千瓦不超过10.945万卢布，2024年为不超过10.901万卢布。

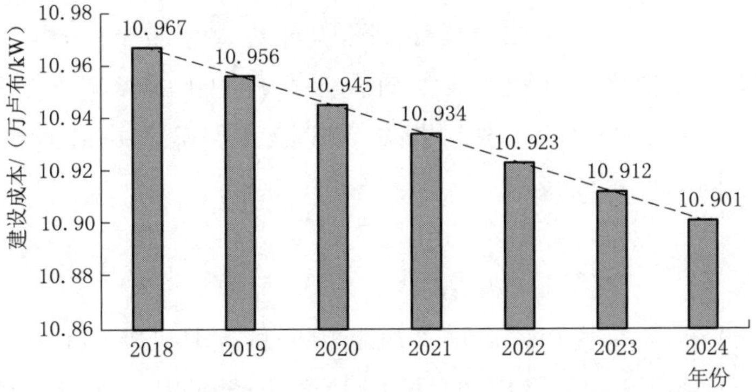

图2-2 2018—2024年俄罗斯风电每千瓦建设成本最大限值

[1] 俄罗斯能源部。

（4）俄罗斯政府 2015 年第 47 号令，2015 年 1 月发布，明确在电力零售市场对可再生能源发电提供补贴支持，为在电力零售市场进行可再生能源电力销售扫清了障碍。

在外商投资政策方面，俄罗斯允许国家和地方政府与外资企业签订各种形式的合同，允许外资企业进入俄罗斯垄断行业、公共服务行业，并参与政府采购。外资企业按照法律规定购买的进口设备、零配件，属于生产性固定资产物资的，免征进口关税和增值税。外商投资俄罗斯政府鼓励的优先发展领域项目，且外方投资占项目总投资的 30％以上，投资额不低于 1000 万美元的，前两年免交利润税，第三年交纳 40％的利润税，第四年交纳 50％的利润税。其他外商投资政策主要包含在以下法律规定中：

1）《俄罗斯联邦外国投资法》。外国投资商和有外国投资的商业机构的优先投资项目涉及生产领域、交通设施建设或其他基础设施建设，且外国投资总额至少 10 亿卢布（至少按联邦法生效之日俄罗斯联邦中央银行当日汇率折算的等值外币）、回收期超过 7 年的情况下，俄罗斯联邦政府应延长对上述外国投资商和有外国投资的商业机构实行稳定投资条件和制度的期限。根据俄罗斯海关法和政府税收法规，外资重点投资项目可以享受优惠。俄罗斯地方政府可以在职权范围内利用地方财政收入或预算外资金向外资提供税收优惠、担保、融资及其他形式的支持。

2）《俄罗斯联邦融资租赁法》，任何俄罗斯联邦居民、非居民，以及依照俄罗斯联邦法律从事经营活动的有外国投资商参与的经营活动主体均可成为租赁主体。国家对租赁活动的支持主要有：①对租赁项目的实施给予联邦财政资金并提供国家担保；②为租赁项目提供投资贷款；③银行及其他金融机构向租赁主体提供贷款所得利润可免缴 3 年以上的企业利润税；④按照法律程序向租赁公司提供税收优惠及贷款优惠；⑤为鼓励更新机械设备，在使用快速折旧法的同时，允许出租人将使用寿命在 3 年以上的固定资产在其投入使用的第一年以快速折旧方式注销原始价值的 35％等。

3）《俄罗斯联邦经济特区法》，入驻企业缴纳企业利润税为 20％，比其他非特区企业少缴纳 4 个百分点。特区企业注册后 5～10 年内，免缴企业财产税、交通税；签订入驻协议后，将免受俄税收立法后发生对企业不利变化的影响。俄联邦主体和地方自治机关在各自管辖范围内可给予外国投资者优惠和保障，并根据地区的不同情况，对外商企业实行不同的优惠政策。

2.2.3　印度

印度早在 20 世纪 80 年代初就启动了风电场项目，但风能的利用特别是风电行业的长足发展是在 20 世纪 90 年代初，尤其是 1994—1996 年，这与印度政府推出的风能支持政策密切相关，主要表现为设立专门的新能源和可再生能源管理机构、出台专门的财税政策、风能 R&D 研发资助、电价政策等激励政策。这些政策增加了风电开发利用对投资者和实业家的吸引力，并促使印度发展成为全球第四大风电国。印度风能支持政策发布时间线如图 2-3 所示，可以看出几个标志性的事件：①1991 年私人投资能源政策（Private Power Policy）的出台，印度政府实施私人投资进入风能开发领域的政策，电力市场开始向国内和国外私人投资者开放；②2003 年印度《电力法》（*Electricity Act*）的颁布，该法针对风能等可再生能源规定了相应的鼓励措施，在很大程度上促进了并网和离网风电的发展，《电力法》要求各邦电力监管委员会（SERC）逐步提升总电力消费中的可再生能源发电份额，随后制定的《国家电力政策》（*National Electricity Policy*）、《国家电费政策》（*National Tariff Policy*）进一步强调了可再生能源份额和优惠费率的重要性，设定了提高和管理可再生能源的具体要求；③2009 年开始对并网风电项目实施 GBI（Generation based incentive scheme）补贴[1]，并随后广泛推行可再生能源配额制、上网电价补贴制度。其中的典型政策如下：

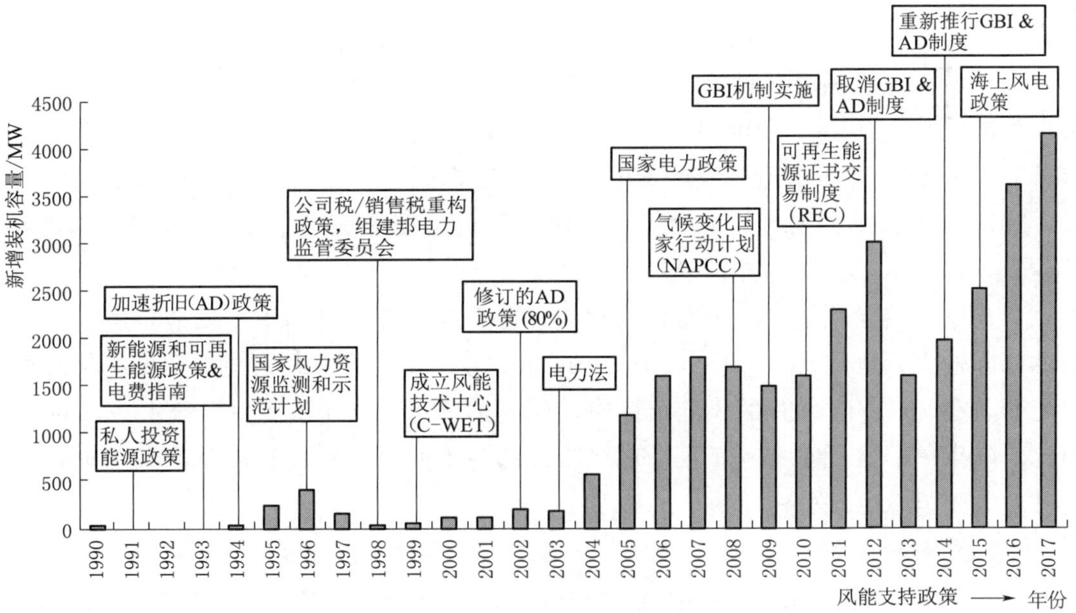

图 2-3　印度风能支持政策发布时间线

（1）基于发电量的激励机制 GBI。在 GBI 机制下，对于 1000 万卢比/MW 的投资，风力发电商在一定期限内（不低于 4 年且不高于 10 年），并网电力可获得 0.50 卢比（0.01 美元）/（kW·h）的补贴，但在最初 4 年间，每年的补贴不能超过激励总量的 1/4（总量以一个风电场项目 10 年生命期计算为 116000 美元/MW，因此每年上限为 29000 美元/MW）。GBI 机制适用于 2012 年 1 月 4 日及其之前完工的风电场项目，有效年限为 12 年。GBI 补贴与以往补贴的主要区别在于不再对投资者扩大装机

[1] 2012 年 3 月印度政府终止了 GBI 补贴机制的执行，装机容量随之快速降低，为完成第 12 个五年计划（2012—2017 年）15000MW 装机容量的目标，2013 年 8 月重新实施 GBI 补贴机制。

容量进行补贴，而是根据已装机风电机组的实际发电量进行补贴，实现了从传统的增量补贴向存量补贴的转变，更有利于激励投资者在整个风电产业链上的积极性。

（2）加速折旧（The Accelerated Depreciation，AD）。加速折旧政策于 1994 年首次提出，是在项目建成第一年固定资产 100%加速折旧，2002 年折旧率减少为 80%；2012 年 3 月废除加速折旧政策，2014 年 8 月对 2014 年 4 月 1 日及其之后完工的风电场项目实施第一年折旧率为 80%的加速折旧政策。加速折旧的扣税效应可以极大提高风电场项目的经济强度。

（3）风能电价设计。各邦电力监管委员会（SERCs）根据中央电力监管委员会（CERC）和类似行业的期望，采用“成本加成”方式确定风能保护性电价，各邦根据各自资源情况、项目成本、项目寿命期、容量利用系数和其他影响因素确定本邦的具体价格。国与国之间的输电费用，在一定条件下也免除出售风电时因风电损失而产生的有利于国与国之间的输电费用。

（4）可再生能源证书制度（Renewable Energy Certificate Scheme，REC）和购买可再生能源义务（Renewable Purchase Obligation，RPO）。各邦电力监管委员会均要求其管理的配电公司承担相应的 RPS 义务，考虑到各邦可再生能源禀赋存在较大差异，2011 年中央电力监管委员会提出了建立可再生能源证书制度。尽管 REC 制度早已建立，但 REC 交易市场尚未形成。

（5）风电招标政策。经印度新能源和可再生能源部（MNRE）批准，用于输送风电的邦际输电系统（Iner－state Transmission System，ISTS）通过透明的招标程序确定电价，在 2017 年 10 月的风能招标中，风电单价达到了印度历史最低水平，为 2.64 卢比/（kW·h）。此举有利于推动风能匮乏的各邦配电公司以该电价购买风能，以履行其非太阳能 RPO 义务。

（6）海上风电政策。为确保 2022 年前海上风电装机容量达到 100GW，印度政府推出海上风电政策。该项政策辅以各种财政激励，允许外国直接投资 FDI、PPP 和跨国合作等方式参与海上风电开发。财政激励包括关税优惠，购买技术和设备免征消费税，免征服务税（如资源评估、测量船使用和船舶安装等服务），以及第一个 10 年的免税期计划等。

（7）改造政策。MNRE 针对装机容量 1MW 及以下的风电机组出台了一项改造政策，旨在最优化利用风能资源。IREDA 为改造项目提供了 0.25%的额外利息折扣，此外还可享受加速折旧和 GBI 等优惠政策。机组改造后增加的发电可由配电公司以上网电价补贴价格购买，也可允许第三方销售。

需要注意的是，尽管印度风能支持政策力度较大，但目前风电发展过程中仍然存在如下问题：

1）缺乏综合性、专门性的可再生能源立法。目前，印度风电开发的法律依据和政策措施分散于《电力法》《可再生能源电价令》《电网法》《国家电力方针》《国家电费方针》

和《农村电气化方针》等，适用性较低。同时，由于印度为联邦制国家，印度国内的风电开发立法和政策还区分中央和地方各邦两个层级，存在门类较多、层级较复杂的现象。

2）输变电设施和交通通信基础设施不足。风能资源的时空分布特征导致电源与负荷中心距离较远，需要长距离输变电设施，如拉贾斯坦邦、古吉拉特邦和沿海的泰米尔纳德邦不少有吸引力的潜在风电场仍未被开发。此外，偏远地区缺乏交通和通信网络，导致塔筒、轮毂、叶片等大型设备部件无法顺利运送。

3）土地可用性。该问题是印度风力发电面临的挑战之一，将土地从农业转为非农业，从当局获得（保护地区的）许可是一个费时的过程、艰巨的任务。

4）SERCs 批准的上网电价的不确定性和差异性。不同邦的法律法规不同，对上网电价实施的标准和要求不灵活，关税差异很大，导致项目投资的不确定性增大。例如根据 CERC 批准的关税条例，安得拉邦的上网电价是 4.63 卢比/（kW・h），而 APERC 批准的是 3.50 卢比/（kW・h）。

2.2.4 巴基斯坦

(1) 风能政策。巴基斯坦风电管理部门包括巴基斯坦电力监管局（NEPRA）、巴基斯坦国家输配电公司（NTDC）和可替代能源发展委员会（AEDB）等。其中，巴基斯坦电力监管局主要负责制定电价，巴基斯坦国家输配电公司负责电网并入及电力购买，可替代能源发展委员会负责新能源领域开发及宣传等。2006 年 12 月，巴基斯坦政府正式颁布了《可再生能源发展政策》和《独立发电商上网电价确定导则》，巴基斯坦可再生能源委员会（AEDB）也公布了购电协议（PPA）和项目实施协议（IA）的范本。2011 年，巴基斯坦政府再次颁布《2011 年替代性和可再生能源政策》，主体沿用 2006 年政策，具有如下特点：

1）全部私营。完全依靠私营投资，采用 BOO 或者 BOOT 形式实现。

2）限制规模。每个项目单元的装机容量不超过 50MW。

3）特许经营。特许经营期不少于 20 年。

4）政府担保。政府保证由 NTDC 采购所有电力。

5）风能资源担保。政府对风能资源给出一个基准评价值，并对其提供一定程度的担保，以分担投资者的风险。

6）电价。可以根据不同投资商的投资成本议定电价。确定原则是“成本＋回报”的方式，即在保证投资商可以回收合理的建设成本和运营成本的前提下，允许资本金内部收益率为 15％～17％。

7）免税政策。政府提供免税优惠政策，如免征海关关税和消费税等，免收资源使用费，代征地且地租低廉。

8）自由汇兑。投资收益可以自由汇回投资者的国家。

上述政策和规定旨在营造一个有吸引力的、规范的可再生能源投资环境，并为巴基斯坦确立依靠外国和本国民营企业投资发展可再生能源项目的发展战略。

（2）风电场项目开发流程。以“协议电价”模式为例，简要介绍该模式下巴基斯坦风电场项目的开发流程。

1）投资人向巴基斯坦可再生能源委员会（AEDB）提交项目建议书，AEDB在30天内审查并决定是否批准该建议书。

2）在建议书获得批准后，AEDB向投资人（申请人）签发意向函（LOI），有效期为18个月。

3）投资人向AEDB申请分配风场，在风场分配完毕后，投资人需预缴10年的风场地租。

4）投资人进行项目可行性研究并交由AEDB审查可行性研究报告。

5）投资人向巴基斯坦电力监管局（NEPRA）申请电价审核和发电证书，NEPRA对申请电价的审核认定一般耗时3个月。同时NEPRA政策规定，投资人需事先按巴基斯坦当地法律成立公司后才可进行电价和发电证书的申请。

6）投资人提交的可行性研究报告获AEDB通过后，AEDB将给投资人签发支持函以便帮助投资人进行项目融资。

7）投资人在获得AEDB出具的支持函和NEPRA颁发的发电执照及电价核准后，与AEDB签署项目执行协议和减排协议，与巴基斯坦NTDC签署购电协议（PPA）。

8）上述手续办理完毕后，投资方可进行项目融资及建设。项目完工后，根据先前签署的购电协议，投资人向巴基斯坦NTDC申请并网发电，并由双方核对确认上网电量，计算收益。

目前巴基斯坦风电场项目融资多源于美国OPIC、IFC银行及当地几家大型商业银行，虽然风电投资业主不同，但当地风电开发、审批、融资模式、商务合同和保函条款等均源于同一个版本。这种项目融资模式下，为配合业主与融资行实现融资关闭，项目公司将其在EPC总承包合同及其他所有项目合同（包括购电合同、供煤协议或供气协议、运行维护合同、各类技术咨询和服务合同、工程保险合同等）项下的全部权益予以抵押或质押，包括建设过程中形成的项目资产、今后的发电收入现金流、总承包商提交的各类保函和母公司担保函（如需要）、建安险项下的保险费受偿权、向总承包商和其母公司（出具母公司担保情况下）的违约追索权等。项目融资关闭是政府考核投资人项目实施的重要节点，不能按期完成可能导致特许经营权被取消和担保金被没收。

2.2.5　越南

2016年3月，越南总理批准了“越南2020年国家电力开发计划（第7次电力计划）和2030年展望”的调整方案（简称“7号调整规划”）。根据7号调整规划，2020

年越南商品电需求为 $2350\times10^8\sim2450\times10^8$kW·h，自发电和进口电总量须达 $2650\times10^8\sim2780\times10^8$ kW·h，装机总功率须超过 60GW，2030 年总装机容量须达到 135GW。7 号调整规划指出未来将增大燃煤火电比重，降低水电比重，建设一批抽水蓄能电站以发挥调节作用，逐步扶持发展新能源装机。越南政府的风电发展目标为：2020 年实现装机容量 800MW，2021 年装机容量将达到 1GW，2025 年达到 2GW，2030 年达到 6GW。2019 年，越南政府修订了第 7 次电力计划设定目标，提出 2030 年前实现 10.7%的电力为新能源发电。

关于越南风电场项目投资开发流程目前尚无专门规定，散见于相关部门政策规定，涉及多个政府部门的审批，如工贸部（MoIT）、计划投资部（MPI）、省人民委员会（PPC）、省工贸厅（DoIT）、省计划投资厅（DPI）等部门。越南风电场项目投资开发阶段及主要工作见表 2-4。

表 2-4 越南风电场项目投资开发阶段及主要工作表

阶 段	工 作	涉及部门
投资前研究	项目预选址	
	项目现场预考察	
	向 PCC 提交申请对现场进行详细资料评估	PPC、MoIT、MPI
	现场测风（12 个月）	
投资报批	项目投资报告（预可研报告）编制与报批	MoIT、MPI
	将项目列入电力计划（PDP）清单	
	项目投资报告（可研报告）编制与报批	
成立机构	取得投资经营许可执照	PPC
	实体公司注册	MPI 或 DPI
	签订购电协议（PPA）	EVN 或售电公司
施工报批	施工批准	建设厅
	土地使用批准	土地管理部门
	进口批准	DoIT、海关部门
	人员登记、税务	劳动厅、税务部门

越南关于风能的支持政策主要体现在财税、上网电价补贴、购电协议等方面，具体如下：

（1）上网电价补贴和购电协议政策。根据越南 2011 年 8 月生效的“鼓励发展风电的机制”决议（No.37/2011/QD-TTg），风电场项目开发享受如下政策：风电购电方（EVN）有义务购买风电场的全部风电发电量，购电价格为 1614 越南盾/（kW·h）[7.8 美分/（kW·h）]，越南平均上网电价为 1304 越南盾。政府将给予购电方 1 美分/（kW·h）的补贴，该补贴来自于越南环境保护基金。2018 年 9 月，越南总理发布第 39/2018/QD－TTg 号决定（简称“第 39 号决定”），对 No.37/2011/QD－TTg 号决定进行了修改，陆上风电场项目的上网电价（FIT）（不含增值税）为 1928 越南盾/(kW·h)［8.5 美分/(kW·h)］，海上风电场项目为 2223 越南盾/(kW·h)［9.8 美分/(kW·h)］。该新上网电价补贴将适用于在 2021 年 11 月 1 日之前实现商业运营的风电场项目，并且商业运营有效期为 20 年。对于在第 39 号决定发布之前运行的风电场项目，适用于其签署该新上网电价补贴的购电协议的剩余期限。对项目融资等现实困难，第 39 号决定撤销了第 37 号决定第 9 条，该条款规定如果风电场项目开发商在收到投资登记证后 12 个月内未开始主要建设活动，相关省人民委员会应考虑撤销该投资登记证。

（2）税收优惠政策。根据越南《投资法》（2016）等相关法律政策规定，相关税收优惠政策为：①外国投资者对不能在当地采购的自用进口货物免征进口关税或进口税费折扣优惠，包括机械、车辆、机械设备零部件、原材料、制造投入品和无法生产的建筑材料；②发展及利用清洁能源、可再生能源的项目有权享受如降低企业所得税，或实施前期免征企业所得税，之后征税享受折扣；越南对一般性企业普遍采用 28%的税率征收企业所得税，对资源开采、经营企业按照 28%～50%的税率征收企业所得税，对于符合条件的优惠行业、地区投资项目，政府给予外商企业 10%、15%、20%的优惠税率，税收优惠期为经营开始起 10 年之内；③清洁能源、可再生能源项目土地使用税及土地租赁费可获得减免及优惠；④允许偏远和多山的省份为潜在投资者提供额外的税收减免和其他投资激励措施。

（3）信贷优惠政策。越南政府还将风电列为国家优惠信贷投资支持项目。外国投资者可以通过直接投资（100%投资）、股份制或者 PPP 模式、BOT 模式投资。2015 年 2 月越南政府颁布新的 PPP 及 BOT 法令，意在促进私人投资基础设施的积极性。通过 PPP 模式投资可降低资金筹措难度，政府可分担与降低风险，同时还可以利用政府管理资源及政策优势。采用 BOT 模式投资，可以与政府谈判获得较高的电价及更强大的政府支持，投资者可能获得更多的政策优惠及电价补贴。

尽管越南风能潜力巨大，且政府政策支持力度持续加大，但风电发展仍存在不少障碍，主要为：①越南国内金融体系较为薄弱，潜在通胀风险较高，要求风电场项目开发商具有较强的融资能力和应对通胀风险的能力；②风电场项目审批程序复杂，涉及多个政府部门或国有企业；③基础设施及相关配套不足，如大型港口泊位、运输大型装备的运输工具、道路通行、吊装安装机械等匮乏，风电机组制造企业较少等。

2.2.6 泰国

（1）能源电力监管机构及其治理。能源电力监管机构主要包括能源政策委员会（The National Energy Policy Council，NEPC）、能源部（Ministry of Energy，MOE）

和其他参与执行能源政策和规划的内阁部门。具体架构及其职能如下：

1）国家能源政策委员会成立于1992年，是泰国所有能源政策、发展计划纲要的主要和最终决策者。泰国总理、副总理分别担任能源政策委员会的主席、副主席，其他成员包括能源、交通、内政、国防、外交、财政、农业部部长及能源政策委员会秘书长。

2）能源部，前身是泰国能源局（Bureau of Energy），2002年政府机构改革升级为能源部，拥有执行能源采购、发展和管理能源的职权，它有权提案和实施所有与能源有关的政策，包括电力、可再生能源、能源效率政策。能源部的组织架构包括部长办公室、常任秘书办公室以及下属部门，如矿物燃料局（Department of Mineral Fuels）、能源商务局（Department of Energy Business，DOEB）、可替代能源效率与发展局（Department of Alternative Energy Development and Efficiency，DEDE）、能源政策和规划办公室（Energy Policy and Planning Office，EPPO）。能源政策和规划办公室也是能源政策委员会的秘书处。可替代能源效率和发展局与能源政策和规划办公室在泰国向低碳社会转变的过程中扮演着重要角色。

此外，能源部对能源相关国有企业及公共组织有控制权，包括国家电力局（Electricity Generating Authority of Thailand，EGAT）、首都电力局（Metropolitan Electricity Authority，MEA）、外府电力局（Provincial Electricity Authority，PEA）、PTT、泰国邦嘉石油有限公司（Bangchak Petroleum Public Company Limited，BANGCHAK）、能源基金管理协会（Energy Fund Administration Institute，EFAI）和能源监督委员会（Energy Regulation Commission，ERC）。国有企业国家电力局参与发电、输电和电力系统运营，是泰国最大的发电企业，拥有并运营遍布40个地区、不同类型和规模的发电厂。泰国的电力供应是基于国有的单一买方体制，国家电力局作为买方与国内独立发电厂（IPP）、小型发电厂（SPP）和邻国进行大宗电力交易，再将电力出售给泰国两大配售电国有企业（首都电力局、外府电力局）和若干法律事先授权许可的直接购电客户（例如泰国暹罗水泥集团、HMC聚合公司），国家电力局也从事向邻国出口电力的业务。国家电力局是泰国唯一的电力系统运营商，通过国家控制中心和五个地区性的控制中心管理、控制电力调度。国家电力局拥有覆盖全泰国的，包括输电线、不同电压等级的高压变电站等在内的电力传输网络。

根据泰国2005年能源行业法例（*Energy Industry Act*），能源监督委员会原被定位为一个接受能源政策委员会指引的，能够独立于能源部运作的组织。能源监督委员会负责能源项目许可审批，并对能源行业效率、市场公平等方面进行监督管理。能源部对能源监督委员会的控制权体现在对ERC运营计划及预算的考虑、能源监督委员会委员提名方面。但实际运作中，能源监督委员会的监管职权常受到质疑，尤其是其能否独立、自治而不受政治干预方面。

3）其他参与执行能源政策和规划的内阁部门，包括：财政部（Ministry of Finance，MOF），负责批准所有公共电力相关投资计划；内政部（Ministry of Interior）和产业部（Ministry of Industry）。内政部拥有首都电力局及外府电力局 2 个国有企业；产业部通过适用环保、安全与卫生、能源效率方面的指引，监管和协调电力行业的相关经营行为。

（2）电价结构。国家电力局、首都电力局、外府电力局的电价由能源监督委员会代表政府进行管理，电价管制方法由能源监督委员会确定，但能源政策委员会和内阁有最终决策权。泰国的电价结构可拆分为基础电价和变动电价两部分。基础电价本质是趸售电价，它由国家电力局向首都电力局、外府电力局收取的售电费和首都电力局、外府电力局在每一个管制期间向电力消费者收取的固定零售电价构成。影响基础电价确定的因素通常包括：①对电力需求的预测；②燃油价格；③发电、输电、配电费用；④国家电力局、首都电力局、外府电力局的资本性支出以及投资资本回报率。变动电价是一种自发的机制，它的引入是为了转移来自于电力运营商和电力消费者的不可控成本。该不可控成本包括：①有别于预测成本的发电环节的燃油价格波动；②汇率变动及通货膨胀所导致的成本；③非常规、非计划性政策变化导致的额外成本。变动电价每 4 个月调整一次。

（3）风能政策。自《能源节约促进法案》（*Energy Conservation Promotion Act*）颁布、实施之后，节约能源逐渐成为泰国发展的优先级任务。2008 年泰国将替代能源战略上升到国家议程。泰国可再生能源政策是以泰国整合能源蓝图（Thailand Integrated Energy Blueprint，TIEB）为主架构，在该架构之下包含 2015—2036 年能源发展计划（Thailand Power Development Plan，PDP）、2015—2036 年替代能源发展计划（Alternative Energy Development Plan，AEDP）、2015—2036 年能源效率发展计划（Energy Efficiency Development Plan，EEDP）三项能源政策计划以及针对石油和天然气的 Gas Plan 和 Oil Plan 两项能源政策计划，共计五项。其中《2015—2036 年替代能源发展计划》是泰国发展可再生能源的主要政策，《2015—2036 年替代能源发展计划》首次发布时间为 2008 年，之后在 2012 年、2015 年进行了 2 次修订。最新版的《2015—2036 年替代能源发展计划》（2015）和前一版《2015—2036 年替代能源发展计划》（2012）相比，政策时间从 10 年延长为 20 年，政策方针从注重能源价格转变为优先以废弃物、生物质和沼气为发展项目，光伏发电和风力发电将被推升为与天然气发展相当程度的可再生能源项目。另外，可再生能源装机容量目标也从 13.7GW 提高至 19.6GW，在最终能源消费中 2036 年末可再生能源达到 30%的目标。

据泰国投资委《投资促进项目申请指南 2017》“第一部分 服务业和公共事业 7.1.1.2 使用可再生能源发电或者发电与生产蒸汽，例如太阳能、风能、生物能源、生物沼气但不包括垃圾或者垃圾燃料的，给予 A2 企业投资优惠权益”可知，A2 行业为发展国家基础设施的行业，具有高附加值的高科技行业，且在泰国投资较少或尚未有投资的行业，A2 企业可享受减免机器进口税、免出口产品原材料进口税以及非收税优惠权益和额外优惠权益等，并免 8 年企业所得税。可见，泰国政府鼓励外资进入可再生能源领域，投资者在泰国投资享有政策支持。

此外，泰国还有金融支持政策。泰国国内成立了两只基金促进能源部门的温室气体减排行动。第一只为能源节约促进基金（Energy Conservation Promotion Fund，简称 ENCON 基金），该基金是根据能源节约法成立的，旨在为保证能源安全和可再生能源的发展提供金融支持；第二只为能源服务公司基金（Energy Service Company Fund，简称 ESCO 基金），该基金由能源部支持，旨在激励私人资本投资可再生能源和能源效率提升项目。ESCO 基金的资金来源于 ENCON 基金，主要进行 6 种投资：①股权投资；②ESCO 风险资本；③设备租赁；④信用担保贷款；⑤技术援助；⑥协助可再生能源项目销售碳信用。

2.2.7 菲律宾

菲律宾能源行业总体规划由能源部（DOE）负责制定，电力监管部门为能源监管委员会（ERC）。2001 年后，电力行业放松管制，菲律宾国家电力公司（NPC）将输电资产剥离，形成菲律宾输电公司（TRANSCO），逐步实现电网运营权的私有化。2009 年，该公司采用公开招标将输电系统的特许运营权赋予菲律宾国家电网公司（NGCP），其中，中国国家电网公司占 NGCP 40% 股权，特许经营权为 25 年（2009—2036 年），到期后可延期 25 年。

2008 年的《可再生能源法案》及其蓝图（2011 年的《国家可再生能源计划》）设定了从 2010 年到 2030 年可再生能源装机容量提高 3 倍，到 15304MW 的目标，其中风电装机容量 2345MW。为推动风电发展，菲律宾提出的鼓励政策包括制定可再生能源配额制计划，虽然配额相当低，但这些计划要求在电网和离网供应中规定可再生能源的最低百分比，以及提议最终用户购买绿色可再生能源的绿色能源开放市场；可再生能源开发商可享受 7 年所得税、增值税、进口设备及机械税免税政策。此外，针对外商投资，菲律宾尚存在一些不足之处，包括：①外资法律政策限制严格，对外资经营公用事业、自然资源开发及拥有公有土地方面规定了限制条款，对外资经营其他行业也设置了股权比例的限制；②政府行政效率不高。菲律宾办事手续繁琐，办理企业开业登记平均需要 80 天；③外资企业运营成本较高，菲律宾税种多、税率高，税负较重，税务审计周期长、要求高，电力短缺严重，电价高昂，水泥等原材料垄断现象严重，并对进口增设层层壁垒；④整体投资环境尚待改善，菲律宾基础设施建设落后，公路、铁路、机场和港口等都急需扩容或升级。

2.2.8　印度尼西亚

2015 年，印度尼西亚颁布了《2015—2025 年国家能源规划》，提出到 2025 年可再生能源占全国能源供应 23%（占全国发电量的 19.6%）的目标。2016 年，印度尼西亚能源部调整上述目标至 22.5%（约 28125MW）。2019 年，印度尼西亚可再生能源仅占全国总体能源的 11.4%，与政府设定的 2025 年可再生能源占比 22.5%的目标相差较远。根据行业预测，地热和小规模生物质发电将占绝大部分，而光伏发电和风电仅占极少比例。

印度尼西亚能源和矿产资源部在 2017 年发布了可再生能源关税指导原则，主要考虑供需平衡、融资成本、系统成熟度、经济可行性四方面的标准，风力发电和其他可再生能源项目被认为对填补偏远/农村地区和小岛上现有的电气化差距特别重要。2017 年 1 月，印度尼西亚能源和矿产资源部颁布了《2017 可再生能源采购政策》，该文件规定了印度尼西亚国家电力公司购买风电等可再生能源电力的具体条款：

（1）可再生能源项目所在区域的电力供应成本若高于全国平均水平，则其上网电价不高于区域平均电力供应成本的 85%；若低于全国平均水平，则上网电价按区域电力平均供应成本结算。

（2）保障 10MW 以下的可再生能源项目优先接入电网。

（3）15MW 及以上的风电场项目将通过投标的方式确定上网电价，15MW 以下的项目，其上网电价可参考（1）制定。

（4）国家电力公司拥有制定各类可再生能源发电项目的电力采购协议（PPA）模板的权利。

但是，在项目融资和政府承诺止步不前的情况下，2018 年年底，印度尼西亚唯一的购电方 Perusahaan Listrik Negara（PLN）发布了最新的电力计划（RUPTL 2018—2027），即 2018 年 3 月能源系统对煤炭的依赖翻倍，并采用更为保守的方法来采用可再生能源。这是一家国有企业，控制着该国的输电系统，分配 2/3 以上的发电资产。可见，印度尼西亚的风电发展还有很长的路要走。

2.2.9　埃及

根据 2015 年 7 月颁布的新《电力法》，供给方和终端用户之间可以存在直接的合同关系，即批准国有承运商埃及电力传输公司（EETC）向系统运营和调度程序的管理者的转变。但在电力采购协议（PPAs）的实施中，埃及电力传输公司在处理其债务和争取盈利的电力采购协议上遇到了困难。

2.2.10 土耳其

根据土耳其能源和自然资源部的规划，可再生能源的比重将逐步提高，超过30%，到2023年将新增风电装机容量20GW。增加可再生能源的使用，减少对能源进口的依赖，确保供应的安全性是土耳其国家能源政策的重要因素，目前主要的可再生能源相关政策如下：

(1) 2005年颁布《可再生能源利用法》第5346号；2013年颁布《新电力市场法》第6446号。

(2) 2007年颁布《能源效率法》，确保能源高效利用。同年，土耳其发电资源勘查及开发局（GDRE）发布土耳其风能资源潜力谱图，成为风电产业发展的重要指导文件。

(3) 2011年《可再生能源利用法》进行重大修订。为增加可再生能源投资的吸引力，土耳其政府同年还推出并实施了可再生能源支持计划——引入YEKDAM机制，保证可再生能源运营商10年的上网电价。该计划将延续到2020年年底前，可再生能源上网电价和国产设备电价支持政策出台。未按可再生能源区域（REZ）模式获得许可的发电商，可按YEKDEM规定的7.3美分/（kW·h）价格销售所生产的可再生能源电力，并获得10年的PPA。如采用土耳其国产设备，可根据不同部件获得5年的额外支持电价，叶片0.8美分/（kW·h）、发电机和电子设备1美分/（kW·h）、塔筒0.6美分/（kW·h）、转子和机舱机械部件1.3美分/（kW·h）。发电商每年10月底需向土耳其能源市场监管局（EMRA）提交参与下一年度的YEKDEM的申请，当然也可根据对自由市场的电价预期选择不参与YEKDAM。2017年Simone Tagliapietra等对在YEKDEM上网电价计划下注册的138个风电场进行测算，分析表明平均内部回报率为5.55%。

(4) 2016年10月，土耳其政府颁布《可再生能源区规则（29852号）》，将划定可再生能源区YEKA范围，并通过招标的方式引入投资者，逐步取代YEKDEM，成为集中和高效利用可再生能源的新模式。能源部竞标的最终阶段采取反向竞价模式，由出价最低者中标，中标者将按照中标电价得到为期15年的购电承诺。

2.2.11 格鲁吉亚

格鲁吉亚的能源政策和管理机构是20世纪90年代在欧洲共同体对中亚东欧国家的一项技术支援计划帮助下开始起步的，其成立能源部和能源协调委员会，重组能源企业，发展使用当地资源，出台电力法、可再生能源国家规划等政策，现有政策框架主要内容如下：

(1) 放松能源市场管制。2008年开始，格鲁吉亚法律规定对装机容量小于

13MW的电站不纳入监管，无需发电许可，可自由选择买家、磋商价格；但英古力、瓦得尼利电站等，拥有巨型大坝并可根据市场需求调整供给的电站为监管电站，需发电及上网许可。不过没有专门法律法规规范可再生能源的使用，可再生能源项目基于建设—拥有—经营（BOO）原则，意味着企业可以选择市场进行操作和价格谈判，签订短期（1年）或长期（5年）的直接购销合同，而不需要任何监管机构的干预。为确保国家能源安全，电力生产企业必须拥有相当于其产能10%～15%的电力储备（其中至少5%由地方供应）。

（2）监管电站的电量购买和电价确定。格鲁吉亚能源部负责确认新建电站是否属于监管电站，对于监管电站，由系统商业营运商与之签署协议，电量部分或全部被强制性购买，对该协议的有关要求与直供电协议一致，包括须经电网调度注册登记。能源协调委员会核准、由系统商业营运商购买可再生和替代能源电站电量的相应电价。

（3）可再生和替代能源新电站建设、运行和拥有的强制性规定。根据2008年可再生能源国家规划，相关强制性规定如下：

1）电站自投运之日起10年内，电站的全部发电量（按批准的电量平衡）在每年冬季中的3个月必须供应格鲁吉亚国内使用。实施方式是通过电站选择的实际购电商以议价销售（即不受限制的电价），或通过初始与系统商业营运商签订的保证购电协议来实现。

2）为履行电站建设和运行的有关承诺，相关投资方需根据电站装机容量，按17万美元/MW提交银行履约保函。银行保函需由任一属于“OECD”国家的银行出具或在格鲁吉亚银行出具。但银行保函不能超过签发银行15%的股本金。

3）投资者投资回收期，根据购电方（系统商业营运商）承诺购买售电方输出的电量、相关法规确定的电价等要素进行测算，但最多不超过10年。

2.2.12 哈萨克斯坦

2009年7月4日，哈萨克斯坦通过了《支持可再生能源利用法》《对可再生能源利用实施监督的规定》《对专业电力生产机构购买电力的规定》等一揽子规定。2009年开始实施《可再生能源法》后，出现了一些需要立法调节的问题，如无法改变地块原用途，新建可再生能源设施；缺乏项目融资渠道，投资者和银行利益难以得到保障；可再生能源电力定价难；可再生能源电力接入统一电网存在障碍等。2013年工新部与环保部携手相关部门对《支持可再生能源利用法》进行了补充及修订。

2013年1月哈萨克斯坦颁布了《2013—2020年替代能源和可再生能源行动计划》，提出2020年前可再生能源发电功率将达到104万kW。其中13座风电场共79.3万kW，14座水电站共17万kW，4座太阳能电站共7.7万kW。2020年可再生能源发电量将占总需求的3%，2030年前将占5%左右，2050年前替代能源和可再生能源消费达能源消费总量的50%。同时，哈萨克斯坦政府逐渐完善能源监管，改善投资环境，2016年5月，哈萨克斯坦总统签署《关于对哈萨克斯坦共和国关于向“绿色经济”转型的法律法规进行修改和补充》法案，对《土地法》《水法》《环保法》《企业法》以及《税收及其他应上缴财政预算税费法》《行政违法法典》等法律法规进行修正，旨在落实可再生能源行动计划。此外，自2009年开始实施“电费换投资”的政策，以及2014年开始采用可再生能源上网固定电价政策，有效期为15年，风电购买价为22.68坚戈/（kW·h）[约0.122美元/（kW·h）]。

2.2.13 波兰

2018年波兰修订了《可再生能源法》，其中征税条款为2019年年底重新发起2.5GW风电和光伏发电项目的公开竞标［参考价格为6.7欧分/（kW·h）］扫清了障碍，加上2018年年底的1GW招标，波兰未来几年装机容量将增长到10GW。

2019年以来，波兰政府引入了碳排放税，导致火电成本高于风电成本，大量陆上风电场项目得以通过审批，风电行业得以重生。同时，市场绿证价格正在上涨，也给投资者增加了信心。

2.2.14 罗马尼亚

2008年，罗马尼亚颁布了第220/2008号《可再生能源电力生产促进机制法》（简称“220法律”），以法律的形式规定在该国从事可再生能源利用和开发的鼓励政策。2011年，欧盟通过罗马尼亚可再生能源领域内的促进机制政策，至此，罗马尼亚对可再生能源的鼓励政策基本确立。罗马尼亚可再生能源发展的鼓励方式主要是授予绿色证书的形式，该证书由能源管理署（ANRE）评定和授予，补贴额度见表2-5。

表2-5 罗马尼亚风电和光伏发电补贴额度

风电补贴		光伏发电补贴
2017年12月31日之前	2018—2020年	6个绿色证书
2个绿色证书	1个绿色证书	
2025年后绿色证书及其价格由市场决定		

根据最新修订的《2021—2030国家能源与气候变化综合规划》（2020年），罗马尼亚政府计划到2030年将可再生能源在能源总消耗中的占比从2020年的23.9%提升至30.7%。根据该规划，未来10年内将新增2.3GW风电装机容量，部分投资将由欧盟脱碳计划承担。该目标虽仍低于欧盟委员会提出的34%的建议，但依然需要通过开发新产能、改造扩充现有产能来实现。

2.3　我国风电投资政策发展沿革及现状

2.3.1　我国风电投资政策发展沿革

我国风电产业的发展同样也与支持政策密切相关。本书根据风电产业生命周期理论，将我国风电投资政策发展划分为幼稚期、成长期和成熟期三个阶段。从政策内容和目标看，已出台的政策主要从规划、规制、激励和过程管理等方面引导、扶持风电产业的发展。

1. 幼稚期（1985—2001 年）

我国风电产业的发展起源于 1985 年，在随后的 10 年间，主要是通过利用欧洲国家贷款和捐赠，在我国市场进行实验性运行。自 1992 年联合国全球环境与发展大会后，我国能源发展提出了“因地制宜，多能互补，综合利用，讲求效益”的指导方针，随即国家相关部委出台了系列规划、激励政策，鼓励并支持风电产业的发展。例如，原电力工业部 1994 年颁布《风力发电场并网运行管理规定（试行）》，明确了风电全额收购制度和“发电成本＋还本付息＋合理利润”的风电电价定价原则，规定“高于电网平均电价的部分，其差价采取分摊方式由全网共同承担”。1995 年 1 月国务院下发《1996—2010 年新能源和可再生能源发展纲要》，要求“积极发展太阳能、风能和地热等新能源以及可再生能源”，且提出分两步走的发展规划：第一步为 1995—2000 年，强化科技研制和试点示范发展新能源技术，对于一些成熟的技术，尽快形成产业；第二步为 2001—2010 年，全面推广应用新能源技术，建立起世界先进水平的工业体系和可研体系，主要技术项目基本上都要求达到规模生产水平。为落实发展纲要，1996 年，原国家经贸委、原国家计委分别提出了“双加工程”和“乘风计划”，对试点风电场项目提供贴息贷款，建立国债专项资金，实施“国债风电”示范项目，同时提出工贸结合的方式，与国外先进风电制造商组建合资企业，引进消化吸收国外风电制造技术，达到自主开发、设计、制造大型风电机组的能力，最终目的是促进我国风电国产化，增强我国风电设备制造业的国际竞争能力。

2. 成长期（2002—2010 年）

国家发展改革委于 2002 年推出的风电特许权招标政策和 2005 年《中华人民共和国可再生能源法》（简称《可再生能源法》）的出台，标志着我国风电产业进入成长期。风电特许权招标项目要求使用的风电机组国产率不低于 50%（第二期提高到 70%），并采用最低上网电价者中标原则，极大地提高了我国风电建设的规模和速度，并拉动了风电设备国产化的进程。

《可再生能源法》（2005 年）首次对风电资源调查与发展规划、产业指导与技术支持、推广与应用、价格管理与费用分摊、经济激励与监督措施、各方责任等全面进行了法律上的规范。随后国家发展改革委和原电监会配套出台了12个实施细则，其中风电电量全额收购、优先调度可再生能源发电资源、设立可再生能源发展附加基金、确定合理上网与差价部分全国范围补贴等政策措施逐步落实，有力刺激了风电产业的发展。五大发电集团纷纷以高姿态进军风电产业，为风电产业注入了新的活力，在很大程度上解决了风电场项目建设所需的巨额资金问题。

（1）行业规划和指导政策。国家发展改革委于2007年9月和2008年3月分别发布了《可再生能源中长期规划》《可再生能源发展“十一五”规划》，提出我国风电规划的目标是2010年装机容量达到10GW，到2020年，全国风电总装机容量达到3000万kW。在广东、福建、江苏、山东、河北、内蒙古、辽宁和吉林等具备规模化开发条件的地区，进行集中连片开发，建成若干个总装机容量200万kW以上的风电大省。建成新疆达坂城、甘肃玉门、苏沪沿海、内蒙古辉腾锡勒、河北张北和吉林白城等6个百万千瓦级大型风电基地，并建成100万kW海上风电场。

（2）财税优惠政策。2006年中央财政设立可再生能源发展专项资金，用于资助以下活动：①可再生能源开发利用的科学技术研究、标准制定和示范工程；②农村、牧区生活用能的可再生能源利用项目；③偏远地区和海岛可再生能源独立电力系统建设；④可再生能源的资源勘查、评价和相关信息系统建设；⑤促进可再生能源开发利用设备的本地化生产。同时2007年年底针对风电产业出台了税收优惠政策，对风电企业实行增值税纳税额减半征收，并于2009年出台《增值税转型改革方案》，在维持现行增值税税率不变的前提下，允许企业逐年抵扣其新购进设备所含的进项税额；风电企业享受所得税三免三减半的优惠；对国内企业为开发、制造1.2MW以上的大功率风电机组而进口部分关键零部件、原材料所缴纳的进口关税和进口环节增值税实行先征后退政策。对进口单机容量不小于1.5MW的风电机组配套的关键零部件和原材料，免征关税和进口环节增值税。但自2008年5月1日起，对新批准的内、外资投资项目（以项目的审批、核准或备案日期为准）进口单机额定容量不大于2.5MW的风电机组一律停止执行进口免税政策。

2008年还设立了风电设备产业化专项资金，支持对象为我国境内从事风电设备（包括整机和叶片、齿轮箱、发电机、变流器及轴承等零部件）生产制造的中资及中资控股企业，重点向变流器和轴承企业倾斜。

（3）电价政策。2009年7月针对陆上风电开始推行标杆上网电价制度。按风能资源状况和工程建设条件，决定将全国分为四类风能资源区，相应制定风电标杆上网电价。风电上网电价在当地脱硫燃煤机组标杆上网电价以内的部分，由当地省级电网负担；高出部分，通过全国征收的可再生能源电价附加分摊解决。脱硫燃煤机组标杆上网电价调整后，风电上网电价中由当地电网负担的部分要相应调整。固定电价政策通过制定长期固定电价给予风电产业以稳定的市场，剔除了影响电价的可变因素，减少了风电场投资商及风电设备制造业的盲目投资，有效减少了电价波动带来的风险。

随着风电产业的发展，2010 年出台的《可再生能源法修正案》改进了可再生能源发展基金和全额收购制度。将可再生能源电价附加收入与可再生能源发展专项资金及其他资金合并形成可再生能源发展专项基金。该基金除了用于补贴电网企业收购可再生能源电量时不能通过销售电价回收的部分费用，还用于支持与可再生能源发展相关的科学技术研究、标准制定与信息系统建设、示范工程等，并将全额收购制度改为全额保障性收购制度，由有关部门确定在规划期内应当达到的可再生能源发电量占全部发电量的比重。

3. 成熟期（2011—2017 年）

在研发、财税、电价等政策的强力推动作用下，到 2010 年我国企业风电技术水平显著提高，已完全掌握兆瓦级风电机组设计与制造的关键技术，并形成了完整的风电产业链。这标志着我国风电产业进入了成熟期。

（1）行业规划政策。2012 年 1 月，国家发展改革委发布了《中国风电发展线路图 2050》，提出 2030—2050 年，每年将新增装机容量约 3000 万 kW；到 2020 年、2030 年、2050 年，装机容量分别达到 2 亿 kW（以陆上风电为主）、4 亿 kW（陆上、近海风电并力发展）和 10 亿 kW（满足国内 17%的电力需求），成为主要电源之一。2012 年 8 月，国家能源局制定的《可再生能源发展“十二五”规划》，着重强调发展海上风电，明确到 2020 年，海上风电要达到 20GW；2016 年 12 月发布的《可再生能源发展“十三五”规划》，提出了“统筹规划、集散并举、陆海齐进、有效利用”的发展原则，积极支持中东部分散风能资源的开发，在消纳市场、送出条件有保障的前提下，有序推进大型风电基地建设，积极稳妥开展海上风电开发建设，完善产业服务体系。到 2020 年年底，全国风电并网装机容量确保达到 2.1 亿 kW。

（2）电价政策。继续实行标杆上网电价制度。对于海上风电，规定 2017 年以前（不含 2017 年）投运的近海风电场项目上网电价为 0.85 元/（kW·h），潮间带风电场项目上网电价为 0.75 元/（kW·h）。这一价格远远高于陆上风电电价，对海上风电的发展具有积极的推动作用。对于陆上风电，国家发展改革委在《关于适当调整陆上风电标杆上网电价的通知》（发改价格〔2014〕3008 号）中规定，将第Ⅰ类、第Ⅱ类和第Ⅲ类资源区风电标杆上网电价每千瓦时降低 2 分钱，调整后的标杆上网电价分别为 0.49 元/（kW·h）、0.52 元/（kW·h）和 0.56 元/（kW·h）；而第Ⅳ类资源区风电标杆上网电价维持 0.61 元/（kW·h）不变。

（3）过程管理政策。国家能源局、国家海洋局联合印发了《海上风电开发建设管理办法》（国能新能〔2016〕394 号），简化了项目开发建设管理程序，明确了用海标准，提出各省（自治区、直辖市）可根据规划自行组织海上风电开展建设。环境保护部、国家发展改革委共同印发的《生态保护红线划定指南》(环办生态〔2017〕48号)提出了禁止开发区域红线，明确了国家层面的禁止开发区域，包括国家级自然保护区、世界文化自然遗产、国家级风景名胜区、国家森林公园和国家地质公园，以及省级层面的禁止开发区域，包括省级及以下各级各类自然文化资源保护区域、重要水源地以及其他省级人民政府根据需要确定的禁止开发区域。

2.3.2 我国风电投资政策现状

经过近30年的发展，目前我国风电已经基本具备与脱硫煤发电成本竞争的局势。2018年以来，为促进行业充分竞争、健康发展，我国逐渐出台补贴退坡，鼓励平价、竞价上网等相关政策，同时土地限制政策更为明确和严格，具体如下：

(1) 竞价上网。国家能源局《关于2018年度风电建设管理有关要求的通知》(国能发新能〔2018〕47号)提出2019年起新增海上风电场项目应全部通过竞争方式配置和确定上网电价；2019年5月出台的《关于2019年度风电、光伏发电项目建设有关事项的通知》(国能发新能〔2019〕49号)将陆上和海上风电场项目电价由标杆上网电价调整为指导价，作为企业申报上网电价的上限。同时政策总体倾向鼓励并支持在同等条件下优先建设平价上网风电场项目。

1) 2019年度已无需国家补贴竞争配置项目总量规模指标的地区，在确保具备消纳条件的前提下，可开展建设与消纳能力相匹配的平价上网风电场项目。

2) 在各地区消纳能力配置方面，在不影响已并网和核准有效项目的电力消纳基础上，测算确认的消纳能力优先向新建平价上网项目配置。

3) 对已核准且在有效期的在建项目，如果消纳能力有限，优先落实自愿转为平价上网项目的电力送出和消纳。

(2) 电价政策。2019年1月，《关于积极推进风电、光伏发电无补贴平价上网有关工作的通知》(发改能源〔2019〕19号)开始推进无补贴平价上网风电场项目建设，展开了开展平价上网项目和低价上网试点项目建设，提出在2020年年底前核准(备案)并开工建设的风电、光伏发电平价上网项目和低价上网项目，在其项目经营期内有关支持政策保持不变。

为落实国务院办公厅《能源发展战略行动计划(2014—2020)》关于风电2020年实现与煤电平价上网的目标要求，国家发展改革委2019年颁布《关于完善风电上网电价政策的通知》，明确2019年第Ⅰ～第Ⅳ类资源区符合规划、纳入财政补贴年度规模管理的新核准陆上风电指导价分别调整为0.34元/(kW·h)、0.39元/(kW·h)、0.43元/(kW·h)、0.52元/(kW·h)(含税、下同)；2020年指导价分别调整为0.29元/(kW·h)、0.34元/(kW·h)、0.38元/(kW·h)、0.47元/(kW·h)。指导价低于当地燃煤机组标杆上网电价(含脱硫、脱硝、除尘电价，下同)的地区，以燃煤机组标杆上网电价作为指导价。

2019 年符合规划、纳入财政补贴年度规模管理的新核准近海风电指导价调整为 0.80 元/（kW·h）。2020 年进一步下调 0.05 元，调整为 0.75 元/（kW·h）。

（3）电力消纳政策。《关于建立健全可再生能源电力消纳保障机制的通知》（发改能源〔2019〕807 号）明确了消纳保障的实施机制，即各承担消纳责任的市场主体完成消纳量的基本途径是实际消纳风电，包括从电网企业和发电企业购入的风电电量，以及自发自用的风电电量。此外，承担消纳责任的市场主体可通过向超额完成年度消纳量的市场主体购买其超额完成的风电电力消纳量和认购可再生能源绿证的方式完成消纳量。

（4）绿色电力证书交易政策。《关于促进非水可再生能源发电健康发展的若干意见》（财建〔2020〕4 号）中指出，自 2021 年 1 月 1 日起，全面实行配额制下的绿色电力证书交易（以下简称绿证），同时研究将燃煤发电企业优先发电权、优先保障企业煤炭进口等与绿证挂钩，持续扩大绿证市场交易规模，并通过多种市场化方式推广绿证交易。企业通过绿证交易获得的收入相应替代财政补贴。新增海上风电和光热发电项目不再纳入中央财政补贴范围，但按规定完成核准（备案）并于 2021 年 12 月 31 日前全部机组完成并网的存量海上风电和光热发电项目，按相应价格政策纳入中央财政补贴范围。

（5）土地限制政策。随着我国生态环保政策的日益趋紧，2019 年，国家林业和草原局、生态环境部、自然资源部陆续出台了相关建设项目用地限制政策。例如《关于规范风电场项目建设使用林地的通知》（林资发〔2019〕17 号）明确了风电场项目禁止和限制建设的区域，要求严格保护生态功能重要、生态脆弱敏感区域的林地，禁止建设风电的项目，且做了具体林地的分类要求；同时强调，开发合规林地时，应节约集约使用林地；在使用临时用地和建设用地时，应尽量使用已有道路；绿化临时占用林地的，应在临时占用林地期满后一年内恢复林业生产条件，并及时恢复植被。又如，按照《关于划定并严守生态保护红线的若干意见》要求，生态保护红线勘界定标应于 2020 年年底前全面完成，在划分的生态红线内，禁止开发风电等相关工程项目。

2.3.3　我国风电政策变化对风电投资的影响

随着我国风电场项目平价上网进程的逐步深化，脱离补贴依赖，实现从补贴驱动到市场驱动的发展之路是必然的，也利于整个新能源行业的长远发展。这同时也意味着我国风电产业已迈入成熟期的后期阶段。绿色环保、平价上网、竞争性配置等政策对我国未来较长时期内的风电场项目投资有着重要影响。

（1）陆上风电开发难度增加，竞争日趋激烈。土地、环保和工程建设难度大等导致风电场项目非技术成本呈增加趋势，预计在中东部地区的山地类风电场项目建设成本中表现尤为明显。此外，林地、草地以及生态红线的划分，影响到部分规划在已划分进生态红线的项目，很多涉及林地、草地生态红线的潜在开发场地无法进行开发，这意味着陆上可利用开发的风电土地的存量市场进一步缩小，陆上风电开发难度进一步增加，竞争日趋激烈。

（2）电价补贴退坡和平价上网，对不同资源禀赋地区陆上风电的影响程度有所不同。在风电平价上网和补贴退坡阶段，整个产业链承受了巨大的降本压力。风电成本构成中，建设成本约占40%，机组成本约占40%，维护成本约占10%，其他成本约占10%。显然，建设成本和机组成本对风电整体成本下降发挥着举足轻重的作用。随着人、材、机价格和土地成本的上涨，降低建设成本难度较大。近年来，虽然风电机组成本下降了10%以上，但也不能一味压低设备价格，否则会给质量和后期运维留下隐患，进而影响整个产业的良性发展。

根据我国陆上风电区域布局及建设条件，当前大多为山地项目，平原项目较少。其中，西北和华北平原项目居多，而华中、南方、华东和东北山地项目居多。各省份风能资源、历年风电平均利用小时数和当地燃煤标杆电价水平等要素有所差异。在山地项目中，华中、南方、华东和东北平均年利用小时数为1700～2200h。不限电情况下，东北平均利用小时数最高。按照山地风电场项目单位造价预测值6800～7500元/kW和各地燃煤标杆电价典型值进行测算，可以发现山地项目中，平价上网政策对东北区域影响较小。若西北和华北这两个区域的风能资源较好，且不限电，其区域中个别省份的平原风电场项目的利用小时数有望达到2500h及以上，按照平原风电场项目单位造价预测值5500～6500元/kW和各地燃煤标杆电价典型值进行测算，可以发现平原项目中，平价上网政策对华北的平原区域影响相对较小。

（3）电网消纳难度逐步增大，风电储能需求不断提高。为缓解电力系统对于新能源发电的消纳压力，减少风电场的弃风量，部分区域偏向于在原有工程的设计基础上配备一定比例储能装置的风电场项目。电力调峰辅助服务市场储能设备的投资，也具备一定的商业价值。

（4）海上风电场项目投资开发潜力逐渐增加。国家鼓励企业加大海上风电的投资、研发，海上风电属于增量市场，还有很多未开发的处女地。我国海上风电起步较晚、海上风电场项目对质量要求更高、建设成本较高、建设周期长，但海上风能资源普遍较好，政策上也给予电价较高补贴。虽说近年来海上风电电价也在逐步下调，但下调速度明显低于陆上风电，预计海上风电行业2020—2023年将迎来抢装潮。

（5）风电产业链技术创新内驱力增加。分析当前风电产业链中各节点企业的谈判力，不难发现下游的风电运营商或风电开发企业的谈判力最强，因此平价上网政策导致的压力可能会由风电运营商或风电开发企业传递到风电整机制造商，由此倒逼风电整机制造商加大研发投入，进行技术创新，不断降低风电机组制造成本，提高风电机组的发电效率。不过，在风电机组技术未能整体突破的情况下，风电运营商和风电开发企业的降本增效压力日益增加，必须夯实内功，强化成本管控，提升管理效率，以应对平价上网政策带来的冲击，并提高自身的竞争力。

第3章　风电场项目遴选与立项管理

风电场项目投资的不可逆性、运营的不确定性和环境的影响性等特征决定了其初步遴选过程和立项管理的特殊性。本章以陆上风电场项目为例，分析影响项目初步遴选的诸多因素和过程；站在典型企业的层面，介绍项目开发前期工作流程和项目决策指标；同时基于现行政府立项管理制度，介绍项目核准工作流程和项目申请报告的主要内容。

3.1　项目初步遴选

3.1.1　陆上风电场项目遴选的影响因素

随着风电场项目开发逐步向低风速、超低风速区域推进，对一个地区风能资源的精准判断愈加重要。与此同时，随着我国环境保护力度加大、生态功能区的划分和耕地红线制度的推出，风电场项目需在宏观选址阶段对基本农田、国家公益林、生态红线、自然保护区、文物保护区、风景区、军事设施等颠覆性、限制性因素，进行初步排查，排除受限区域或明确限制性因素的解决途径。一个风电场项目的初步遴选，主要包括资源条件分析、土地性质及开发限制因素排查、建设条件评估、电网接入和消纳条件排查、地方政策及主管部门态度和可行性综合判断等方面。

1. 资源条件分析

我国风能资源丰富地区主要集中在西北、东北、华北、云南省和东南沿海地区。根据风能资源条件，将全国分成四类资源区，并执行不同的标杆上网电价，资源分区见表3-1。

表3-1　我国风能资源区划分标准

资源区	各资源区所包括的地区
Ⅰ类资源区	内蒙古自治区除赤峰市、通辽市、兴安盟、呼伦贝尔市以外其他地区；新疆维吾尔自治区乌鲁木齐市、伊犁哈萨克族自治州、克拉玛依市、石河子市
Ⅱ类资源区	河北省张家口市、承德市；内蒙古自治区赤峰市、通辽市、兴安盟、呼伦贝尔市；甘肃省嘉峪关市、酒泉市；云南省

续表

资源区	各资源区所包括的地区
Ⅲ类资源区	吉林省白城市、松原市；黑龙江省鸡西市、双鸭山市、七台河市、绥化市、伊春市，大兴安岭地区；甘肃省除嘉峪关市、酒泉市以外其他地区；新疆维吾尔自治区除乌鲁木齐市、伊犁哈萨克族自治州、克拉玛依市、石河子市以外其他地区；宁夏回族自治区
Ⅳ类资源区	除Ⅰ类、Ⅱ类、Ⅲ类资源区以外的其他地区

行业内已有多种成熟的商用中尺度或降尺度风能资源数据可供使用，如 AWS Truepower、Merra2 数据、“格林威治”云平台、Freemeso 风能与气象公共服务平台等，部分科研单位、投资企业或咨询机构也通过多年积累的数据建立了自己的风能资源网格数据系统。同时，经过重点企业多年的开发，各主要有条件开发风电场项目的区域已经树立许多测风塔，积累了大量原始测风数据，通过对已有数据的收集与综合分析，可以快速而较准确地判断出该区域的资源分布情况。

通过对中尺度数据和已有测风塔数据的综合分析，可以帮助项目开发人员较准确而快速地判断项目开发价值，或在特定行政区域内挑选风能质量好、风向稳定、风速变化小、风垂直切变小、湍流强度小的区域作为优先开发的场址，保证较高的可利用小时数和风电机组安全性。

2. 土地性质及开发限制因素排查

在初步选定区域后，需要对区域的土地性质（是否为基本农田），林地、草地性质（是否为公益林）和其他开发限制性因素进行排查，如拟开发项目场址所在区域原则上应避开国家级的自然保护区、文物保护区、风景区、军事设施、生态红线、国家级公益林（特别是一级公益林区域）和基本农田，应避免压覆有重要价值的矿藏等，同时应了解省级及以下规定的开发限制性因素和取得专项批复文件的难度。

3. 建设条件评估

在项目初步遴选阶段应对拟开发项目进行现场踏勘，结合卫星地图等资料，对项目区域范围内及周边情况进行大致判断。对于山地区域，场址地形地貌应开阔或有连续的山脊，适于风电机组的布置，适于修建场内道路，场内植被不宜有高大茂密的森林；需考察场址周边交通情况，是否具备大件运输条件，踏勘进场道路，对需要改造的弯道和障碍物进行改造工程量的初步评估；在现场需观察场址内岩土截面揭示的地址状况，评估工程建设的难度；还需对场址区域内的重要管线、电力或通信线缆、铁路、公路情况进行初步了解。

4. 电网接入和消纳条件排查

在宏观上，应优先选择当地用电负荷大、电网消纳能力强的区域场址，优先在特高压交流送出通道沿线、直流送出通道的起点选择场址。

在初步确定拟开发项目场址区域后，应了解场址所在区域的电网规划，估算装机容量，调查距离最近的已投运的（或规划中）变电站的电压等级、剩余可接入容量和间隔，估算接入距离。

5. 地方政策及主管部门态度

目前，我国风电场项目为省级核准制，风电场项目的申报、核准主要归口部门为省级发展和改革委员会（以下简称省发展改革委），各市、县发展改革委负责各自辖区内风电场项目的审核和上报。国家发展改革委下发风电场项目投资建设等相关的通知后，各省发展改革委根据省内风电产业发展现状、电网条件及五年规划目标制定相应的政策和细则，部分地市和县级政府也会根据自身发展目标制定相应的管理规定。若省级主管部门未指定本省范围内的风电建设计划，则在该地区开发风电场项目的难度较大，一般情况下建议保持对相关地区风电相关政策的关注，及时准备。优先选择对风电场项目开发支持力度较大的地区，将有助于后续前期工作的顺利开展。

6. 可行性综合判断

综合分析掌握的项目资料，分析区域风能资源条件，预估项目年发电能力，估算项目建设成本，初步评估项目收益情况，对项目的可行性进行综合判断。

3.1.2 项目遴选的工作流程

风电场项目前期遴选的主要工作为资源条件排查和限制性因素排查，一般工作流程如图 3-1 所示。

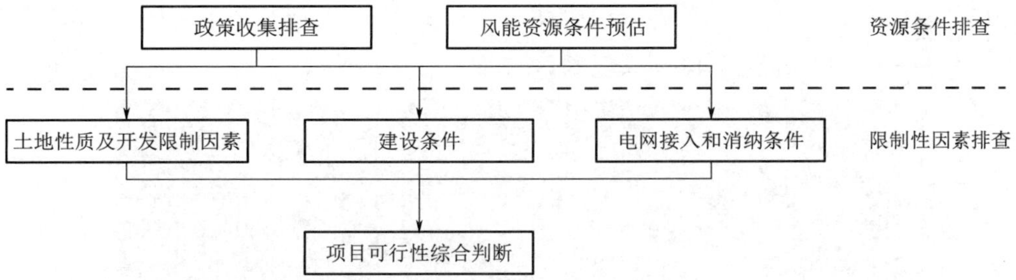

图 3-1 风电场项目遴选工作流程

1. 资源条件排查

资源条件排查主要为排查项目的政策资源条件和风能资源条件。在获得地方政府支持的同时，通过测风数据和中尺度数据平台评估当地风能资源条件，初步判断目标地区的可开发区域和可开发规模，并作为下一步深入工作的基础。

2. 限制性因素排查

在初步确定项目开发区域后，对项目的土地性质及开发限制因素、建设条件及电网接入和消纳条件进行逐项排查，首先根据公开的数据资料排查区域，如自然保护区、国家公园、旅游风景区等，然后根据初选区域的拐点坐标向各政府主管部门进行咨询、核实，根据调查结果对项目可开发区域进行细化，对明显的颠覆性因素先行规避。

3. 项目可行性综合判断

对收集的资源条件、限制性因素等资料进行综合分析，初步评估项目的可开发规模、年发电能力、预估造价水平和建设周期，对项目的经济性进行初步判断。在综合分析时，建议将风电机组的技术进步、造价的未来变化趋势、风电行业的政策变化等加以考虑，对目前风能资源禀赋不具备开发条件的区域，也可考虑先锁定区域开发权，待风电机组发电能力提升或造价水平下降后再考虑开发。

3.1.3　安徽某平原风电场项目初步遴选过程

以安徽某平原风电场项目的初步遴选过程为例，介绍风电场项目初步遴选的过程。

安徽某平原风电场项目前期工作于 2017 年开始，首先初步分析了该地区的风能资源水平，初步判断该地区存在可开发风电场项目的区域。后经多方介绍和主动沟通，SX 风电投资开发公司与县级政府达成了一致意见，并签订了合作开发协议，正式开展前期工作。

1. 收集公开资料，排查确定拟开发区域

根据卫星图、公开的地图数据和在线风能资源数据分布图等资料，初步选定了四块区域作为潜在的开发区域。该区域为平原，根据 AWS Truepower 数据，风速分布较为平均，120m 高度平均风速 4.98m/s 左右。

拟规划区域还考虑了远离城镇和居民点密集区域，远离自然保护区、风景区和重要河流湖泊等区域。初步选取的拟规划区域如图 3－2 所示。

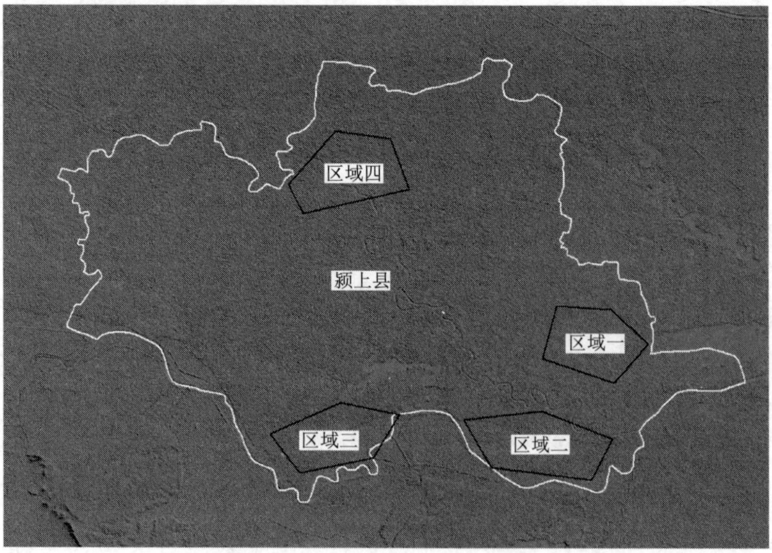

图 3－2　初步选取的拟规划区域

2. 与政府各部门沟通，排查限制性因素

在初步选取四块区域后，分别前往当时的县国土资源局、城乡规划局、县林业局、县生态环境分局、县水务局和县旅游局等相关职能部门套图核实，主要了解拟规划区域的土地性质情况、林业分布情况、生态红线分布情况等涉及保密的数据。根据排查到的资料数据，细化规划区域。

与市电网公司沟通，了解区域的电网接入点分布和负荷情况，分析各区域的可接入容量。

在整理完资料后，直接会同设计院或专业咨询机构，初步选取出了可用机位，并作为下一步工作的依据。

收集资料的清单见表 3-2。

表 3-2 项目初步遴选阶段资料收集清单

主管单位或职能部门	排查项目	主要排查内容
县国土资源局、城乡规划局	土地现状和规划图	是否涉及基本农田、采矿用地；土地性质是否为建设用地、一般农用地、未利用地等
县林业局	林班图	是否涉及不可占用的林地，占用林地的等级、使用林地审批要求及相应费用标准等
县生态环境分局	生态红线、生态保护区	项目区域是否涉及生态红线，是否有已确定和规划建设中的生态保护区
县水务局	水源地、重要水利设施	核实水源地和重要水利设施位置，是否有足够避让距离
县旅游局	公园、旅游风景区	核实项目是否涉及旅游景区、国家公园及未来规划建设的区域
市电网公司	变电站情况	了解项目周边变电站位置和电压等级，了解可接入剩余容量及未来建设计划和投产时间

目前，政府机构改革后成立了自然资源和空间规划局，土地性质、林地性质和生态红线等主要分布图件均合并归于自然资源和空间规划局管理，仅需向一个单位核实即可。

经排查，初步了解了各拟规划区域的开发条件，基本情况见表 3-3，最终选取了区域一作为先行开发的区域，在区域中心选取了适当位置开始立塔测风，并且会同专业咨询单位初步选取了 27 个较为合理的机位点，前期收集的排查资料也可继续用于前期工作的选址等相关工作。

表 3-3 拟规划区域基本情况

区域	限制性因素	优势条件
区域一	基本农田较多； 居民点较密集	交通条件好； 零星分布可利用的一般农用土地、坑塘水面等

续表

区域	限制性因素	优势条件
区域二	基本农田较多； 靠近淮河，开发难度大	平坦开阔、风能资源条件好； 远离居民区
区域三	基本农田较多； 靠近淮河，开发难度大	平坦开阔、风能资源条件好； 远离居民区
区域四	涉及塌陷区； 光伏发电项目较多，接入困难	交通条件较好

3. 项目可行性综合判断

根据收集到的风能资源数据、各部门排查限制性因素后初步得到的拟开发区域和机位点、项目周边交通情况和实地考察项目条件情况，经咨询单位分析，初步得到了该项目预估的年发电量能力，并根据周边同类项目的建设成本，预估了该项目后期的建设成本范围。

根据预估的发电量及建设成本，按照经济评价规范，初步匡算了预期收益能力范围。经判断，该项目资源条件一般，但因为地处平原，交通较为便利，建设成本较低，因此仍具有一定的收益能力，具有继续开发的价值。

3.2　企业前期工作流程

3.2.1　典型风电企业组织架构

根据不同的业务开展内容、开发地域和企业性质，不同的公司一般采用不同的企业组织架构，以便于更好地开展工作。通过梳理国内主要的风电场项目开发企业，就企业所有权性质而言，风电企业主要有国有公司、国有控股公司和非国有股份公司三大类，其中有数十家上市股份有限公司。由于风电产业为资金密集型行业，加之风电场项目的区域性和单件性，因此风电场项目开发企业规模都较大，且基本形成了集权与分权相结合的层级管控型组织结构，如图 3－3 所示。

视区域内风电开发项目数目的不同，图 3－4 所示的第三层级公司——项目公司并非在每个区域中都会设立，更为常见的是，初始进入某个区域开发风电场项目，通常仅设立区域管理公司或项目公司，负责首个风电场项目的开发建设与运维，之后随着该区域内风电开发项目的增加，才可能会设立区域管理公司、项目公司两个层级的公司。

一般而言，总公司拥有风电场项目投资开发决策权，区域管理公司负责各区域的风电场（或新能源）项目前期开发、建设管理和运行维护工作。区域管理公司在获取风电场项目资源后，向总公司请示上报立项、成立项目公司、投资决策等，由总公司审议批准后，区域管理公司按要求开展下一步工作。在实践中，如果一些公司在某些区域内项目公司较多，或除风电场项目以外还负责开发、运行多种其他形式的新能源或传统能源项目，为便于管理，总公司将投资主体和决策权下放至区域管理公司，采用三级或以上的组织架构。作为最低层级的项目公司，主要负责具体项目的开发建设和运维管理，项目随着项目公司的股权变更而转让。

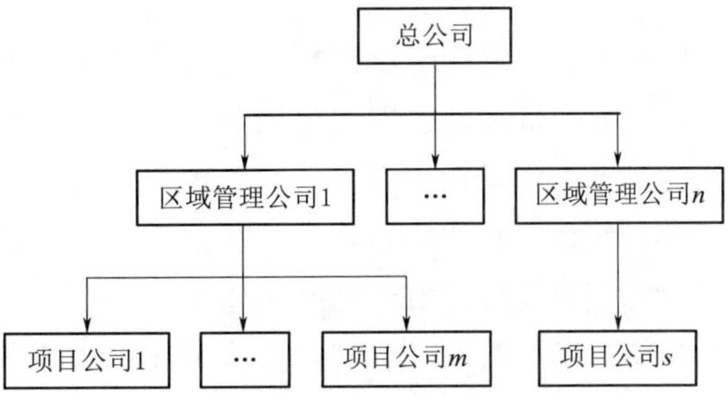

图 3-3　典型风电场项目开发企业组织架构

3.2.2　项目开发前期工作流程

风电场项目的前期工作阶段一般以与（地方）政府签订开发协议并立塔测风为开始，直到项目正式开工为结束。风电场项目开发企业组织不同，其内部前期工作流程可能略有差异。但一般而言，按时间先后顺序主要包括项目选址、资源获取、测风、前期工作许可、立项、成立项目公司、编制可行性研究报告和项目申请报告、编制各项前期专题报告、项目核准申请、公司内部投资决策及开工前各项准备工作，风电场项目开发前期工作常见流程如图 3-4 所示。

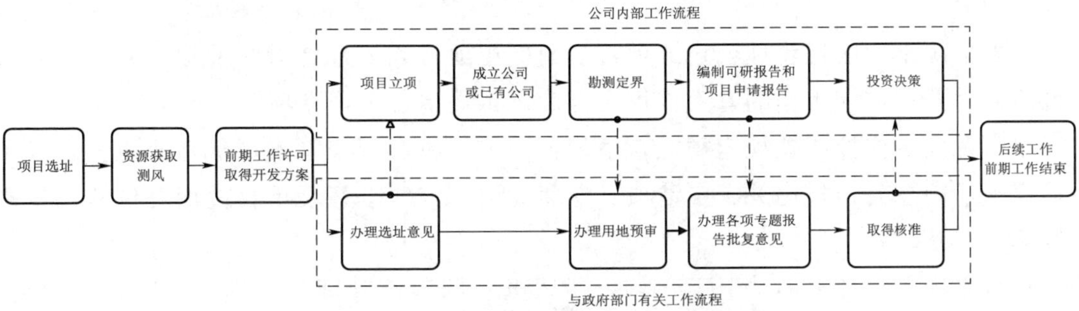

图 3-4　风电场项目开发前期工作常见流程

1. 项目选址

区域管理公司前期人员或项目公司根据风电场项目的遴选方法和筛查标准，利用相关工具软件，结合各地政策、法律法规要求，选择合适的风电场项目场址。

2. 资源获取

在初步完成项目选址的同时，区域管理公司需要与地方政府协商项目开发协议。开发协议签订前，需对具体条款按规定完成相关审批流程，协议签订后报总公司风电前期工作管理部门备案。

协议涉及实质性承诺条款（如缴纳保证金、扶贫捐助、市政配套、装备引进与指定采购、缴纳资源补偿费或类似条款）的，须上报总公司批准后签订。

对通过合作或转让方式获取资源开发权的，应了解合作方的背景材料，确认地方政府对资源开发权的转移政策。协议涉及实质性承诺条款的（如采购风电机组设备、支付资源费、支付林地或电网接入手续办理费用、支付前期工作总承包费等），须上报总公司批准后签订。对具备立项条件的合作或转让项目，还应在申请签订合作协议的同时履行项目立项程序。

3. 测风

项目开发协议签订后，区域管理公司或项目公司应按公司测风测光管理办法的规定，结合参考最新的相关国标、行标等技术标准，对场址现场进行踏勘，了解进场道路、电网接入条件，对场址可能影响核准的颠覆性因素做初步的调研排查，确定优先开发区域后，自行或委托咨询单位按要求编制测风方案，并报归口管理单位审批。复杂地形风电场视初始测风塔的测风结果、后续资源测量和微观选址的需要进行加密测风。

4. 前期工作许可

在初步确认项目具备开发价值后，项目开发主体应按地方政府要求（各省区政策不同），编制风能资源评估报告、预可行性研究报告，参与政府组织的确定业主的招标等活动，协助将项目列入地方规划和国家拟核准计划，争取取得县、市或省级政府同意开展前期工作的有效许可文件。

5. 立项

一般情况下，区域管理公司或项目公司应在项目列入地方规划并取得县、市或省级政府同意开展前期工作的有效许可文件后，再提请总公司立项。

项目开发主体按相关规定委托合格的咨询单位或自行编写预可行性研究报告或项目建议书，向总公司报送关于申请项目立项的请示，请求开展项目前期工作并批复费用预算。

项目立项资料齐全的情况下，总公司风电前期工作管理部门提出立项审核意见；如果项目公司提供的资料不全或需要踏勘项目现场，总公司风电前期工作管理部门将踏勘现场并以邮件的形式要求项目开发主体补充相关资料。

经总公司审议通过立项的项目，由总公司风电前期工作管理部门根据总公司审议结果办理批复文件；未通过立项的项目，由总公司风电前期工作管理部门通知申请单位并做出解释；附条件通过立项的项目，项目开发主体应按总公司批复及时落实相关要求。

6. 成立项目公司

在项目取得总公司立项批复文件，并取得县、市或省级政府对开展前期工作的有效许可文件（路条）后，由区域管理公司向总公司报送成立项目公司的请示文件，经总公司人力资源管理部门审核并报总公司审议通过后，总公司下发同意成立项目公司的批复文件。

项目公司成立后，应以项目公司的名义开展后续项目核准工作，相关政府批复文件应办理到项目公司名下，项目公司成立之前的项目资料、成本费用、资金和会计资料及时转入项目公司。

7. 可行性研究报告与各项专题报告

项目公司按总公司招投标管理有关规定，优先选择总公司供应商目录内整体评价较高、报告编制质量较好、合同执行能力较强的编制单位，按《陆上风电场工程可行性研究报告编制规程》（NB/T 31105—2016）及其他公司制度规范的要求编制可行性研究报告。

根据当地实际情况和总公司招投标管理有关规定，慎重选择用地选址、压矿、地质灾害、电网接入、地震、环保、安全、水土保持、文物、军事等专题支持性报告的编制单位，办理各专题批复文件；其中压矿、地质灾害、电网接入、环保、水土保持等作为重要的具有颠覆性影响的专题报告，应优先办理并解决可能出现的问题；部分专题报告可作为后置手续办理，部分项目涉及特殊影响的（如航空、鸟类迁徙通道、靠近自然保护区等），需根据实际情况额外办理相关报告及批复手续。

在可行性研究阶段，项目开发主体应对项目是否自建、合建或垫资建设送出工程或电网设施进行研究，决定自建、合建或垫资建设送出工程或电网设施的项目，应在可行性研究报告中编列专篇，提出初步技术方案、投资概算和资金回收方案，在项目总投资中单列，并进行技术经济评价。

复杂地形风电场应测绘 1：2000 地形图，以保障可行性研究阶段微观选址、发电量计算和投资概算的准确性。

8. 可行性研究报告内部评审

原则上，项目开发主体应在各项专题研究基本完成、各专题的内容情况基本清楚，并确认不会发生对项目的技术经济的可行性结论有颠覆性影响的事项后，对项目可行性研究报告进行收口。然后，按总公司要求，相关单位对可行性研究报告进行初步审查，并向总公司报送《关于××××项目申请可行性研究报告内部评审的请示》。

总公司专家评审委员会对可行性研究报告进行评审，出具专家组评审意见，项目开发主体督促报告编制单位对可行性研究报告按专家意见进行修订，并对专家意见的采纳情况进行说明，经区域管理公司审核后形成可行性研究报告内审版，报总公司专家评审委员会办公室，然后，专家评审委员会出具正式《评审报告》。可行性研究报告的内审版将作为区域管理公司或项目公司开展下一步初步设计、招标和工程建设的依据文件。

9. 取得核准

项目开发主体应按照政府核准程序的要求申请政府主管部门组织开展可行性研究报告的评审和修订工作，形成可行性研究报告的审定版（收口版），该版本作为项目核准的支持性文件。项目开发主体根据核准权限向政府主管部门报送核准申请报告书，以及其他要求出具的各政府部门选址意见或其他批复文件，经主管部门审批后，获得政府核准批复文件。

对自建或合建送出工程和电网设施的项目，项目开发主体还须按政府主管部门及电网公司的规定办理工程的报审报建手续。

10. 投资决策

总公司风电前期工作管理部门对可行性研究报告的审定版（收口版）进行研究，了解项目的核准进展情况；具备投资决策条件的，即可提交总公司进行投资决策。通过投资决策的项目，由总公司风电前期工作管理部门办理批复文件；未通过投资决策的项目，由总公司风电前期工作管理部门通知申请单位并做出解释；附条件通过投资决策的项目，项目开发主体应按总公司批复及时落实相关要求。

11. 后续工作

在项目获得总公司投资决策批复后，即可开展各项开工前准备工作，办理各项核准后置的专题报告评审意见、前期批复文件、手续等，直到项目顺利开工。

3.2.3　投资决策的主要指标

投资决策是企业决定对项目投资建设的重要节点，项目通过投资决策意味着项目已基本具备开工条件。投资决策阶段需要对项目的风能资源及发电量估算、投资估算、收益率估算等经济指标进行评估，满足公司要求；还需要审核前期批复文件办理情况，法律手续是否齐备且项目无明显的颠覆性因素。

1. 风能资源及发电量

根据项目所在地的地形数据、机位坐标、推荐机型参数、测风数据等，利用专业软件对项目所在区域的风能资源情况和推荐参考机型的发电量情况进行测算，估算出项目合理的年发电量。发电量数据一般以可行性研究报告审定版（收口版）为依据，也可由项目开发主体依据最新的测风数据和机型、机位信息进行复核作为参考依据。

2. 可研设计概算

根据收口的可行性研究报告，对项目的主要设备和工程进行造价及其他开发费用匡算，有造价分析能力的也可自行按照各自关注的重点重新进行核算，得到相对更贴合实际的设计概算结果，以作为投资决策依据。

3. 收益情况

根据估算得到的项目年发电量，估算项目的造价，以及项目上网电价、资本金比例、银行贷款利率、税率、年成本费用等边界条件，计算项目的盈利能力指标。盈利能力指标主要有平准化度电成本（LCOE）和内部收益率（IRR）。内部收益率主要分为自有资金内部收益率和全部投资内部收益率等。各风电场项目开发主体一般会根据自身实际情况和发展要求，制定符合自身实际情况的收益指标最低值，判断项目收益情况是否满足要求。

4. 前期法律手续

投资决策阶段需重点审核项目前期文件办理情况，确定项目的合法合规性，包括项目核准文件、土地预审文件、压覆矿、地灾、军事、文物、水土保持批复、环保批复等各项可能对项目产生颠覆性影响的手续。若暂未办理完成，需明确预计办理完成的时间点，确保项目在正式投资前合法合规。

3.3　项目核准申报

3.3.1　风电场项目核准工作流程

现阶段风电场项目主要有海上集中式风电场项目、陆上集中式风电场项目和陆上分散式风电场项目。由于风电输出功率的不稳定性，大规模风电场项目主要以接入电网系统为主要消纳方式，大部分地区的项目仍需要依靠政府补贴，并逐步向平价上网推进。作为大型能源建设项目，海上和陆上集中式风电场项目的开发和管理均较为成熟，在政府管理层面均属于能源项目投资管理，实行项目核准制。各地方政府核准工作思路基本一致，具体核准工作内容根据风电场项目类型和体量不同而有不同的规定和要求。由于绝大多数分散式风电场项目体量较小，核准流程相对更加简便。

以陆上风电场项目为例，介绍现行核准工作流程。陆上风电场项目正式开工之前的工作统筹为前期工作，前期工作中的主要内容就是取得核准支持性文件。项目核准的工作流程，应按照国家或地方申报程序要求，排查项目各项限制性因素，委托编制各项前期专题报告、可行性研究报告和项目建议书，办理各项必要的前期批复文件。目前，风电场项目由省级发改部门下发项目指标，核准权限大多已下放至地市级发改部门，部分地区仍由省级发改部门在下发项目指标时一同进行核准批复。一般情况下，各省风电场项目的核准流程可大致分成取得建设指标（开发方案）、注册项目公司、办理各项选址意见、办理用地预审、编制项目申请报告、各项必要的专题报告及批复、申请核准、获得核准等关键步骤。

各省级主管部门会根据当地实际情况，出台不同的风电场项目核准流程和要求。随着我国政府部门简政放权改革的深入推进，部分地区的核准流程及要求也进行了大量的简化。例如安徽省 2018 年仅在年初公布了本年度开发规模计划，风电场项目在办理完成土地预审、规划选址意见及各单位初步选址意见，编制可行性研究报告和项目申请报告后，即可上报申请项目核准。随着平价风电时代的到来，部分资源相对较差的地区可开发的风电场项目越来越少，部分省份可能将不再出台年度开发建设指标；而资源条件较好的区域，则可能通过开发权招标的方式确定开发企业和上网电价，并推动风电场项目平价上网甚至低价上网（指上网电价低于当地脱硫煤标杆电价）。

目前风电场项目常见核准工作流程如图 3－5 所示。

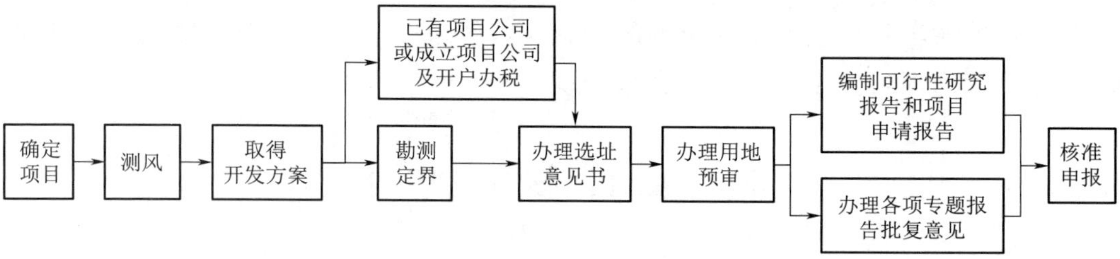

图 3－5　常见核准工作流程示意图

1．确定项目

在选择项目开发区域后，在指定开发区域内开展项目选址工作。根据风电场项目的遴选方法和筛查标准，利用相关工具软件，结合各地政策、法律法规要求，选择合适的风电场项目场址。在确定项目可行，排除明确的颠覆性、限制性因素后，与地方政府签订项目开发协议。

2．测风

与地方政府签订开发协议后，需向地方政府申请办理开展测风的相关手续，部分地区需办理同意测风的函。

测风方案需结合参考最新的相关国标、行标等技术标准，对场址现场进行踏勘，了解进场道路、电网接入条件，对场址可能影响核准的颠覆性因素做初步的调研排查，确定优先开发区域后，自行或委托咨询单位按要求编制测风方案，并按方案尽快完成设备安装工作。

在测风塔完成设立后，部分地区需进行测风项目登记备案，应及时办理。还需定期收集测风数据，定期分析风能资源情况，检查设备的安全稳定，及时排查故障，适时补立测风塔加密测风，保证测风数据的质量。

3．取得开发方案

原则上，测风工作（通常为 1 年）结束后，在具备开发价值的情况下，按照各地年度陆上风电开发方案项目申报工作通知文件要求申报开发方案，最终取得开发方案的通知。一般情况下，需要提供以下材料：

(1) 与当地县(市、区)签订的合作框架协议。

(2) 年度风电开发方案的申请报告。

(3) 经审查并修改完毕的项目预可行性研究报告(收口版)或项目建议书。

(4) 项目所在地县(市、区)级政府支持性项目建设的书面意见。

(5) 与当地自然资源和空间规划局、水利(水务)局、林业局、人武部、文物局、旅游局等职能部门及县(市、区)人民政府对接,并取得同意选址的初步衔接意见。

(6) 电网公司初步的接入意见。

风电场项目开发方案一般由省级能源主管部门统一下发。

4. *成立项目公司及开户办税*

一般情况下,在项目列入开发方案后,即可申请公司内部立项,并在当地注册成立项目公司。在项目公司注册前,需先办理企业名称预核准,并获得名称预先核准通知书。

(1) 项目公司注册所需材料。通常包括如下材料:

1) 公司登记(备案)申请表。

2) 公司设立登记审核表。

3) 股东会、董事会的会议记录、决议、决定或相关人员的任命文件。

4) 公司章程。

5) 住所使用证明(租赁协议、产权证明)。

6) 股东(发起人、出资人)的资格证明或身份证明。

7) 指定代表或者共同委托代理人的证明。

8) 企业名称预先核准通知书、企业名称预先核准申请书、企业名称预先核准申请表。

特别指出的是,注册所需材料具体可根据工商局要求进行调整。

(2) 项目公司开户材料。项目公司在当地工商局完成注册后,需进行工商注册资本金注资,在当地银行开立银行基本户,一般情况下所需的材料如下:

1) 公司营业执照。

2) 项目公司法人身份证原件及复印件(原则上本人)。

3) 项目公司股东的营业执照复印件。

4) 经办人身份证原件及复印件。

5) 开户申请表。

6) 授权委托书。

7) 工作证明。

(3) 税务及一般纳税人办理(国地税)。需要的资料如下:

1）公司营业执照复印件。

2）公司章程复印件。

3）公司法人身份证复印件。

4）公司经办人（财务、报税人员）身份证原件、复印件。

5）银行代扣代缴协议（出具后，返回开户银行盖章）。

6）一般纳税人申请表（盖章）。

若各地有特殊材料要求，以当地实际要求为准。

5. 勘测定界

在确定项目各机位点和升压站位置，并基本排除项目颠覆性、限制性因素后，就需委托有资质的测绘单位开展勘测定界工作。勘测定界需对每个机位和升压站占用的土地范围拐点进行实地测量，确定占用土地的面积，分析占地所属的土地性质和地类，并出具勘测定界报告。勘测定界报告的结果是办理选址意见书、土地预审等手续的必要材料，也是编制可行性研究报告和各专题报告所需的数据基础。

6. 办理选址意见书

选址意见书作为用地预审的前置要件，是核准的重要支持性批复文件之一，要求取得项目所在地住建局的批复文件。其办理所需材料一般如下：

（1）所属项目公司营业执照。

（2）县（市）级同意开发项目的相关文件［一般为县（市）重点项目批复文件等］。

（3）材料真实性保证书。

（4）授权委托书。

（5）省发展改革委年度开发方案。

（6）收口版预可行性研究报告。

（7）拟征地红线图或者勘测定界图。

（8）经专家及县（市）评审的收口版《风电场选址规划报告》。

（9）经县（市）规划委员会批复，同意项目选址，并取得县（市）人民政府关于《风电场选址规划报告》的批复文件。

7. 办理用地预审

办理用地预审所需材料视项目用地是否符合土地利用总体规划而有所不同。

（1）符合土地利用总体规划的情形。若项目用地符合乡（镇）级土地利用总体规划，一般需筹集以下材料办理用地预审批复：

1）用地预审请示。

2）用地预审申请表。

3）征地红线图（委托测量单位出具）。

4）勘测定界技术报告书（委托测量单位出具）。

5）列入规划及同意项目开发会议纪要（由当地县政府出具）。

6）建设项目可行性研究报告或项目建议书。

7）建设用地选址意见书或用地规划许可证（由当地住建局出具）。

8）土地利用现状图、规划图（由自然资源和空间规划局出具）。

9）地质灾害专题报告。

10）无压矿证明文件。

（2）不符合土地利用总体规划的情形。若项目用地不符合土地利用总体规划，必须进行土地利用总体规划调整，最终取得所在市自然资源局批复文件及省级自然资源厅的土地预审备案。具体手续如下：

1）县（市）级会议纪要或县级以上文件［县（市）重点项目］。

2）选址意见书。

3）勘测定界报告书。

4）地形图测量材料（纸质、电子版）。

5）项目一致性证明。

6）听证、论证公告、公告照片及电子材料。

7）听证、论证会议及会议记录、纪要等材料。

8）项目审查意见书、方案。

9）规划指标调整。

10）乡（镇）级和县级职能部门向上级上报的请示。

11）规划修改实施影响评价。

12）市自然资源局评审通过，取得市人民政府批复的文件。

各地可能会出台特殊的土地条规要求和政策，具体以当地要求为准，也可请当地有资质、有经验的相关咨询单位协助办理。

8. 编制可行性研究报告和项目申请报告

在风电场项目已获得一个完整年测风数据，编制完成勘测定界报告，办理完成选址意见书和土地预审后，即可开始委托设计单位编制送审版可行性研究报告和项目申请报告。报告中的项目基本信息、机位、测风数据等关键数据需与其他申请核准使用的材料保持一致。在经过内部审核并修改后，形成最终的送审版可行性研究报告和项目申请报告。

在省发展改革委受理核准申请后，会组织对可行性研究报告和项目申请报告的审核和评审工作，需根据评审意见和结果对报告进行修改并最终收口。

9. 办理各项专题报告批复意见

风电场项目的前期手续还包括大量的专题报告及其批复意见文件的获取，根据各地核准申请的要求不同，部分专题报告及其批复意见文件是核准前必须办理完成的，部分专题报告可在核准后，办理开工许可之前办理完成即可。

重要的专题报告主要有社会稳定风险评估、地质灾害评价报告及压覆矿审查意见、安全预评价报告、水土保持方案报告、环境保护报告、接入系统设计报告等。

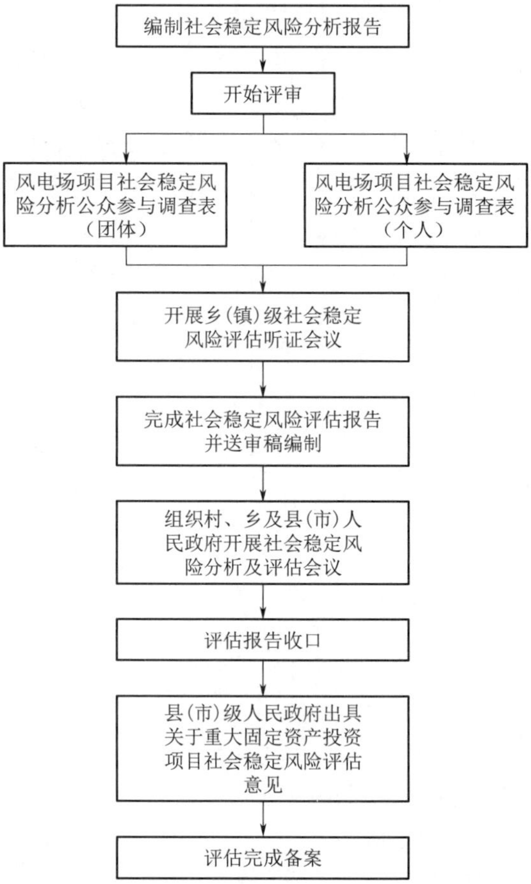

图 3-6　社会稳定风险评估工作流程示意图

（1）社会稳定风险评估。社会稳定风险评估意见的取得必须完成社会稳定风险分析和评估两个专题报告。社会稳定风险分析报告收口后，则具备开展社会稳定风险评估报告评审工作的条件。社会稳定风险评估工作流程示意图如图 3-6 所示。

（2）地质灾害评价报告及压覆矿审查意见。一般情况下，地质灾害评价报告和压覆矿报告均委托同一家单位编制。建议委托具备地质灾害危险性评估资质的单位进行报告编制工作，同等条件下优先选择具有同类项目业绩及省、市级自然资源部门备案的单位。报告编制完成后组织专家对报告进行评审，并取得专家意见，修改报告。压覆矿事项由地方主管部门出具关于压覆矿产资源的审查意见。

（3）安全预评价报告。安全预评价报告由企业委托具备资质单位编制，报告编制完成后组织专家召开评审会议，并根据专家组意见修改报告。该报告无须备案，一般也不是核准申请前必要完成的报告，但在开工前必须具备。

（4）水土保持方案报告。水土保持方案报告编制的目的是获得省级水行政主管部门的批复文件。过去绝大部分省份可能将其规定为核准前的必要手续，但是随着政府简化审批流程的推进，部分地区已经不将其作为核准前必须具备的手续。但随着我国对环境保护的日益重视，风电场项目水土保持工作越来越受到关注，其预算费用占总工程费用的比例也越来越高。因此，对水土保持方案报告的编制与批复工作应给予高度重视，建议在核准前完成水土保持方案报告的编制，并将其作为核准申请的额外附件一同提交。

水土保持方案报告可委托具备风电场项目水土保持方案报告编制资质的单位编

制，同等条件下应优先选择具有同类项目业绩及省水利厅、市水利局备案的单位。水土保持方案报告编制完成后，提交项目所在市环保局窗口受理。水土保持方案报告受理后，水土保持站及水利厅组织专家踏勘现场，并组织评审会议进行审查。审查通过后，可能需要根据专家审查意见进一步修改完善报告，报告修改完成后报水土保持站进行备案并反馈给省水利厅，取得省水利厅批复文件。

（5）环境保护报告。环境保护报告（简称环保报告）一般与水土保持报告的编制同步进行，主要针对噪声、光影、重要水体影响、环境保护区、风景区等因素进行分析，确保项目对周边的环境影响满足国家和地方法律法规的相关要求。与水土保持报告一样，部分省份可能已经不将其视为核准前的必要手续，但仍建议在申请核准前完成环保报告的编制，并将其作为额外的附件同核准申请一同提交。

环保报告需委托具备风电场项目环保报告编制资质的单位进行编制，同等条件下优先选择具有同类项目业绩及省环保厅、市环保局备案的单位。环保报告编制单位在编制报告的同时还需要开展环境影响评价公众参与调查表收资工作。环保报告编制完成后提交项目所在市环保局窗口受理。受理后，市环保局组织专家踏勘现场，并进行审查。审查通过后根据专家审查意见修改报告，环保报告修改完成后报县、市环保局备案，并最终取得地级市环保部门的批复文件。

（6）接入系统设计报告。接入系统设计报告在不同地区的项目申报流程中有不同的要求，部分地区不将其作为核准申请的必要材料，但是部分竞争激烈的省份或平价基地项目，需先行提供地级市电网公司出具的接入系统设计意见。

接入系统设计报告需委托有资质的设计院编制，编制完成后，需要报送至省级电网公司评审。评审需要提交的材料按各省要求准备。一般情况下，必要的材料为：接入系统设计报告、风电场项目开发建设方案或核准文件、风电场项目可行性研究报告、经办人身份证原件及复印件和法人委托书原件（或法人身份证原件及复印件）、企业法人营业执照、土地证及复印件、电源接入申请表。

部分地区由于电网消纳条件不足，电网公司推荐配置用户侧储能设备的方案，并优先予以接入系统设计的批复。此时需额外设计风电场配套的用户侧储能方案，并一同提交评审。

当具备评审条件后，由省级电网公司经研院组织评审会议，通过后出具会议纪要。同时，需协调项目所在市供电局组织开展送出线路工程可行性研究报告编制工作，启动送出线路工程核准工作。由于送出线路现在均为电网公司负责建设，后续需协调送出线路工程工期与风电场项目开发建设同步接轨，确保项目顺利并网。

10. *核准申报*

核准申报由项目开发主体向项目所在县级行政单位的发展改革委递交项目核准申请及相关附件材料，通过县级发展改革委审核后，由县级发展改革委行文向地市级发展改革委申请项目核准，经地市级发展改革委审核通过后，由地市级发展改革委向省发展改革委发文申请项目核准的请示，项目开发主体将地市级发展改革委的请示文件，同自己的核准申请文件、项目申请报告、可行性研究报告、土地预审、规划选址意见书、各项必备的专题报告及批复意见文件、各部门初步选址意见等规定提供的材料，一同递交至省发展改革委能源局窗口受理，并按要求在网上完成相应的申报操作。

申报完成后，需及时关注受理及审批进展，确保项目按时顺利获得核准。

分散式风电场项目核准流程大致相同，但是核准权限下放至地市级，仅需地市级发改部门核准。在前期文件获取上，由于分散式风电场项目是分散接入，对电网接入点的要求较高，因此电网接入方案意见相关文件为核准前置文件，其他程序基本一致。

3.3.2　项目申请报告

项目申请报告主要是在向省、市级发展改革委申请项目核准时提交。项目申请报告是企业投资建设应报政府核准的项目时，为获得项目核准机关对拟建项目的行政许可，按核准要求报送项目论证报告。项目申请报告应重点阐述项目的外部性、公共性等事项，包括维护经济安全、合理开发利用资源，主要是从宏观角度对项目的外部性影响进行论证，侧重于经济和社会分析；主要包括拟建项目的基本情况和该项目的外部性影响，是政府对项目进行审查以决定是否允许其投资建设的重要依据。项目申请报告一般由可行性研究报告编制单位进行编制。目前政府主管部门一般会要求在项目核准申请时同时提交项目可行性研究报告和项目申请报告。

风电场项目申请报告的主要内容包括项目申请单位及项目概况、资源开发及综合利用分析、环境和生态影响分析、经济影响分析、社会影响分析等，并将已取得的前期手续作为附件，项目总平面示意图作为附图。

1. 项目申请单位及项目概况

项目申请单位及项目概况部分主要介绍项目申报单位情况和拟建设项目情况。项目申报单位中对项目公司及主要投资单位进行介绍，介绍公司相关业绩及投资管理能力。项目概况部分主要根据可行性研究报告的内容，对项目地点、项目规模、工程技术方案（机组选型、升压站方案、道路、集电线路、送出方案、财务指标等主要技术方案）、发展规划分析、产业政策分析、行业准入分析等内容进行介绍。

2. 资源开发及综合利用分析

资源开发及综合利用分析主要介绍区域风能资源情况，针对该地区风能资源提出利用方案，即风电机组布置方案，对应的预估年发电能力，工程对消耗资源的分析，以及工程节约资源和节能的方案分析。

3. 环境和生态影响分析

环境和生态影响分析主要介绍项目所在地的生态环境现状，项目施工期和营运期分别对项目所在地造成的废水、废气、固体废物、噪声、生态环境、电磁环境等各类环境的影响，以及针对各类影响计划采取的生态环境保护应对措施。

4. 经济影响分析

经济影响分析主要分析项目的经济费用效益，对投资概算和经济评价进行简要介绍，对行业影响进行简单分析，对区域经济的影响进行分析，主要介绍该项目对当地和区域经济带来的正面影响。

5. 社会影响分析

社会影响分析主要分析项目产生的社会正面影响，如对当地居民收入、就业、生活水平和发展空间等因素的影响，分析项目带来的社会效益，评估工程建设期和项目运行期内可能产生的社会风险并提出应对措施。

6. 附件和附图

附件主要展示项目已取得的各项前期手续，附图主要为项目的总平面布置图。

第 4 章　风电场项目投资决策分析与评估

风电场项目投资决策是一个从粗浅到深入、从目标定义到详细实施方案最终确定的不断发展的过程。该过程一般划分为机会研究、预可行性研究和详细可行性研究等若干阶段。风电场项目投资决策分析是一个多属性决策问题，其既有一般投资项目决策分析的共性，又有其自身的一些特殊性。从投资模式看，风电场项目主要有投资新建风电场项目和并购已建风电场项目两种。本章主要从风电为主营业务的投资者角度，针对新建风电场项目，从技术、经济、环境和社会等维度介绍决策分析和评估的相关内容。

4.1　技术分析与评估

4.1.1　技术分析的主要内容

在不同的决策分析阶段，风电场建设的技术分析内容侧重点有所不同。例如在机会研究阶段，更侧重于风电场场址的选择；而在详细可行性研究阶段，技术分析内容则更为全面，其在拟选场址的基础上，更侧重于风电机组选型及轮毂高度、风电机组平面布置方案、土建工程设计、并网方案和交通运输方案等内容的分析优化。整体而言，技术分析主要包括以下内容：

（1）风电场场址选择。风电场场址选择具体又可分为宏观选址和微观选址两部分。

（2）风能资源的测量与评估。风能资源的测量与评估主要包括测风塔的布置、测风仪器的布置、数据采集方法和要求、数据的整理、风能资源的评估，提出风能资源评估结论，并分析场址区域潜在的气象灾害影响。

（3）查明风电场场址工程地质条件，提出相应的评估意见和结论。

（4）分析确定项目任务和规模。

（5）分析选择风电机组机型及轮毂高度，提出风电机组优化布置方案，并计算风电场年上网电量。

（6）分析提出风电场接入系统技术要求的实施方案。根据审定的风电场接入系统方案，比较确定风电场升压变电站站址位置、电气主接线及风电场风电机组集电线路方案，并进行风电场及升压变电站电气设计，选定主要电气设备及电力电缆（架空线路导线）型号、规格及数量，落实接入系统工程的规划意见，进行风电场和升压变电站监控系统、继电保护及安全自动装置、控制电源系统、通信系统设计。

（7）进行工程消防设计，提出施工期消防要求。

（8）分析确定风电场工程等级、建筑物级别和工程总体布置方案。比选风电机组基础型式和升压变电站结构型式；分析确定场内连接线路土建设计方案、升压变电站（或集控中心）总体布置方案、生产生活区规划方案等。

（9）确定工程交通运输方案，以及风电场土建及机电设备安装施工方案，进行施工总布置，提出施工总进度。

4.1.2 投资者关注的核心技术问题

风电场项目属于高度资源依赖性的项目，投资效益高低首先取决于风能资源蕴藏量，其次取决于机组的年有效发电量，最后取决于风力电能的消纳能力。因此，对于投资者而言，风电场场址选择、风能资源的测量与评估，以及风电机组选型与发电量评估是其关注的核心问题，尤其是在机会研究和预可行性研究阶段，这是决策分析的重要内容。

4.1.2.1 风电场宏观选址

一个风电场场址的好坏，对风电场能否取得预期的经济效益有着至关重要的作用。风电场项目选址包括宏观和微观两个层面。顾名思义，宏观选址是在对一些风电开发影响因素的综合调研分析基础上，确定一个较大的、具有开发利用价值的区域或地区，作为风电场场址。对于陆上风电而言，风电场宏观选址主要包括以下影响因素。

1. 区域政治经济及其他敏感性条件

作为新兴产业，风电产业受到项目所在地政治经济及其政策的影响较大。经济发达，意味着电力需求量大；电源中心与负荷中心越近，意味着配套投资越少、电能运输损耗少。为了使风力发电能够就地消纳，取得合理的经济效益，应尽量将风电场址选择在经济较为发达、电力负荷较重、用电量较大且具备风能资源条件的区域范围内。风电场场址应符合国家产业政策和地区发展规划，同时注意应该避开国家重点矿产资源、军事设施、生态保护、资源保护和文物保护、自然景观等敏感性区域。

2. 风能资源条件

丰富的风能资源蕴藏量是风电场选址的必要条件。风能资源条件涉及风速的大小和波动率、风向的稳定性等因素。尽管随着风电技术的发展，对低风速风能的开发利用日益普遍，但一般而言，风速不宜过低，否则开发利用效率过低；风速也不宜过高，否则会对风电机组本身造成破坏。对于陆上风电而言，风电场选址时 10m 高度的年平均风速一般应大于 5m/s，平均风功率密度一般应大于 $150W/m^2$。同时，在选择场址时，应尽量有稳定的盛行风向，主导风向频率应该在 30%以上，以利于风电机组布置；风速的日变化和季节变化较小，以降低对电网的冲击；垂直风剪切较小，以利于风电机组的运行，减少风电机组故障；湍流强度较小，尽量减轻风电机组的振动、磨损，延长风电机组寿命。

为避免和减少其他气象灾害对风电机组的侵袭，还应分析风电场所在区域的常年性气象条件，避开洪水、潮水、雷电、沙尘暴多发、高寒冰冻、冰雪雾凇、地震和其他地质灾害、气象灾害等对工程造成的破坏性影响。

目前，世界上大部分国家和地区都绘制了全国或地区的风能资源分布图，按照风功率密度和有效风速出现小时数进行风能资源区划，标明了风能丰富的区域，可用于宏观选址。在我国，有些省（自治区、直辖市）已进行过风能资源的测量，可以向有关部门咨询，尽量收集候选场址已有的测风数据或已建风电场的运行记录，对场址风能资源进行评估。

3. 电网输出条件

并网型风电机组需要与电网连接，场址选择时要尽量靠近电网，这样不但可以降低并网投资，而且可以减少线路损耗，满足电压要求。对于小型风电场项目，一般要求靠近 35～110kV 电网；对于大型风电场项目，一般要求靠近 220～500kV 电网。同时所接入的电网容量要足够大，避免受风电机组随时开启并网、停机解列的影响。总而言之，风电场宏观选址时应考虑接入系统的成本，要与电网的发展相协调；根据电网的容量、结构，确定建设规模与电网是否匹配。

4. 场址条件

在选择场址时，要考虑场址面积、地形地貌等因素。

（1）需要有足够的场址面积，能够安装满足一定规模的风电机组。一般风电场占地面积可按 $4000 \sim 6000kW/km^2$ 估算，平坦地形按 $6000kW/km^2$ 估算，山地按 $4000kW/km^2$ 估算，距村庄至少应考虑 500m 以上的距离。

（2）场址内地形、地貌变化尽可能简单平缓，粗糙度低。一则对风速影响较小；二则有利于施工，有利于进场道路整修和风电机组的安装，从而节省工程造价。

（3）场址内是否存在影响风速的地形地貌，以及这种风的变化是否会对风电场运行和经济效益产生不利影响。因此，要注意分析来流方向上的地形、地貌走势及变化，查看是否有使风速加强的地形、有无成风地貌。

（4）尽量选择地震烈度小，工程地质和水文地质条件较好的场址。作为风电机组基础持力层的岩层或土层应厚度较大、变化较小、土质均匀，承载力能满足风电机组基础的要求。最后，减少耕地、林地、牧场等的占用，而且场址与变电站之间的输电线路应尽可能减少对公路、铁路、高压线路的跨越。

5. 道路交通运输条件

对风况相似的场址，尽量选择那些离已有港口、铁路、公路较近，对外交通方便的场址，便于风电机组大件运输和大型安装机具入场，以减少对道路的投资。

4.1.2.2 风能资源测量与评估

在风电场宏观选址的基础上，进行风能资源测量与评估是投资决策分析中尤为重要的基础技术分析工作。

1. 风能资源测量

风能资源测量的主要步骤如下：

(1) 已有资料收集、整理分析。从拟选场址附近气象台、站及有关部门收集有关气象、地理及地质数据资料，以及周围风电发展情况，尤其是尽量收集周围已有测风塔数据资料，以及与拟选场址附近具有相似地形、下垫面及风能资源成因的气象台（站）的数据等。对当地风能资源资料进行分析和归类，从中筛选出具有代表性的完整的数据资料，应能反映该地气候的多年（一般 10 年以上，最好 30 年以上）平均值和极值，如平均风速、极端风速、平均气温、极端气温、雷暴日数以及地形地貌等。

(2) 测风塔选址和安装。一般情况下，气象台、站提供的数据只是反映较大区域内的气候情况，不能完全满足风电场精确选址的要求。因此有必要对现场进行实地测风，取得具有代表性的风速风向资料，了解不同高度处风速风向的变化特点，以及地形地貌对风的影响程度，以取得更为准确有效的数据。

1) 测风塔选址的基本原则。

a. 位置的代表性。一是周边地形具有代表性；二是所选位置的风况应基本代表该风场的风况。

b. 位置的中心性。测风塔尽量考虑位于风电场的中心位置，且测量位置附近应无高大建筑物、树木等。与单个障碍物的距离应大于障碍物高度的 3 倍，与成排障碍物的距离应大于障碍物高度的 10 倍以上。

c. 主风向。测量位置应在风电场主风向的上风向。

测风塔的选址一般是在 1∶50000 风电场区域地形图上进行。根据风电场区域给定的各个拐点坐标，确定风电场在地形图上的具体位置，并扩展到外沿 5km 的半径范围对风电场的地形地貌进行分析。

2) 测风塔的数量。测风塔的数量主要依地形和项目的规模而定，可以在场区设立单个或多个测风塔进行现场测风。

a. 简单地形情形。简单地形情形的拟开发区域内应至少有 1 座高度不小于初拟风电机组轮毂高度的测风塔，每座测风塔的有效控制区域半径宜为 3km，不应超过 5km。

b. 复杂地形情形。复杂地形情形宜进行风电机组初步排布，并根据风电机组的水平空间分布和垂直空间分布综合确定测风塔的数量及位置。测风塔的有效控制区域半径不宜超过 2km，测风塔与预装风电机组的海拔高差不宜大于 50m。拟开发区域内及周边 3km 范围内测风塔数量不应少于 2 座，其中至少有 1 座测风塔高度不小于初拟风电机组轮毂高度，其余测风塔高度宜接近初拟风电机组轮毂高度。

c. 过渡地形情形。应在靠近复杂地形方向场址范围内加设测风塔，测风塔高度不应小于初拟风电机组轮毂高度。

3）测风塔塔体结构和基础。塔体结构可选用桁架型或圆筒型，可采用拉线式或自立式，其基础及拉线强度应满足风电场所在地 30 年一遇风载要求。

4）测量仪器设备的安装。测量仪器包括测风仪、大气温度计、大气压力计，测风仪又分为风速传感器、风向传感器和数据采集器。测风仪器的安装要求见表 4－1。

表 4－1　测风仪器的安装要求

参　数	安装要求	
	测风塔数量为 1 处	测风塔数量为 2 处及以上
测风塔高度	不低于风电机组轮毂高度	不低于风电机组轮毂高度；需为 10m 的整数倍
测风仪数量	应有 3 层	至少 2 层
测风仪位置	10m 高度； 轮毂中心高度； 10m 高度的整数倍	10m 高度； 轮毂中心高度； 其余为 10m 高度的整数倍

（3）数据测量、收集和记录。现场测风时间至少延续 1 年以上，有效数据不得少于 90%，内容包括风速、风向的测量与统计，以及气温、气压等。主要采集 10min 平均风速，用于风能资源计算，以及每 3s 采样一次的风速最大值作为极大风速，用于安全校核计算。小时平均风速可通过 10min 平均风速获得。风向与风速同步采集，一般划分为 16 个扇区。气温和气压每小时采样一次并记录。

2. 风能资源评估

（1）测风数据处理。测风数据处理包括对数据的验证、订正，并计算评估风能资源所需要的参数。

1）数据验证。其是检查风电场测风获得的原始数据，对其完整性、合理性和整体性进行判断，检验出不合理缺测的数据，经过处理，整理出至少连续一年完整的风电场逐小时测风数据。

a. 完整性检验。要求数据数量应等于预期记录的数量，时间顺序应符合预期的开始后、结束时间，中间应连续。要求评估时段测风数据完整率不低于 90%，即缺测率小于 10%。

b. 合理性检验。合理性检验主要包括范围检验、相关性检验和趋势检验，相应的检验标准取值见表 4－2～表 4－4。在测风数据超出检验标准值时还应根据当地风况特点进一步论证数据的合理性。

表 4-2 测风数据范围检验标准取值

参　　数	参考范围	备　注
10min 平均风速/(m/s)	0～40	—
10min 平均风向/(°)	0～360	—
10min 平均气温/℃	−40～50	可根据当地气候特征缩小参考范围
10min 平均气压/kPa	50～110	可根据当地气候特征缩小参考范围
相对湿度均值/%	0～100	—

表 4-3 测风数据相关性检验标准取值

参　　数	参考范围
相同高度 10min 平均风速差/(m/s)	0～2
相差 20m 高度 10min 平均风速差/(m/s)	0～3
相差 40m 高度 10min 平均风速差/(m/s)	0～5
相差 20m 高度 10min 平均风向差/(°)	0～22.5

注 不同高度风速差计算方法为高层平均风速减低层平均风速。

表 4-4 测风数据趋势检验标准取值

参　　数	参考范围
1h 平均风速变化绝对值/(m/s)	0～6
1h 平均气温变化/℃	−5～5
3h 平均气压变化/kPa	−1～1
风速连续无变化持续时间/h	＜6
风向连续无变化持续时间/h	＜6（非静风条件下）

c. 整体检验。对通过合理性检验的数据进行整体检验，主要包括相关检验、分布检验和风切变检验。整体检验标准宜符合表 4-5 中的规定。

表 4-5 测风数据整体检验标准取值

检验项	参　考　范　围
相关检验	高度在 50m 及以上的各层风速相关系数宜大于 0.95
分布检验	风速分布宜符合威布尔分布，风向分布区间宜大于 180°
风切变检验	风切变指数超过 0.2 时应进一步分析其合理性，参考值可根据当地风况特点调整

d. 不合理数据和缺测数据的处理。对检验出的不合理数据再次进行判别，判断合理的数据应作为有效数据，回归原始数据组。缺测数据和不合理数据应采用相关插补或直接替换等方法进行修正。有效数据完整率应不低于 90%。

数据修正应选取测风塔所在地及其周边的同期参证作为依据，选取参证资料的优先级宜依次为：本测风塔其他数据、周边测风塔数据、气象站数据、再分析数据，确无依据资料修正的可作为无效数据处理。

风速数据修正时可采用总体相关分析或分扇区相关成果进行修正。风向数据修正时应先进行总体相关分析，总体相关大于 0.7 时，可采用直接替换修正、总体相关方程插补修正、流体力学方法推算修正。气温数据和气压数据修正时，可根据同期数据的平差进行修正。

当相同高度设置有两个风速传感器时，应对风速数据进行塔影修正，塔影修正公式为

$$V_i = \max(V_{1i}, V_{2i}) \tag{4-1}$$

式中　V_{1i}——通道1第i时段的风速，m/s；

V_{2i}——通道2第i时段的风速，m/s。

2）数据订正或测风数据的长系列代表性判定。应选择长期风速观测资料对测风数据的长系列代表性进行判定。长期风速观测资料的来源宜为国家气象站，长期参证气象站应符合下列规定：

a. 与风电场距离较近。

b. 与风电场具有相似的地形、下垫面及风能资源成因。

c. 具有连续30年以上规范的测风记录，风速资料宜通过一致性修正。

d. 宜与同期测风数据总体相关性较好且主风能方向扇区的相关系数宜大于0.7。

应分析长期风速观测资料的一致性，选择一致性较好的连续时段作为测风数据长系列代表性的判定基准，基准时段应包含测风时段且时长宜为30年。当长期站测风年风速与基准时段平均风速水平偏差超过2%时，宜按照《风电场风能资源评估方法》（GB/T 18710—2002）的规定将测风塔测风数据订正为代表年风速。也可选用风电场区域的再分析资料作为长系列代表性判断及订正依据，再分析资料与测风数据同期的月平均风速相关系数不宜低于0.8。

3）数据处理。将订正后的数据处理成评估风电场风能资源所需要的各种参数，包括不同时段的平均风速和风功率密度、风速频率分布和风能频率分布、风向频率和风能密度方向分布、风切变指数和湍流强度等。

（2）风能资源评估参考判据。风能资源评估参考判据主要包括平均风功率密度、风向频率和风功率密度方向分布、风速的日变化和年变化、湍流强度和其他气象因素。

1）平均风功率密度。风功率密度是气流在单位时间内垂直通过单位截面积的风能。平均风功率密度是指设定时段内的逐小时风功率密度的平均值，其计算公式为

$$D_{WP} = \frac{1}{2n}\sum_{i=1}^{n}\rho v_i^3 \tag{4-2}$$

式中　D_{WP}——平均风功率密度，W/m²；

ρ——空气密度，kg/m³；

v_i——第i次记录的风速，m/s；

n——设定时段内的记录数。

风功率密度蕴含风速、风速分布和空气密度的影响，是衡量风电场风能资源的综

合指标。风功率密度越大，意味着风能资源越丰富。根据 GB/T 18710—2002 规定，不同高度风功率密度等级划分标准见表 4-6 和表 4-7。

表 4-6 风功率密度等级划分标准（10～70m 高度）

风功率密度等级	10m 高度		30m 高度		50m 高度		70m 高度	
	风功率密度/(W/m^2)	年平均风速/(m/s)	风功率密度/(W/m^2)	年平均风速/(m/s)	风功率密度/(W/m^2)	年平均风速/(m/s)	风功率密度/(W/m^2)	年平均风速/(m/s)
D-1	＜55	3.6	＜90	4.2	＜110	4.5	＜120	4.7
D-2	55～70	3.9	90～110	4.5	110～140	4.9	120～160	5.1
D-3	70～85	4.2	110～140	4.9	140～170	5.3	160～200	5.5
1	85～100	4.4	140～160	5.1	170～200	5.6	200～240	5.9
2	100～150	5.1	160～240	5.9	200～300	6.4	240～350	6.7
3	150～200	5.6	240～320	6.5	300～400	7.0	350～460	7.3
4	200～250	6.0	320～400	7.0	400～500	7.5	460～570	7.9
5	250～300	6.4	400～480	7.4	500～600	8.0	570～690	8.4
6	300～400	7.0	480～640	8.2	600～800	8.8	690～910	9.2
7	400～1000	9.4	640～1600	11.0	800～2000	11.9	910～2180	12.3

注 1. 不同高度的年平均风速参考值按风切变指数为 1/7 推算。

2. 与风功率密度上限值对应的年平均风速参考值，按海平面标准大气压及风速频率符合瑞利分布的情况推算。

表 4-7 风功率密度等级划分标准（80～120m 高度）

风功率密度等级	80m 高度		90m 高度		100m 高度		120m 高度	
	风功率密度/(W/m^2)	年平均风速/(m/s)	风功率密度/(W/m^2)	年平均风速/(m/s)	风功率密度/(W/m^2)	年平均风速/(m/s)	风功率密度/(W/m^2)	年平均风速/(m/s)
D-1	＜130	4.8	＜140	4.9	＜150	5.0	＜160	5.1
D-2	130～170	5.2	140～180	5.3	150～190	5.4	160～200	5.5
D-3	170～210	5.6	180～220	5.7	190～230	5.8	200～250	5.9
1	210～250	6.0	220～270	6.1	230～280	6.2	250～300	6.3
2	250～370	6.8	270～400	7.0	280～410	7.1	300～450	7.3
3	370～490	7.5	400～520	7.6	410～540	7.7	450～580	7.9
4	490～600	8.0	520～650	8.2	540～670	8.3	580～720	8.5
5	600～740	8.6	650～770	8.7	670～800	8.8	720～880	9.1
6	740～970	9.4	770～1000	9.5	800～1070	9.7	880～1140	9.9
7	970～2350	12.6	1000～2450	12.8	1070～2570	13.0	1140～2750	13.3

注 1. 不同高度的年平均风速参考值按风切变指数为 1/7 推算。

2. 与风功率密度上限值对应的年平均风速参考值，按海平面标准大气压及风速频率符合瑞利分布的情况推算。

2）风向频率和风功率密度方向分布。风向频率是指一定时期内，某风向出现的次数占总观测次数的百分比。风向一般是分8个或16个罗盘方位观测，用累计各个方位风向（包括静风）的总次数的百分比来表示。实际应用中，常用风向频率图或风向玫瑰图直观描述风向频率，风向玫瑰图（图4－1）上最好有一个明显的主导风向，或两个方向接近相反的主风向。

风能密度是在设定时段与风向垂直的单位面积中风所具有的能量。风能密度的计算公式为

$$D_{WE}=\frac{1}{2}\sum_{j=1}^{m}\rho v_j^3 t_j \tag{4-3}$$

式中　D_{WE}——风能密度，W·h/m²；

ρ——空气密度，kg/m³；

v_j——第 j 个风速区间的风速，m/s；

m——风速区间的数目；

t_j——某扇区或全方位第 j 个风速区间风速发生的时间，h。

风能密度分布常按16罗盘方位绘制成图形表示，称为风能玫瑰图，如图4－1所示。

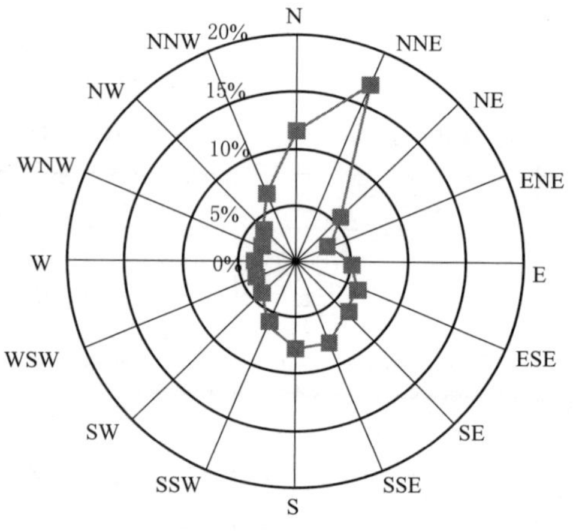

（a）全年10m风向玫瑰图

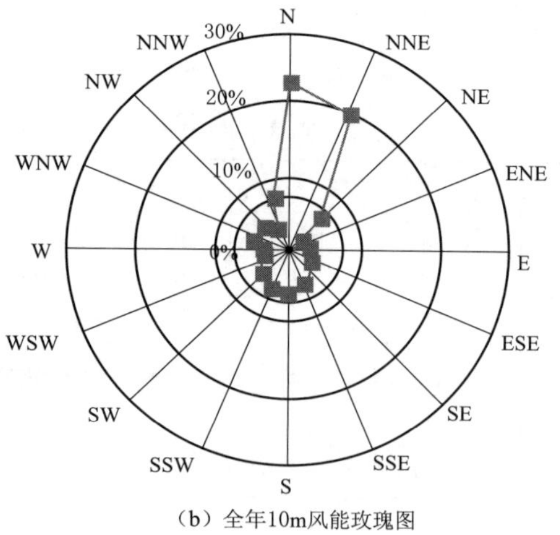

（b）全年10m风能玫瑰图

图4－1　全年10m风向玫瑰图和风能玫瑰图示意图

3）风速的日变化和年变化。用各月的风速（或风功率密度）日变化曲线图和全年的风速（或风功率密度）日变化曲线图，与同期的电网日负荷曲线对比；用风速（或风功率密度）年变化曲线图与同期的电网年负荷曲线对比，两者一致或接近的部分越多越好。

4）湍流强度。湍流强度是风速的标准偏差与平均风速之比，用于描述风速随时间和空间变化的程度，反映脉动风速的相对强度和大气湍流运动的特性。湍流强度对

风电机组性能有不利影响，主要是减少输出功率，可能引起极端荷载，最终削弱和破坏风电机组。因此，湍流强度是决定风电机组安全等级或设计标准的重要参数之一，也是风电场风能资源评估的重要内容，其评估结果直接影响风电机组的选型。10min 湍流强度的计算公式为

$$I_T=\frac{\sigma}{V} \tag{4-4}$$

$$\sigma=\sqrt{\frac{\sum_{i=1}^{600}(v_i-V)^2}{600}} \tag{4-5}$$

式中 I_T——湍流强度；$I_T \leqslant 0.10$ 表示湍流相对较小，$0.10 < I_T \leqslant 0.25$ 表示湍流为中等程度，更高的I_T值表明湍流过大；

σ——10min 风速标准差，m/s；

V——10min 平均风速，m/s；

v_i——10min 内每秒的采样值，m/s。

5）其他气象因素。特殊的大气条件对风电机组提出了特殊的要求，从而增加成本和运行困难。如最大风速（10min 平均风速的最大值）超过 40m/s 或极大风速（瞬时风速的最大值）超过 60m/s、气温低于－20℃和气象灾害（如雷电、电线结冰、沙暴和盐雾等）。

（3）编制风况图表。将上述风况特征参数绘制成图形，便于直观分析判断。风况图主要分为年风况和月风况两大类。年风况主要有全年的风速和风功率密度日变化曲线图、风速和风功率密度的年变化曲线图、全年的风速和风能频率分布直方图、全年的风向和风能玫瑰图；月风况主要有各月的风速和风功率密度日变化曲线图、各月的风向和风能玫瑰图。

4.1.2.3 风电场微观选址

在项目核准及风电机组确定后，即可进行风电场微观选址，也就是风电机组位置的选址。

1. 风电场微观选址流程

世界气象组织给出了风电机组微观选址的流程，如图 4－2 所示。由图 4－2 可看出，首先确定主导风向，其次进行地形分类，可分为平坦地形和复杂地形。平坦地形中主要考虑地面粗糙度的影响，而复杂地形中除了考虑地面粗糙度因素，还要考虑地形特征。学者 Frost 和 Nowak 认为平坦地形应符合下述条件：①在风电场四周 11.5km 范围内任一点，风电场与周围地形的高差不大于 60m；②在风电场上风向 4km 和下风向 0.8km 内的山丘，其高宽比不大于 1：50；③在上风向 4km 范围

内，风轮叶片下端距地面的高度大于 3 倍最大地面高差 h。

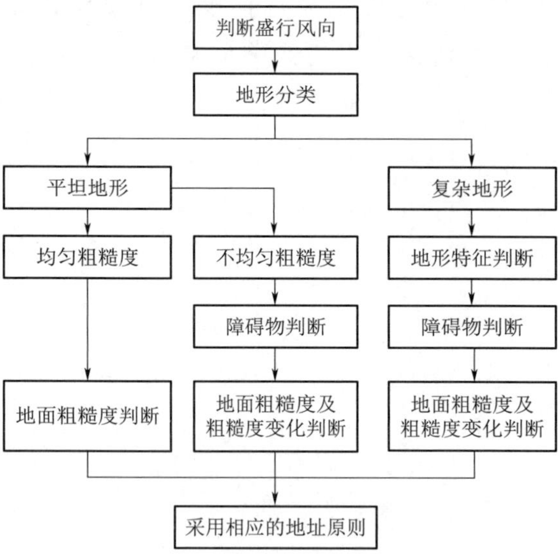

图 4-2　风电场微观选址流程图

（1）地面粗糙度对风速的影响。在近地层中，风速随高度有显著变化；但地面粗糙度不同，风速随高度的变化也不同。大气低层常用指数公式表示风速和高度的关系，即

$$\frac{V_2}{V_1}=\left(\frac{Z_2}{Z_1}\right)^{\alpha} \tag{4-6}$$

式中　V_2——高度 Z_2 处的风速；

V_1——高度 Z_1 处的已知风速；

α——指数，我国常用的 α 分为 0.12、0.16 和 0.20 三类。

（2）障碍物影响。气流流过障碍物，在下游会形成扰动区。在扰动区风速不但会降低，而且强湍流对风电机组运行十分不利，因此在选择风电机组安装位置时必须避开障碍物下流的扰动区。从理论上讲，扰动区的长度约为 $17H$（H 为障碍物高度），所以在选址时，尽量避开障碍物，应在 $10H$ 以上。风电场内的建（构）筑物或树木高度高于测风塔或风电机组毂高度的 1/3 且距离小于自身高度 50 倍时，应按障碍物处理。

（3）山地影响。山地对风速影响的水平距离，一般在向风面为山高的 5～10 倍，背风面为 15 倍。且山脊越高，坡度越缓，在背风面影响的距离越远。根据经验，在背风面对风速影响的水平距离 L 大致与山高 h 和山的坡度 β 半角的余切的乘积成比例，即

$$L=h\cot\frac{\beta}{2} \tag{4-7}$$

目前，风电场微观选址有成熟的软件，如 WAsR、Wind-Farmer、WindPro 等，大大解决了选址的效率问题。但风电场选址过程中的人为参与，尤其是在得到软件输出结果后的实际落点过程中的机位微调是必不可少的环节。

2. 风电场微观选址需考虑的其他因素

（1）风电场风电机组布置应在满足机组安全性要求的前提下相对集中和紧凑，以充分利用风能资源和提高场地利用效率，减少道路及集电线路投资，降低场内线损，提高投资效益。

（2）尽量减少风电机组之间的尾流影响，这与集中布置原则有矛盾，方案比选就是在矛盾中寻求最优。要求风电场整体平均尾流损失宜小于 8%，单台风电机组的尾

流损失宜控制在15%以内。

一般而言，在平坦地形下，可以采用几何规则的排列。风电机组行间距不宜小于3D（D为风轮直径），列间距一般为5D～7D。风向及风能方向集中的场址间距可以小一些；风向及风能分散的场址间距就要大一些；多行布置时，呈梅花形布置尾流影响小一些。若风电场装机容量大于200MW，宜设置风能资源缓冲恢复区；对于风能特征参数变化较大、存在多个安全等级的风电场，宜采用混合装机方案，风电机组机型不宜超过3种，轮毂高度不宜超过3个。

在复杂地形下，如丘陵山地、沟壑等，除注意风电机组的行间距和列间距外，还要充分分析地形、地貌与风的走向特点，利用风加速的有利地点，避开上风向地形起伏和障碍物较大，产生风阻碍或湍流多的地点。机群布局方式可根据场址的具体地形条件进行规划，假如场址是沿山脊，布局就顺着山脊的走势排列。

（3）满足风电机组的运输条件和安装条件。平坦地形条件下，满足这一原则比较容易，但在复杂地形条件下却不易满足。根据所选机型需要的运输机械和安装机械要求，机位附近要有足够的场地能够作业和摆放叶片、塔筒，道路有足够的坡度、宽度和转弯半径使运输机械能到达所选机位。

（4）机位要避让保护区、生态敏感区和风景名胜区、航道、锚地等主要限制区域，同时要与铁路、省级以上公路、输电线路、地面敷设的油气管道等设施有一定避让距离（自塔架根部外沿起至避让对象保护范围边缘），避让距离宜符合以下规定：

1）距离铁路、高速公路、220kV及以上架空输电线路不小于风电机组倒塔距离的1.5倍。

2）距离省级及以上等级公路、35kV以上架空输电线路、地面油气管道不小于风电机组倒塔距离的1.0倍。

3）风电机组布置与电力电缆、通信电缆和通信光缆的避让距离应自风电机组基础外边缘计算，避让距离应符合下列规定：①距离陆上电信设施不应小于10m；②距离宽阔海域海底电缆不应小于500m，距离海湾等狭窄海域海底电缆不应小于100m，距离海缆登陆点岸线不应小于50m。

4.1.2.4 风电机组选型与发电量评估

1. 风电机组选型

风电机组选型应结合轮毂高度处平均风速、50年一遇10min平均最大风速、15m/s风速区间的湍流强度、气候特征、场地地形、技术经济条件、运行检修条件、技术成熟度和供货商供应能力等因素综合分析确定，其安全等级应通过轮毂高度处平均风速、50年一遇10min平均最大风速和15m/s风速区间的湍流强度进行判定。

在低温地区，应选择低温型风电机组；在高海拔地区，风电机组选型还应结合场址的空气密度、太阳辐射强度、湿度、气压、温差、雷暴日数、风沙及凝冻等气候环境参数进行。

在复杂地形场地的场地面积、交通运输条件和地形条件允许的情况下，宜选择大容量的风电机组。

2. 风电场年上网电量计算

风电场年发电量应根据修正为代表平均风能资源情况的测风资料和风电机组功率曲线进行计算，并应根据折减因素计算风电场年发电量综合折减率，估算风电场年上网电量、年等效满负荷小时数、容量系数等。年上网电量常用计算公式为

$$E_{\mathrm{th}} = 8760\sum_{i=1}^{n}\int_{v_1}^{v_2} p_i(v) f_i(v)\mathrm{d}v \tag{4-8}$$

式中　E_{th}——年理论发电量，MW·h；

n——风电机组台数；

v_1——风电机组切入风速，m/s；

v_2——风电机组切出风速，m/s；

$p_i(v)$——第 i 台风电机组在风速为 v 时的发电功率，MW；

$f_i(v)$——第 i 台风电机组轮毂高度处风速概率分布，对风速时间序列进行拟合得到的威布尔分布。

【案例 4-1】 风电机组选型

根据某风电场风能资源、地形和交通运输条件、湍流强度、各型风电机组的成熟性等特点，以及对国内外生产厂家及其供货能力的调研，针对备选的 2MW 级机型，拟选择三种机型进行比选。因该风电场随高度的增高，风切变值较大，因此轮毂高度均采用风机厂家设计的最高轮毂高度。备选风电机组技术特性见表 4-8，备选机型功率曲线及推力系数分别如图 4-3 和图 4-4 所示。

表 4-8　备选风电机组技术特性

项目内容		备选风电机组		
		WTG1	WTG2	WTG3
特征参数	额定功率/MW	2	2	2.2
	叶片数/个	3	3	3
	风轮直径/m	115	116	121
	风轮扫略面积/m^2	10386.89	10563	11498.7
	切入风速/(m/s)	2.5	3	3
	额定风速/(m/s)	9	9	9
	切出风速/(m/s)	19	20	20

续表

项目内容		备选风电机组		
		WTG1	WTG2	WTG3
特征参数	极大风速/(m/s)	52.5	52.5	59.5
	轮毂高度/m	100	100	90
	功率调节方式	变桨变速	变桨变速	变桨变速
发电机	型式	永磁同步	永磁同步	双馈异步
	额定功率/kW	2150	2180	2280
	功率因数	0.95（容性）～0.95（感性）	0.95（容性）～0.95（感性）	0.95（容性）～0.95（感性）
	额定电压/V	690	690	690
	塔架型式	现浇式＋钢制锥筒	钢制锥筒	钢制锥筒

由图4-3和图4-4可以看出，同一风电场条件下，各机型的最低切入风速、最高切出风速、达到额定功率的最低风速、在该风电场主要风速区间内的功率输出量及推力系数等参数将是影响风电机组发电量的主要因素。

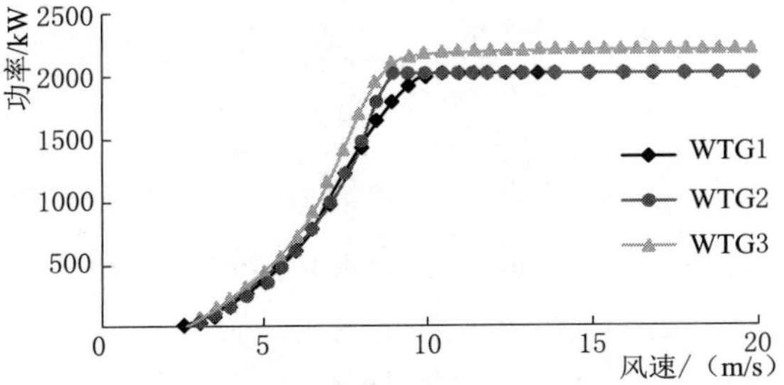

图4-3 备选机型功率曲线比较图

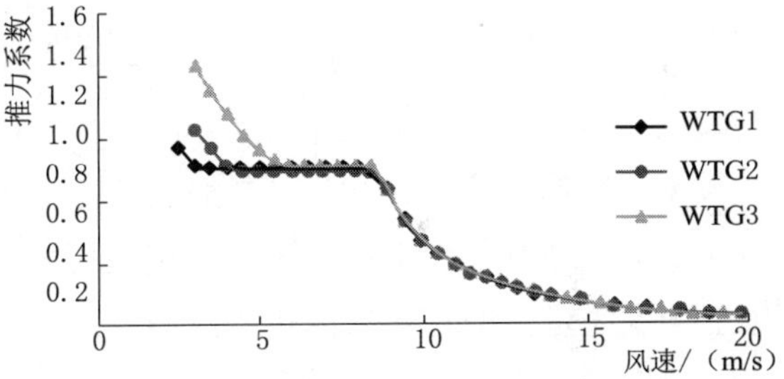

图4-4 备选机型推力系数比较图

该风电场工程推荐采用WTG1型风电机组，其风轮轮毂高度可根据风电场的需要在该型风电机组备选的轮毂高度进行招标生产。本阶段根据厂家提供的轮毂高度，暂拟定85m、100m两个轮毂高度方案进行比较。采用相同的计算前提和方法，首先对各轮毂高度发电量指标进行计算，然后进行经济比较计算，成果见表4-9。

表4-9 上网发电量计算成果表

项目	轮毂高度/m		项目	轮毂高度/m	
	85	100		85	100
年理论发电量/(GW·h)	74.9	84.3	年上网发电量/(GW·h)	50.2	56.6
年设计发电量/(GW·h)	71.1	80.2	电量增幅/%	—	12.87

续表

项　　目	轮毂高度/m		项　　目	轮毂高度/m	
	85	100		85	100
年单机等效满负荷运行小时数/h	1672	1887	工程静态投资/万元	232226.93	240039.43
平均尾流影响折成系数/%	5.07	4.84	单位千瓦投资/(元/kW)	7740.9	8001.3
塔筒重量/t	199	262	投资增幅/%	—	3.36
塔筒投资/万元	22387.5	29475	单位度电投资/(元/kW·h)	4.63	4.24

由表 4－9 可知，从发电效益来看，随着轮毂高度的增加，风速和风功率密度增加，年发电量也增加，轮毂高度由 85m 提高至 100m，风电场年上网电量增加 12.87%。从工程投资和项目经济性来看，随着轮毂高度的提高，塔筒、风电机组基础及运输、安装等费用增加，工程造价增加。轮毂高度由 85m 提高至 100m 时，工程投资增加 3.36%，增幅远小于电量增幅。同时由单位度电投资可知，轮毂高度 100m 方案的单位度电静态投资为 4.24 元/（kW·h），比 85m 高度约低 0.39 元/（kW·h），工程经济性相对较好。

综上分析，轮毂高度 100m 方案经济性比 85m 要好，因此，本工程现阶段风轮轮毂高度暂推荐为 100m。

采用国内外广泛使用的风能计算软件计算风电机组的年理论发电量、尾流影响和设计年发电量，进行各种损耗与风电机组利用率等参数的修正计算，最后得到每台风电机组的年上网发电量。综合各项修正和折减，综合折减系数（尾流影响系数除外）为 0.738。

经计算，风电场年上网发电量为 56.6GW·h，年单机等效满负荷运行小时数为 1887h，平均容量系数为 0.2155，平均尾流影响折减系数为 4.84%。综合考虑目前国内外风电机组的制造水平、技术成熟程度、实际运行情况、价格水平和施工机械的吊装能力等因素，针对风电场的具体情况，选择不同单机容量的 3 种风电机组进行优选，通过发电量、经济技术等指标对比分析，建议采用 WTG1－2000 型风电机组，轮毂安装高度为 100m。

4.1.3　技术评估

技术评估是指在拟定技术方案的基础上，从基础资料的真实可信性，以及方案的合理适用性、安全可靠性、可维修性、经济性等方面对技术方案进行事前审查评估。一般采用专家审查会或委托第三方进行专业审查评估的形式。

一般而言，技术评估的主要内容如下：

（1）基础资料的真实可信性。基础资料的真实可信性包括风电场附近长期测站的基本情况（如位置、高程、周围地形地貌及建筑物现状和历史变迁，测风仪器型号、位置及记录方式的变化等）、气象资料情况、场址范围内至少连续1年的现场风能资源实测数据和已有的风能资源评估资料、气象灾害、场区内工程地质勘察资料和地形地貌情况、已有建（构）筑物和光（电）缆等设施情况，以及风电场附近施工、安装等设备的能力、租用条件、价格等情况，风电场所属区域社会经济概况及发展规划、电网地理接线图、电力系统概况及发展规划、土地利用规划、保护区和生态敏感区等情况，风电场节能规划、能耗指标，风电场所在的自然条件、对外交通运输情况等的真实可靠性。

（2）风能资源的评估。风能资源的评估主要是测风数据的代表性、合理性、有效性，以及计算方法的科学性、合理性，计算结果的准确性等，由此推断风能资源蕴藏量的准确性。

（3）风电机组选型的经济性、安全性和可维修性评估。

（4）风电机组布置合理性评估。

4.2 财务分析与评估

风电场经济分析与评估是项目投资决策的一个核心问题，也是项目可行性研究中的一项重要工作。但作为商业开发项目，投资者更为关注风电场项目财务的可行性。

财务评价是在国家现行财税制度和以市场价格体系为基础的预测价格下，分析预测风电场项目的财务效益与费用，编制财务报表，计算财务评价指标，考察拟建项目的盈利能力、偿债能力，进而判断项目的财务可行性。建设期应考虑投入的相对价格变动及价格总水平变动，建设投资采用含增值税价格；运营期应预测到经营期初价格，运营期各年采用统一的不变价格，但如果能合理判断未来市场的价格变动趋势，投入和产出可采用相对变动价格，且为不含增值税价格。

4.2.1 财务效益与费用

4.2.1.1 财务效益

风电场项目的收入包括销售收入和补贴收入。销售收入包括售电收入和其他收入，其他收入指除售电收入外通过销售商品、提供劳务及让渡资产使用权等所发生的收入。补贴收入主要包括即征即退、先征后返的增值税和政府补贴资金。

4.2.1.2 财务支出

风电场项目支出的费用主要包括总投资、总成本费用和税费。

1. 总投资

总投资包括建设投资、建设期利息和流动资金。

(1) 建设投资由施工辅助工程费、设备及安装工程费、建筑工程费、其他费用和预备费组成。

(2) 建设期利息指筹措债务资金时在建设期内发生并在投产后计入固定资产原值的利息。

建设投资和建设期利息分别形成固定资产、无形资产和其他资产。专利权、非专利技术、商誉和土地使用权等费用形成无形资产；生产人员培训及提前进场费、管理用具购置费、工器具及生产家具购置费等形成其他资产；建设投资中施工辅助工程费用、设备及安装工程费用、建筑工程费用和其他费用中除无形资产费用和其他资产费用以外的费用，以及预备费和建设期利息形成固定资产。

建设投资中可抵扣增值税不计入固定资产原值。可抵扣增值税计算公式为

$$\text{可抵扣增值税}=\frac{\text{可抵扣的设备购置费}}{1+\text{增值税税率}}\times\text{增值税税率} \tag{4-9}$$

(3) 流动资金是在项目投产前安排，并根据机组年度投产批次和容量计算。流动资金中资本金的比例不低于 30%。流动资金可按分项详细计算法和扩大指标计算法计算。扩大指标计算法一般按“风电场装机容量（kW）×流动资金率（元/kW）”计算，流动资金率取值一般为：陆上风电场 30～50 元/kW；海上风电场 40～80 元/kW。

2. 总成本费用

总成本费用是风电场项目在运营期内为风力发电所发生的全部费用，主要包括材料费、人工工资及福利费、修理费、折旧费、摊销费、保险费、其他费用和财务费用。

(1) 材料费。材料费包括风电场运行、维护等所消耗的材料、事故备品、低值易耗品等费用，按“风电场装机容量（kW）×材料费率（元/kW）”计算，材料费率取值一般为：陆上风电场 10～20 元/kW，海上风电场 30～50 元/kW。

(2) 人工工资及福利费。人工工资及福利费包括风电场运营和管理人员工资（含奖金、津贴、补贴），职工福利费以及由企业交付的“五险一金”，按“风电场定员（人）×人工工资（元/人）×（1+福利费用系数）”计算。

(3) 修理费。修理费为保持风电场项目固定资产的正常运转、使用，而对其进行必要修理所发生的费用，一般根据风电场运行条件与检修计划，结合固定资产磨损状态，采用预提方法按“固定资产原值（扣除所含的建设期利息）×修理费率×投产率”计算，其中修理费率取值为：质保期内可采用 0.50%，并以 5～10 年为一个时间段，逐级提高修理费率至 2.00%（海上风电场为 3.00%）；投产率按风电场当年投产容量与设计容量的比例及当年运营时间计算。

(4) 折旧费。折旧费是风电场固定资产在使用中所消耗价值的货币估值，宜采用年限平均法（直线法）计算。固定资产折旧年限可以按“工业企业固定资产分类折旧

年限”分类计算，也可以基于此分类按综合年限计算。若按综合年限计算，陆上风电场折旧年限一般取 12～18 年，而海上风电场一般取 15～20 年，净残值率均取 5%。

(5) 摊销费。摊销费是风电场无形资产和其他资产在一定期限内分摊的费用，可采用平均年限法，不计残值。无形资产和其他资产摊销年限一般取 5～10 年。

(6) 保险费。保险费一般按“固定资产原值×保险费率（%）”计算，保险费率按与保险公司签署的协议计算，未明确时可按陆上风电场 0.25%～0.35%、海上风电场 0.35%～0.60%计取。

(7) 其他费用。其他费用包括不属于上述各项费用而应计入风电场总成本费用的其他成本，包括公司经费、工会经费、劳动保险费、研究开发费、技术转让费、土地使用税、土地租用费和海域使用金等，可用费率法计算，按“风电场装机容量（kW）×其他费用率（元/kW）＋海域使用金＋土地租用费”计算，其他费用率取值为：陆上风电场 20～30 元/kW；海上风电场 30～50 元/kW。

(8) 财务费用。财务费用是在生产经营过程中为筹集资金而发生的费用，包括利息支出、汇兑净损失、借款相关手续费、筹资发生的其他费用等。

3. 税费

税费是指风电场运营期间所涉及的增值税、销售税金附加和所得税。

(1) 增值税。为销项税额与进项税额之差，其中，销项税额等于销售收入乘以税率，进项税额等于固定资产增值税抵扣与总成本费用进项税额之和。

(2) 销售税金附加。销售税金附加包括城市维护建设税及教育费附加。以应纳增值税额为计算基础乘以相应税（费）率而得。

(3) 所得税。所得税的计算公式为

$$所得税额=(销售收入+应税补贴收入-各项扣除-允许弥补的以前年度亏损)\times所得税率 \tag{4-10}$$

式中　销售收入——不含增值税的销售收入；

应税补贴收入——即征即退及其他应税补贴收入；

各项扣除——成本、费用、税金和其他准予扣除支出；

允许弥补的以前年度亏损——纳税年度发生的亏损，准予向以后年度结转，按照《中华人民共和国企业所得税法》规定，纳税年度发生的亏损向后结转年限最长不得超过 5 年。

4.2.2 财务分析的主要内容

根据不同分类标准，财务分析内容有所不同。按照是否考虑效益与费用的不确定性，财务分析内容分为确定性分析、不确定性分析与风险分析，其中确定性分析又可分为融资前分析、资金来源与融资方案分析、融资后分析。融资前（后）分析主要采用折现现金流量分析法（Discounted Cash Flow Analysis，DCF）。按照分析财务能力的不同，财务分析内容分为盈利能力分析、偿债能力分析和财务生存能力分析。

1. 融资前分析

融资前分析是在假设资金全部为自有资金的前提下进行的盈利能力分析。融资前现金流量分析中各项成本费用及所得税应剔除利息的影响；总投资应剔除建设期利息，总成本费用应剔除利息支出，并重新计算所得税。

按照分析角度不同，融资前分析可选择计算所得税前指标和（或）所得税后指标。所得税前财务盈利能力反映风电场项目及其工程技术方案的经济合理性。所得税前财务盈利能力不能满足要求时，应调整风电场工程技术方案。所得税后财务盈利能力可用于在不考虑融资方案条件下，判断风电场项目投资对企业价值的贡献。

2. 资金来源与融资方案分析

（1）项目资金来源。项目资金来源一般有项目资本金和项目债务资金两种。

1）项目资本金。在我国，根据融资主体的不同，其来源稍有不同。

a. 既有法人融资项目的新增资本金可通过原有股东增资扩股、吸收新股东投资、发行股票、政府投资等筹措。投资者可以用货币出资，也可以用实物、工业产权、非专利技术、土地使用权、资源开采权等作价出资。

b. 新设法人融资项目的资金可通过股东直接投资、发行股票、政府投资等筹措。

2）项目债务资金。在我国，项目债务资金来源主要包括商业银行贷款、企业债券和融资租赁等。

（2）项目资金结构。项目资金结构应符合我国固定资产投资资本金制度有关规定，符合权益投资者投资回报和债权人有关资产负债比例的要求，满足防范财务风险的要求。在确定项目资金结构时，要尽可能降低融资成本和融资风险，合理安排债务资金的偿还顺序。

（3）项目资金成本。项目资金成本的计算参见本书第 6 章相关内容。

（4）融资风险分析。应对融资方案实施中可能存在的资金供应风险、利率风险等风险因素进行分析评价，提出防范对策。

（5）建设期利息。建设期利息按照借款约定以建设期间分年度投资为基数逐年计算。第一批机组投产前发生的利息全部计入总投资；然后，按照投产容量比例对利息进行分摊，投产容量部分利息转入总成本费用中的财务费用，其计算公式为

$$\text{第一批机组发电前建设期利息}=\sum\left(\text{年初借款本息累计}+\frac{\text{本年借款}}{2}\right)\times\text{借款年实际利率} \tag{4-11}$$

$$\text{第一批机组发电后建设期利息}=\sum\left(\frac{\text{本年借款}}{2}\right)\times\text{借款年实际利率} \tag{4-12}$$

式中　年初借款本息累计——上年末的借款本金及利息的累计额；

借款年实际利率——按借款协议规定的有效年利率和该年度实际借款期计算的利率。

（6）运营期财务费用。运营期财务费用包括长期借款利息、流动资金借款利息和短期借款利息。建设期间借款余额应在运营期支付的利息计入长期借款利息；运营期分年度按照年末偿还、年初再借一年期计算流动资金借款利息；短期借款利息按照当年借款下年偿还处理。

3. 融资后分析

融资后分析是在考虑融资方案的前提下进行项目盈利能力分析、偿债能力分析和财务生存能力分析。

（1）盈利能力分析。盈利能力分析包括静态分析和动态分析两种情形。静态分析主要进行项目资本金净利润率、总投资收益率和投资回收期的计算与分析。动态分析是基于项目资本金现金流量表而进行的，在拟定的融资方案基础上进行息税后分析，反映投资者的权益性收益水平。其主要指标包括项目资本金财务内部收益率和财务净现值。当项目资本金财务内部收益率不小于风电场项目最低可接受收益率或项目资本金税后财务基准收益率时，项目的融资方案是可接受的。否则，应优化或改变融资方案。同理，当财务净现值不小于零时，项目融资方案是可接受的，否则，应优化或改变融资方案。

（2）偿债能力分析。偿债能力分析主要包括如下内容：

1）基于借款还本付息计算表，根据融资方案的借款偿还期和偿还方式，计算每年需还本付息额，并按最大能力计算可用于还本付息的资金，计算利息备付率和偿债备付率。长期借款还本付息可按照等额本息、等额本金和其他借款协议约定的方式计算。

2）基于资产负债表计算项目的资产负债率。资产负债率应做到财务杠杆的作用与债务风险的平衡。

（3）财务生存能力分析。财务生存能力分析是通过考查项目计算期内的投资、融资和经营活动所产生的各项现金流入和流出，计算净现金流量和累计盈余资金，分析项目是否有足够的净现金流量维持正常运营，以实现财务可持续性。项目各年累计盈余资金不应出现负值。一旦累计盈余资金出现负值，应进行短期融资，同时应分析该短期融资的期限和金额，进一步判断项目的财务生存能力。为维持项目正常运营，还应分析短期融资的可靠性。

4. 不确定性分析

风电场项目不确定性因素主要包括建设投资、上网电量、上网电价和借款利息等。不确定性分析的方法主要有敏感性分析和盈亏平衡分析。

（1）敏感性分析。常用敏感度系数来度量或判断敏感性因素。敏感性系数是指项目评价指标变化率与不确定性因素变化率之比，即

$$S_{AF}=\frac{\Delta A/A}{\Delta F/F} \tag{4-13}$$

式中 S_{AF}——敏感性系数；

$\Delta A/A$——不确定性因素 F 发生 ΔF 变化时，评价指标 A 的相应变化率；

$\Delta F/F$——不确定性因素 F 的变化率。

敏感性系数越大，说明项目盈利能力受该不确定性因素的影响越大。一般需关注其临界点，是指单一的不确定性因素的变化使项目由可行变为不可行的临界数值，可采用不确定性因素对基本方案的变化率或其对应的具体数值表示。

敏感性分析包括单因素或多因素变化对财务指标的影响分析，计算结果采用敏感性分析表或敏感性分析图表示。

（2）盈亏平衡分析。盈亏平衡分析的盈亏平衡点常用上网电量表示，计算公式为

$$BEP_{\text{上网电量}}=\frac{\text{年固定总成本}}{\text{上网电价}-\text{单位可变成本}-\text{单位销售税金附加}} \tag{4-14}$$

其中，年固定总成本包括材料费、人工工资及福利费、修理费、折旧费、摊销费、保险费、其他费用及财务费用；风力发电单位可变成本一般为零。

根据敏感性分析和盈亏平衡分析的结果，应明确风电场项目的关键风险因素，分析项目风险承受能力，提出项目风险预警、预报和相应的防范措施，为项目投资决策提供依据。

4.2.3 财务评价指标及其准则

1. 盈利能力评价指标及其准则

项目盈利能力评价的主要指标包括财务内部收益率、财务净现值、投资回收期、总投资收益率、项目资本金净利润率等，可根据项目特点及财务分析的目的、要求等选用。

（1）财务内部收益率（Financial Internal Rate of Return，FIRR）。$FIRR$ 是指能使项目计算期内净现金流量现值累计等于零时的折现率，即

$$\sum_{t=1}^{n}(CI-CO)_t(1+FIRR)^{-t}=0 \tag{4-15}$$

式中 CI——现金流入量；

CO——现金流出量；

$(CI-CO)_t$——第 t 期的净现金流量，$t=1，2，3，\cdots，n$；

n——项目计算期；

当 $FIRR$ 不小于行业基准收益率（Hurdle Cut - Off Rate）i_c 或加权平均资金成本时，项目方案在财务上可以考虑接受；反之，项目在财务上是不可行的，应拒绝接受项目。

（2）财务净现值（Financial Net Present Value，FNPV）。$FNPV$ 是指按指定的折现率（一般采用基准收益率 i_c）计算的项目计算期内各年净现金流量的现值之和，用

以反映项目在满足按设定折现率要求的盈利之外，获得的超额盈利的现值。财务净现值计算公式为

$$FNPV = \sum_{t=1}^{n}(CI - CO)_t(1 + i_c)^{-t} \tag{4-16}$$

财务净现值不小于零，表明项目的盈利能力达到或超过按设定的折现率计算的盈利水平，项目方案在财务上可考虑接受。

风电场项目融资前税前财务基准收益率可取5%，项目资本金财务基准收益率可取8%。

(3) 投资回收期（Payback Period，P_t）。P_t是指以项目的净收益偿还项目全部投资所需要的时间。其指标有静态和动态两种。静态投资回收期不需要考虑资金的时间价值，并从项目建设起始年算起，其计算公式为

$$\sum_{t=1}^{P_t}(CI - CO)_t = 0 \tag{4-17}$$

而动态投资回收期是在考虑资金的时间价值的前提下，一个建设项目从开始投入到其投产后以其净收益偿还项目全部初始投资需要的时间，其计算公式为

$$\sum_{t=1}^{P_t}(CI - CO)_t(1 + i_0)^{-t} = 0 \tag{4-18}$$

投资回收期 P_t越短，表明项目的盈利能力和抗风险能力越好。投资回收期的判别标准是基准投资回收期，其取值可根据行业水平或者投资者的要求设定。

(4) 总投资收益率（Rate of Return on Investment，ROI）。*ROI*是指项目达到设计能力后正常年份的年息税前利润或经营期内年平均息税前利润与项目总投资的比率，表征项目总投资的盈利水平。其计算公式为

$$ROI=\frac{EBIT}{TI}\times 100\% \tag{4-19}$$

式中 *EBIT*——利润总额+计入总成本费用的利息费用；

TI——项目总投资。

总投资收益率高于同行业收益率参考值，表明用总投资收益率表示的盈利能力满足要求。

(5) 项目资本金净利润率（Rate of Return on Equity，ROE）。*ROE*是指项目达到设计能力后正常年份的年净利润或运营期内年平均净利润与项目资本金的比率，用于反映项目资本金的盈利水平。其计算公式为

$$ROE=\frac{NP}{EC}\times 100\% \tag{4-20}$$

式中 *NP*——项目正常年份的年净利润或运营期内年平均净利润；

EC——项目资本金。

项目资本金净利润率高于同行业的净利润率参考值，表明用项目资本金净利润率表示的盈利能力满足要求。

2. 偿债能力评价指标及其准则

项目偿债能力评价指标主要包括利息备付率、偿债备付率、资产负债率、借款偿还期、流动比率和速动比率等指标。

（1）利息备付率（Interest Coverage Ratio，ICR）。从付息资金来源的充裕性角度反映项目偿付债务利息的保障程度，ICR 是指在借款偿还期内的息税前利润 $EBIT$ 与应付利息 PI 的比值，即

$$ICR=\frac{EBIT}{PI}\times 100\% \tag{4-21}$$

ICR 一般可按年计算，宜大于2，应结合风电场运营年份特征、债权人的要求确定。

（2）偿债备付率（Debt Service Coverage Ratio，DSCR）。$DSCR$ 表示可用于还本付息的资金偿还借款本息的保障程度，它是指在借款偿还期内，用于计算还本付息的资金 $EBIT-T_{AX}$ 与应还本付息金额 PD 的比值，即

$$DSCR=\frac{EBITDA-T_{AX}}{PD} \tag{4-22}$$

式中　$EBITDA$——息税前利润加折旧和摊销；

T_{AX}——企业所得税；

PD——应还本付息金额，包括还本金额和计入总成本费用的全部利息。

融资租赁费用可视同借款偿还。运营期内的短期借款本息也应纳入计算。

$DSCR$ 一般可按年计算，该指标较高，表明可用于还本付息的资金保障程度较高，宜大于1.3，应结合风电场运营年份特征、债权人的要求确定。

（3）资产负债率（Liability to Asset Ratio，LOAR）。$LOAR$ 是指各期末负债总额 TL 与资产总额 TA 的比率，即

$$LOAR=\frac{TL}{TA}\times 100\% \tag{4-23}$$

适度的资产负债率表明企业经营安全、稳健，具有较强的筹资能力，也表明企业和债权人的风险较小。风电场资产负债率不宜大于80%。

（4）借款偿还期（Debt Payback Period，P_d）。P_d 是指从建设开始年开始计算，依赖项目自身收益还清银行借款本息和所需要的时间。其计算公式为

$$I_d=\sum_{t=1}^{P_d}(R_d+D+R_0-R_r)_t \tag{4-24}$$

式中　I_d——建设投资借款本利和；

R_d——年利润总额；

D——可用作还款的年折旧；

R_0——可用作还款的其他年收益；

R_r——还款期间的年企业留利。

（5）流动比率。流动比率是企业某个时点流动资产和流动负债的比率，反映企业资产流动性的大小，考察流动资产规模与流动负债规模之间的关系。流动比率按流动资产与流动负债之间的比值计算，一般宜为1.0～2.0，从而判断企业短期债务到期前可以转化为现金用于偿还流动负债的能力。

（6）速动比率。速动比率是企业某个时点速动资产和流动负债的比率，是衡量企业资产流动性的指标，反映企业短期债务偿还能力，其计算公式为

$$速动比率=\frac{流动资产-存货}{流动负债}\times 100\% \tag{4-25}$$

速动比率宜为0.6～1.2。

4.3 环境影响和社会效果分析评价

4.3.1 环境影响评价

1. 环境影响评价制度

根据《中华人民共和国环境影响评价法》规定，对规划和建设项目均要进行环境影响评价。

（1）规划的环境影响评价。规划的环境影响评价是指国务院有关部门、设区的市级以上地方人民政府及其有关部门，对其组织编制的土地利用的有关规划。区域、流域、海域的建设、开发利用规划，应当在规划编制过程中组织进行环境影响评价，编写该规划有关环境影响的篇章或者说明。规划有关环境影响的篇章或者说明，应当对规划实施后可能造成的环境影响作出分析、预测和评估，提出预防或者减轻不良环境影响的对策和措施，作为规划草案的组成部分一并报送规划审批机关。

（2）建设项目的环境影响评价。建设项目的环境影响评价是指对建设项目实施后可能造成的环境影响进行分析、预测和评估，提出预防或者减轻不良环境影响的对策和措施，并进行跟踪监测的方法与制度。

我国根据建设项目对环境的影响程度，对建设项目环境影响评价实行分类管理：可能造成重大环境影响的，应当编制环境影响报告书，对产生的环境影响进行全面评价；可能造成轻度环境影响的，应当编制环境影响报告表，对产生的环境影响进行分析或者专项评价；对环境影响很小、不需要进行环境影响评价的，应当填报环境影响登记表。

建设项目的环境影响评价，应当避免与规划的环境影响评价重复。作为一项整体建设项目的规划，应按照建设项目进行环境影响评价，不进行规划的环境影响评价。

建设项目的环境影响报告书应当包括下列内容：建设项目概况；建设项目周围环境现状；建设项目对环境可能造成影响的分析、预测和评估；建设项目环境保护措施及其技术、经济论证；建设项目对环境影响的经济损益分析；对建设项目实施环境监测的建议；环境影响评价的结论。

2. 风电场环境影响评价的特点与原则

（1）风电场项目环境影响评价的特点。各类能源发电项目对环境的影响程度见表 4-10。

表 4-10　各类能源发电项目对环境的影响程度

能源类型	空气污染	气候影响	土地占用	水源污染	电磁影响
煤炭	有毒气体	温室气体	中	高	低
生物能	有毒气体	温室气体	中	中	低
水能	无	低	高	高	低
太阳能	无	无	高	无	低
风能	无	低	中	无	低
核能	无	无	低	高	高

由表 4-10 可看出，风能对周边环境的影响程度要小于煤炭、生物能、水能等能源的环境影响程度，但风电场项目自身具有的一些独特性质也会对周边环境产生影响，这些环境影响是其他能源项目所不具备的，主要体现在电磁辐射、噪声污染、气候影响、生态影响、光影影响等。

（2）风电场项目环境影响评价的原则。风电场工程是由点型工程（风电机组、升压站）和线型工程（集电线路、检修道路）组成的建设项目，跨越的地域广、面广点多，但单点工程量较小，占地面积不大。因而风电场工程环境影响评价应遵循以下原则：

1）点线结合，以点为主。点是指工程点和环境敏感点。注意一般性影响评价，关注特殊性问题的解决。

2）体现生态完整性。生态环境影响评价应能够充分涵盖评价项目全部活动的直接和间接影响区域。一般将风电场生态影响评价范围分为 5 个亚区，即风电机组区、集电线路区、施工检修道路区、升压站及施工场地区。

3）合理确定评价等级。根据《环境影响评价技术导则　生态影响》（HJ 19—2011）（以下简称导则）中规定的生态环境影响评价等级的划分方法，合理确定风电工程生态环境影响评价等级。在实际工作中划分依据为：①工程占地（包括风电机组区、升压站区、集电线路区、施工检修道路区占地)；②工程影响区域内有无自然保护区、世界文化和自然遗产地、风景名胜区等生态敏感区。需根据工程占地面积和区域内有无生态敏感区确定生态环境影响评价等级。

例如，国电公司沁源某风电场项目占地面积为 1.003km^2，若占地为一般区域，根据相关导则要求占地范围不大于 2km^2的一般区域，评价等级为三级。但由于本项目部分风电机组位于绵山自然保护区实验区内，根据相关导则要求，自然保护区属于特殊生态敏感区，确定此风电场项目生态评价工作级别应为一级。

3. 风电场环境影响评价的主要内容

(1) 生态环境现状调查。生态环境现状调查应注重以下内容：

1) 调查生态现状情况，主要包括区域的土壤类型及分布、土地利用现状、植被类型现状、土壤侵蚀现状、动物分布现状和农业生态环境现状。

2) 调查项目区域的生态环境问题、该区域的生态保护措施和发展方向，并分析项目建设与规划的符合性。

3) 对于位于城市总体规划范围内的风电场，需调查区域城市总体规划各分区功能、建设控制要求、发展方向，分析项目建设与规划的符合性。

4) 对于位于自然保护区、世界文化和自然遗产地、风景名胜区等生态敏感区内的风电场，必须调查各生态敏感区的范围、性质、保护对象、功能分区、发展方向和保护要求，并分析项目建设的符合性。

(2) 生态环境影响预测与评价。生态环境影响预测与评价主要包括施工期和运营期的预测与评价。

1) 施工期生态环境影响预测与评价。施工期生态环境影响预测与评价包括以下内容：

a. 对植被的影响。如植被面积的损失、植被生物量与生产力的损失等。评价需根据风电场占地类型、永久占地植被类型和临时占地植被类型、自然植物群落结构、植被的自然恢复能力、评价范围内是否有需要特殊保护的植被情况等，结合施工期采取的生态防护措施进行影响预测。

b. 对动物的影响，即施工期施工机械噪声和人员活动噪声对区内野生动物栖息地的影响。评价需根据动物现状调查资料，明确本项目区域鸟类种群、动物种群及有无需要特殊保护的动物，结合其生活习性进行影响预测。

c. 临时占地对生态的影响。若风电场设置专门的弃渣场，需对渣场位置、区域生态环境进行调查，并提出相应的生态防护措施，分析渣场选址的可行性；在施工结束后要求各临时占地均恢复植被，必须根据原临时占地的不同植被类型采取相应的植被恢复方案并分析影响。

2) 运营期生态环境影响预测与评价。运营期生态环境影响预测与评价包括以下内容：

a. 对植被的影响。虽然永久占地内的植被被破坏，但工程临时占地进行了植被恢复，风电机组区、集电线路区以及检修道路两侧实施了植被恢复和绿化工程，对占用的植被采取了补偿措施。一般而言，项目运营期不会对植被造成不利影响。

b. 对动物的影响。对动物的影响主要包括对野生动物活动的阻隔影响分析、风电机组噪声对野生动物的影响分析、风电机组对鸟类迁徙的影响分析。根据调查，一般鸟类的飞行高度为 300m 左右，均远远超过风电机组的安装高度（100m 余）。因此，从飞行高度分析，一般情况下风电机组对鸟类迁徙影响不大。

（3）景观生态体系评价。根据景观生态学理论，生态环境质量状况评判是通过两个方面进行的，即空间结构分析、功能与稳定性分析。评价可以通过区域 TM 卫星影像进行解译判读，并结合现场踏勘结果，利用 3S 技术获取景观类型图，计算出以风电机组为中心某范围内以及道路两侧范围内斑块的数目、面积、样方数等斑块特征，最终获得项目建设前后的景观格局，以评价建设项目对前后景观的生态完整性是否具有较大影响。

（4）生态环境影响的防护恢复措施。根据风电场项目建设期、运营期特点，依据导则的相关规定，对项目建设影响造成的植被破坏，应进行土地植被恢复和水土保持工作，以恢复生态环境。

4. 风电场环境影响评价的主要指标及其限值

（1）电磁场指标。在风电场项目运营过程中，其输电线路会对周边环境产生电磁辐射，干扰微波通信、电视通信等信号。可设定线路平行于地面、不考虑线路沿线压降、忽略杆塔等条件，根据模拟电荷法和矢量叠加原理等计算工频电场强度和工频磁场强度。

《电磁环境控制限值》（GB 8702—2014）详细规定了电磁环境中控制公众曝露在电磁场的场量限值、评价方法和相关设施（设备）的豁免范围。依据该标准规定，居民区工频电场以 4kV/m 为限值，工频磁场以 0.1mT 为限值。

（2）噪声指标。风轮叶片在旋转过程中会产生噪声，噪声强度的大小与风电机组的设备类型、旋转速度、排列阵列等因素有密切关系。按分析对象的不同可分为单机噪声和机群噪声两类。现代风电场设计时，一般要求风电机组按方阵均匀排列，依据风洞原理，当风电机组行距保持在 $6d$（d 为叶片旋转面直径）以上时，有利于风速的恢复和机群噪声的降低。因此，风电场周边的噪声主要考虑各个风电机组单机噪声的叠加。

风电场风电机组产生的噪声叠加值，在居民区位置不可超过《工业企业厂界环境噪声排放标准》（GB 12348—2008）关于噪声限值的规定，即白天噪声不能超过 55dB（A），晚上噪声不能超过 45dB（A）。

（3）气候指标。风电场项目大规模、大面积集中投产后，吸收气流的动能，受风电机组涡轮效应影响，可使下游地区的风速降低 20%～40%，进而产生局部气候效应，改变地表温度、阻碍云雨形成。以内蒙古自治区某风电场为例，投运近8年时间，其附近1个村庄的降雨量已明显减少，甚至出现了干旱的征兆。因此，可以从降雨量和湿度两个因素定义该指标。当地局部气候受风电场项目影响后，变化幅值不宜超过10%。

（4）光影指标。风电场风电机组机身较高（轮毂离地均在70m以上）且叶片较长，在阳光照射下会形成较长的阴影。随着太阳每天东升西落地移动，风电机组的投影也产生规律性变化，影响居民日常生活。尤为重要的一点是，风轮叶片始终在旋转，叶片投影区的居民看到的光影是不停晃动的，影响更为明显，可引起居民心烦、眩晕等症状。光影指标应当反映风电机组投影的影响范围。由于我国处于北半球，因此光影作用仅对风电场北侧有影响，所涉及的范围为以风电机组为中心，东西为轴，轴北侧的半圆形区域即为光影作用保护范围，风电机组最大投影长度值可达到253m半径的半圆区域。

（5）生态指标。生态指标包括对植被的影响指标和对生物的影响指标。对植被的影响可用平均植被生物量与单位蓄积量之间的关系描述；对动物的影响可用单位地区面积上的动物物种数量变化情况，即物种丰富度指数描述。生态指标情况要随风电场的建设经常性监测，确保指标数值不出现较大波动，避免生态系统受到严重影响。

4.3.2 社会效果评价

社会效果评价主要是分析评价风电场项目建设运行对项目所在地的经济发展、城镇建设、劳动就业、生态环境等方面的现实和长远影响。结合风电场项目的特点，在决策分析时要着重阐述节能降耗方面的社会效果。节能降耗分析内容主要如下：

（1）施工期能耗种类、数量分析和能耗指标。其主要包括如下内容：

1）根据风电场主要建筑物工程量及其施工方法、施工机械化水平、施工工期等，分析说明施工生产过程中和施工辅助生产系统主要用能设备、负荷水平、使用台班数，统计其能耗种类和数量，给出相应的能源利用效率指标。能源利用效率指标折合为发电量标准煤消耗量，发电量按经营期25年计算。

2）分析风电场施工用建筑、施工工厂建筑和设备材料仓储建筑等生产性建筑物和生活区配套设施的规模、建筑物型式、负荷水平，统计生产性建筑物和生活区配套设施的能耗种类和数量，给出相应的能源利用效率指标。

3）综合分析并说明风电场项目施工期能源利用的总体情况，明确施工期的主要耗能设施、设备和项目，确定施工期能耗总量和能源利用效率等综合控制性指标。

（2）运行期能耗种类、数量分析和能耗指标。其主要包括分析说明风电场主要设备、设施及其生产辅助系统主要用能设备，以及升压站生产性建筑物和运行管理配套设施的主要用能情况，提出风电场运行期的年能耗数量和相应的能源利用效率指标。

(3) 提出主要节能降耗措施。设计阶段主要设备和配套设施选型、施工阶段关于施工机械和施工技术方法的选用等需要考虑能耗因素，同时还要提出节能降耗措施。

(4) 节能降耗效益分析。根据风电场项目发电量估算情况和可替代火电方案，以及受电区能源结构及其利用效率，计算可节约化石能源等节能降耗效益。同时根据风电场项目年上网电量，计算减排的 SO_2、CO、CO_2、NO_x 等气体和粉煤灰渣量。

4.4　多属性决策分析方法

4.4.1　多属性决策的基本概念

风电场项目投资的不可逆性，决定了需要从技术、经济和社会环境等方面进行决策分析，从决策方法看，属于多属性决策研究范畴。多属性决策（Multi - attribute Decision Making，MADM）主要研究在多个属性条件下，对有限个备选方案进行择优或排序的问题，即决策方案有限的多准则决策问题，其在现代决策科学中占有重要地位。多属性决策本质上以决策信息为基础，借助一定的方法实现有限个方案的排序与择优，其主要包含以下要素。

1. 属性

属性为方案的实际特性或决策者认定的特性，通常是指备选方案的固有性能、特征和品质，如描述技术适用性、安全可靠性、可维修性和财务可行性等指标，用于表征方案的价值水平。单个方案在单个属性上的价值水平，称为单属性价值。

属性应该具有可理解性和可度量性。可理解性是指对方案在某属性上的单属性价值水平有所了解，就可较容易地判断出其对方案总价值的贡献程度；可度量性是指方案单属性价值水平可以度量。

属性组成的属性集合应具有完全性、可分解性、可运算性、非多余性和最小性等必备条件。

2. 属性权重

属性权重是指反映属性相对重要程度的信息，是对属性在决策中相对重要程度的一种客观和主观的综合度量。

3. 方案总价值

方案总价值是对单属性价值和属性价值进行集结后的总价值，用于对多个方案的排序和择优。

单属性价值和方案总价值中所涉及的价值，是指主体对客体偏好程度的度量，通常作为衡量事物好坏优劣的根本标准之一。在决策理论中，效用准则是经典的决策分析准则。在经济学理论中，效用的本意指人们消费商品后的满足感。偏好和效用与价值密不可分，但偏好更多是人的一种直觉。也就是说，人总能通过感官或心理上的直觉比较，得到对事物相对喜恶。当然，人在事物之间做偏好比较时，必须遵从理性行为公理。在现代效用理论中，效用实质上是对价值的一个量化。

4.4.2 经典多属性决策基本理论

如前所述，偏好和效用是衡量价值的重要方式，因此经典多属性决策基本理论主要包括多属性优先序理论（Outranking Relation）和多属性效用理论（Multi - attribute Utility Theory，MAUT）。

1. 多属性优先序理论

这是一种基于级别优先关系的决策理论，其基本过程为：首先基于已有决策信息，决策者首先在各属性上对方案的优劣进行两两比较，并赋予各属性偏好指标 $f(u_{ij})$，并量化比较的结果；然后应用各属性的权重信息和方案偏好信息，通过式（4 - 26）计算获得各个方案的偏好值 P_i；最后以 P_i 数值大小进行决策方案的排序和优选，即

$$P_i = P(A_i) = \sum_{j=1}^{n} w_j f(u_{ij}), i,j \in N \tag{4-26}$$

当然，根据决策问题形式的不同，决策准则稍有区别。例如：若是针对排序的决策问题，决策就是按照偏好指标大小对所有决策方案进行排序；若是关于有序分类的决策问题，决策仅仅是按预先定义的不同偏好类别对决策方案进行划分；若是涉及描述问题，决策则通过偏好分析来对决策方案进行评价。

2. 多属性效用理论

多属性效用理论自 20 世纪 70 年代提出后发展迅速，由简单加权法已发展到拟加权法和多线性效用函数形式等。基于多属性效用理论的决策模型描述如下：

设决策方案构成的集合为 $A=\{A_1, A_2, \cdots, A_m\}$，每个方案的属性记为 C，$C=\{C_1, C_2, \cdots, C_n\}$，各属性权重为 $w=\{w_1, w_2, \cdots, w_n\}$，满足 $w_1+w_2+\cdots+w_n=1$。由此决策矩阵为

$$\boldsymbol{R}=\begin{bmatrix} x_{11} & x_{12} & \cdots & x_{1n} \\ x_{21} & x_{22} & \cdots & x_{2n} \\ \vdots & \vdots & \vdots & \vdots \\ x_{m1} & x_{m2} & \cdots & x_{mn} \end{bmatrix} \tag{4-27}$$

式中　x_{ij}——方案A_i在属性C_j下的取值，即属性值。

在此基础上，多属性效用理论的决策过程是先将属性值进行归一化，获得量化属性评价值，然后运用效用函数集结各个方案的效用值，最后以$U(A_i)$值的大小实现决策方案的排序或优选，效用函数为

$$U_i = U(A_i) = \sum_{j=1}^{n} w_j u_{ij}, i, j \in N \tag{4-28}$$

式中　u_{ij}——转化为效益型属性并进一步归一化处理后的属性评价值；

$U(A_i)$——决策方案A_i的效用函数。

若对选择问题进行决策就是要挑选出对决策者效用最大的决策方案。

4.4.3　不确定多属性决策理论

经典多属性决策理论难以解释现实经济生活中的一些决策行为，尤其是决策者的有限理性、对属性值无法准确给出的情形；不确定多属性决策理论应运而生。顾名思义，不确定多属性决策主要针对不确定条件下的决策问题，主要包括随机型、模糊型和描述型决策理论三大类。随机型决策、模糊型决策和描述型决策分别适用于决策属性不确定、决策属性值不确定和通过决策方案范例对不确定的未知决策方案进行抉择的情形。

由于客观事物的复杂性和人类思维的模糊性，人们通常习惯使用诸如“优”“良”“差”等模糊语言形式给出，因此模糊型多属性决策理论发展较为迅速。模糊型多属性决策中的属性模糊赋值方法、属性权重赋值方法和方案集结方法介绍如下。

1. 属性模糊赋值方法

(1) 模糊集。1965年学者Zadeh首次提出模糊集合概念，用于人们对模糊问题进行定量描述和分析运算。Zadeh认为元素与属性归属关系存在一个从属性集合到不属于集合的渐变过程，元素与属性归属关系的这种渐变过程可用隶属函数来刻画，从而将经典集合的二值逻辑推广到区间内的连续性逻辑。设X为给定的论域，则X上的模糊集F定义为

$$F=\{\langle x, \mu_F(x)\rangle \mid x \in X\} \tag{4-29}$$

其中，$\mu_F(x)$：$X \to [0, 1]$表示x对于模糊集F的隶属度。模糊集F的单一隶属度$\mu_F(x) \in [0, 1]$既包含了支持x的程度，也包含了反对x的程度，因此模糊数对客观事物的刻画比精确数更符合实际。

(2) 直觉模糊数。由于模糊集仅反映单一隶属信息，未能刻画非此即彼的模糊特性，学者Atanassov在模糊集的基础上提出了直觉模糊集的概念，它包括隶属度、非隶属度和犹豫度三方面的信息，在处理模糊信息时更具有灵活性和实用性。设X为给

定的论域，则 X 上的直觉模糊集 A 定义为

$$A=\{\langle x,\mu_A(x),\sigma_A(x)\rangle \mid x\in X\} \tag{4-30}$$

其中，$\mu_A(x)$：$X\to[0,1]$ 和$\sigma_A(x)$：$X\to[0,1]$ 分别表示 x 对于模糊集 A 的隶属度和非隶属度，且满足 $0\leqslant\mu_A(x)+\sigma_A(x)\leqslant 1$，$x\in X$。称$\pi_A(x)=1-\mu_A(x)-\sigma_A(x)$ 为 X 中元素 x 属于集合 A 的犹豫度。直觉模糊集 A 的隶属度$\mu_A(x)$、非隶属度$\sigma_A(x)$、犹豫度$\pi_A(x)$分别表示元素 x 对集合 A 的支持、反对和中立的程度。

随后，学者们进一步扩展直觉模糊集，给出了直觉三角模糊数及其运算的定义。相对于直觉模糊集只能粗略对属性与某种概念的归属性进行“好”或“坏”的程度的描述，直觉三角模糊数则是模糊数的一种特殊形式，不但可以表示属性与概念间的归属程度，还允许各属性使用不同量纲，从而更贴近现实决策问题。我国学者王坚强又进一步扩展了直觉三角模糊数，定义了直觉梯形模糊数和区间直觉梯形模糊数。直觉三角模糊数和直觉梯形模糊数将离散集合扩展到连续集合，是直觉模糊数的最新表现形式。

（3）语言评价术语集。实践中，决策者通常根据自身的知识、经验以及掌握的资料对方案进行刻画，并采用模糊语言形式来反映决策者的偏好，如很差、差、一般、好、很好，这就是常见的语言评价术语集。语言处理的方法大致有两类：第一类是将语言术语转化为模糊数后进行决策分析；第二类是直接根据语言评价术语集的运算法则进行运算和处理。这两类方法的运算结果存在一定的近似过程，会造成信息的损失和扭曲并对决策结果的有效性产生影响。

2. 属性权重赋值方法

属性权重赋值方法大致分为四类。

（1）客观赋权法。客观赋权法是利用客观信息（属性值）而赋权的一类方法，该类方法不含人的主观因素，主要有熵值法、形心法、离差最大化法、线性规划法、目标规划法、基于方案满意度法、基于方案贴近度法、两阶段法等。

（2）主观赋权法。主观赋权法是由决策者根据自己的经验及对各属性的主观重视程度而赋权的一类方法；主要有点估计值法、环比评分法、比较矩阵法、属性重要性排序法、Fuzzy 子集法、判断矩阵法。其中，判断矩阵法是一种常用的主观赋权法，是决策者根据一定的标度对属性进行两两比较，并构建判断矩阵（根据标度的不同，一般可分为互反判断矩阵、模糊互补判断矩阵和混合判断矩阵），再按一定的排序方法求得属性的权重向量。

（3）组合赋权法。由于主观赋权法客观性较差，而客观赋权法所确定的属性权重有时与实际重要程度相悖，于是组合赋权法应运而生。其综合了主观、客观赋权法的特点，主要有方差最大化赋权法、最佳协调赋权法、组合目标规划法、组合最小二乘法等。

（4）交互式赋权法。前述三类赋权法的一个共同特点是属性权重均由决策者（或分析者）一次性导出。但实际上这种导出是多次循环、不断调整修正的过程，是分析者和决策者互相协调而最终定权的过程（交互式过程）。交互式决策既能充分利用已知的客观信息，又能最大限度地考虑决策者的交互要求，发挥决策者的主观能动性，并通过对属性权重的不断调整和修正最终产生最佳协调权重，从而使决策更具合理性。

3. 方案集结方法

模糊数的运算法则主要包括模糊数的算术运算（加、减、乘、除）和代数运算（乘方、开方、指数、对数，以及极大、极小逻辑运算等），与以往的精确数运算法则不同。常见的集结算子有有序加权平均（OWA）算子、诱导有序加权平均（IOWA）算子、语言OWA算子、广义诱导有序加权平均（GIOWA）算子、加权算术平均（WAA）算子和调和平均（HA）算子、基于模糊语言评估和GIOWA算子等。

本书只是对属性模糊赋值方法、权重确定赋值方法和方案集结方法进行简单介绍，读者若感兴趣，可查阅专门的多属性决策方法书籍进一步了解。

4.4.4　多属性群决策理论

在现实组织决策中，决策者通常是由多人组成的，这可以弥补个人知识和判断能力的不足，将个体偏好汇集成群体偏好，集思广益，取长补短，从而形成众人的智慧，这种决策形式被学者们称为群体决策。相对应地，多个人的多属性决策问题称为多属性群决策问题或群体多属性决策问题。多属性群决策是研究如何按照决策群体的某种偏好，对包括多个属性的决策问题进行评价、排序或选优的问题，已成为现代决策科学研究中一个日益重要的研究领域。

1. 多属性群决策的内容

（1）多属性群决策问题主要包含以下内容：

1）决策信息的获取。专家根据已知信息按照自己的知识和经验给出方案属性偏好信息。

2）群体意见的集结。运用一定的集结算子将个体意见进行集成。

3）方案排序或优选。根据集结的群体意见运用一定的方法选择出最优方案。

（2）从逻辑上将多属性群决策过程进行划分，可以分为以下四个阶段：

1）准备工作。准备工作主要是决策者确定方案集、属性集和决策群体。

2）赋值。专家根据已知信息按照自己的知识和经验给出属性值和权重向量的信息。

3）规范化处理。决策者对决策信息进行加工，运用一定的方法对属性权重、决策者权重以及属性值信息进行规范化处理。

4）方案集结。选择合适的集结算子、模型和方法对单个人的偏好信息进行集结。需要指出的是，根据具体决策问题的要求，还应进行群体意见一致性分析、一致性修正、稳定性分析等。

2. 多属性群决策类型

（1）按照属性或属性权重的表现形式划分。由于属性值或权重信息可以表现为精确数、区间数、模糊数、语言型、直觉模糊数等，多属性群决策问题可分为属性值或权重为精确数的多属性群决策问题、属性值或权重为区间数的多属性群决策问题、属性值或权重为语言型的多属性群决策问题和属性值或权重为直觉模糊数的多属性群决策问题。

（2）按照决策属性权重信息的确定性程度划分。多属性群决策问题可分为权重已知的多属性群决策问题、部分权重信息已知的多属性群决策问题和属性权重完全未知的多属性群决策问题。

（3）按照集结次序的不同划分。

1）专家信息前置的群决策方法，即先集成决策群体中各成员的独立判断决策值，然后得到群体判断矩阵，再将经过综合的各成员信息进行技术集结，进而根据群体判断矩阵，给出方案集中方案的最终排序。

2）专家信息后置的群决策方法，即先将各个群成员的个体偏好信息进行集结，然后集结群体成员的个体决策结果，得出群体决策结果。

多属性群决策是多属性决策和群决策的交叉研究方向。一方面，多属性群决策与个体决策存在差异，原有个体上的多属性决策方法不具有群体的特征，因而不能简单地直接应用到多属性群决策问题，多属性群决策和多属性决策方法最大的区别就在于前者需要通过一定的方式实现群体成员意见的集结；另一方面，多属性群决策作为多属性决策方法的拓展，与多属性决策具有共性特征。如果通过一定的多属性群决策准则和群体成员意见的集结方式实现了群体意见的集结，那么就可以引用多属性决策理论方法，实现方案的排序或优选，因此多属性决策方法也是多属性群决策方法的基础。

第5章　风电场项目设计概算

风电场项目设计概算是前期阶段确定项目建设投资额的重要经济文件。不同类型的风电场项目，其设计概算编制依据和方法稍有不同。本章以陆上风电场项目为例，系统介绍风电场项目设计概算的编制方法，同时阐述海上风电场项目设计概算的差异性；并介绍了设计概算的审查内容、方法和需注意的问题。

5.1　概　　述

5.1.1　基本概念

风电场项目设计概算是风电场工程可行性研究设计报告的重要组成部分，是指在可行性研究阶段，在投资估算的控制下，由设计单位根据可行性研究设计方案、设计图纸、国家有关政策规定以及行业标准，用科学的方法计算和确定的风电场建设项目从筹建至竣工交付生产所需全部费用的经济文件。

设计概算应按可行性研究阶段工程设计成果和编制年政策及价格水平进行编制，但工程核准前由于国家政策调整设计报告进行了修编，或核准年与概算编制年价格变化较大时，应根据核准年的政策和价格水平以及设计修编报告成果重新编制设计概算并重新审批。

风电场项目设计概算编制单位应具备相应的工程造价咨询资质，概算编制人员应具备相应的工程造价专业职业资格和从业资格。设计概算编制单位和编制人员应以合理确定工程造价、提高工程综合经济效益为指导思想和工作原则，编制中应严格执行国家的政策和法律法规，认真调查研究市场价格，理解工程设计方案，如实反映设计深度，复核工程项目及工程量，合理选用定额、标准，保证设计概算的编制质量。

5.1.2　设计概算的作用

风电场工程建设项目全过程造价管理中，设计概算的主要作用如下：

(1) 设计概算是编制项目投资计划、确定和控制建设项目投资的依据。国家规定，编制年度固定资产投资计划，确定计划投资总额及其构成数额，要以批准的设计概算为依据，没有批准的设计文件及其概算，建设工程不能列入年度固定资产投资计划。

经批准的建设项目设计总概算投资额，是该工程建设投资的最高限额。在工程建设过程中，年度固定资产投资计划安排、银行拨款或贷款、施工图设计及其预算、竣工决算等，未经规定的程序批准，都不能突破这一限额，以确保国家固定资产投资计划的严格执行和有效控制。

（2）设计概算是签订建设工程合同和贷款合同的依据。《中华人民共和国民法典》合同编明确规定，建设工程合同价款是以设计概、预算价为依据，且总承包合同不得超过设计总概算的投资额。银行贷款或各单项工程的拨款累计总额不能超过设计概算，如果项目投资计划所列支投资额与贷款突破设计概算时，必须查明原因，之后由建设单位报请上级主管部门调整或追加设计概算总投资，未批准之前，银行对其超支部分拒不拨付。

（3）设计概算是控制施工图设计和施工图预算的依据。设计单位必须按照批准的初步设计和总概算进行施工图设计，施工图预算不得突破设计概算，如确需突破总概算，应按规定程序报批。

（4）设计概算是衡量设计方案和选择最佳设计方案的依据。设计概算是设计方案技术经济合理性的综合反映，据此可以用来对不同的设计方案进行技术与经济合理性的比较，这是衡量设计方案技术经济合理性和选择最佳设计方案的依据。

（5）设计概算是考核建设项目投资效果的依据。通过设计概算与竣工决算、项目后评价的对比，可以分析和考核投资效果的好坏，同时还可以验证设计概算的准确性，有利于加强设计概算管理和建设项目的造价管理工作。同时设计概算也是国家有关部门对建设项目进行稽查、审计的依据。

（6）设计概算是进行项目财务评价的基础。编制财务评价报告时，设计概算投资额是财务评价的重要基础数据之一，是进行财务评价的基础。

5.2　设计概算项目划分及其费用构成

5.2.1　设计概算项目划分

5.2.1.1　陆上风电场项目设计概算项目划分

根据《陆上风电场工程设计概算编制规定及费用标准》（NB/T 31011—2019）规定，陆上风电场工程设计概算项目划分为施工辅助工程、设备及安装工程、建筑工程和其他费用四部分，如图 5－1 所示。

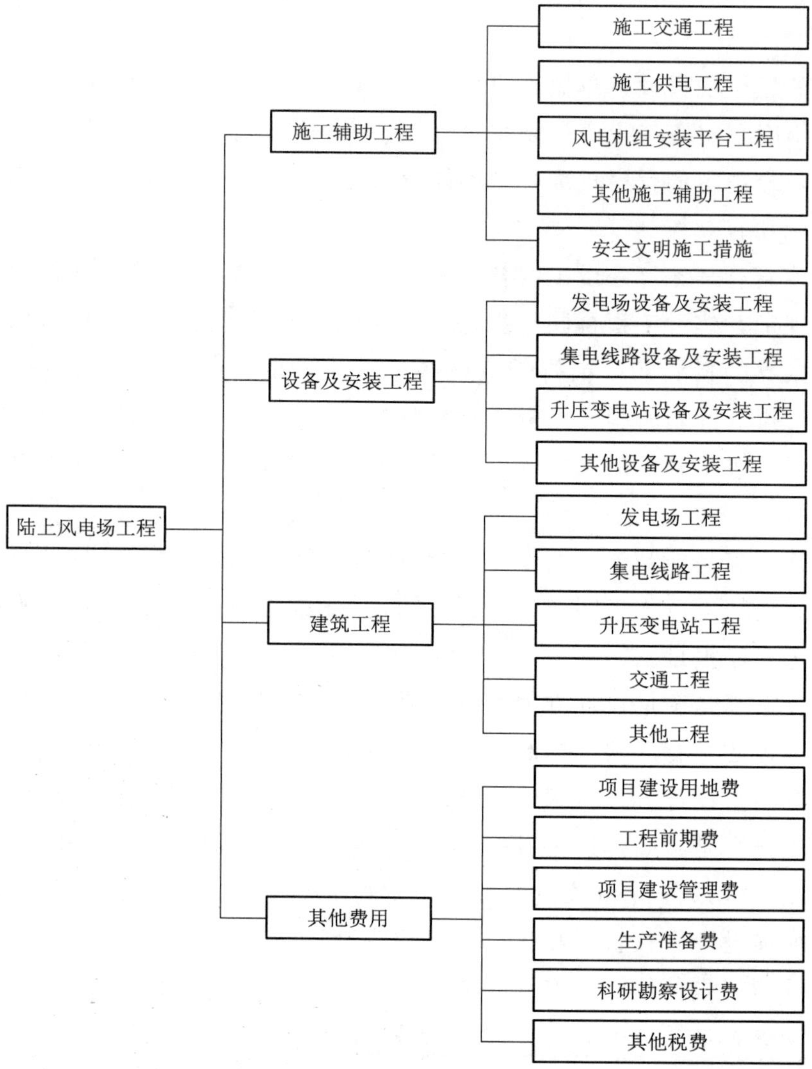

图 5-1　陆上风电场工程项目划分

1. 施工辅助工程

施工辅助工程指为辅助主体工程施工而修建的临时性工程及采取的措施，主要包括如下内容：

(1) 施工交通工程。施工交通工程指为风电场工程建设服务的临时交通工程，包括公路、桥（涵）的新建、改（扩）建及加固等。

(2) 施工供电工程。施工供电工程指从现有电网向场内引接的 10kV 及以上电压等级的供电线路、35kV 及以上电压等级的供电设施工程。

(3) 风电机组安装平台工程。风电机组安装平台工程指为塔筒、风电机组等设备在现场组装和安装需修建的场地工程。

(4) 其他施工辅助工程。其他施工辅助工程指除上述以外的施工辅助工程，如大型吊装机械进出场、施工供水工程、施工围堰工程、山区风电场临时设施的场地平整工程等。

(5) 安全文明施工措施。安全文明施工措施指施工企业按照安全生产、文明施工要求，在施工现场需采取的相应措施。

需要注意的是，若施工辅助工程中有与建筑工程、设备及安装工程相结合的项目，应列入相应的永久工程中。

2. 设备及安装工程

设备及安装工程指构成风电场固定资产项目的全部设备及安装工程，主要包括如下内容：

(1) 发电场设备及安装工程。发电场设备及安装工程指在风电场内的发电设备及安装，包括风电机组、塔筒（架）、风电机组出线、机组变压器、接地等。

(2) 集电线路设备及安装工程。集电线路设备及安装工程指风电场内集电电缆、集电架空线路、接地等。

(3) 升压变电站设备及安装工程。升压变电站设备及安装工程指在升压变电站内的升压变电、配电、控制保护等设备及安装工程，其主要包括主变压器系统、配电装置设备、无功补偿系统、站（备）用电系统、电力电缆、接地、监控系统、交（直）流系统、通信系统、远程自动控制及电量计量系统、分系统调试、电气整套系统调试、电气特殊项目试验等。

(4) 其他设备及安装工程。其他设备及安装工程指除上述工程之外的其他设备及安装，包括采暖通风及空调系统、室外照明系统、消防及给排水系统、劳动安全与工业卫生设备、生产运维车辆、集控中心设备分摊及其他需要单独列项的设备等。

3. 建筑工程

建筑工程指构成风电场固定资产项目的建（构）筑物工程，主要包括如下内容：

(1) 发电场工程。发电场工程指发电场内的各种建（构）筑物工程，包括风电机组基础工程、风电机组出线工程、机组变压器基础工程、风电机组及机组变压器接地工程。

(2) 集电线路工程。集电线路工程指集电电缆线路土建工程、集电架空线路土建工程、集电架空线路接地土建工程。

(3) 升压变电站工程。升压变电站工程指升压变电站内的构筑物，包括场地平整、主变压器基础工程、无功补偿装置基础工程、配电设备基础工程、配电设备构筑物、生产建筑工程、辅助生产建筑工程、现场办公及生活建筑工程、室外工程等。

具体而言，生产建筑工程包括中央控制室（楼）、配电装置室（楼）、无功补偿装置室等；辅助生产建筑工程包括污水处理室、消防水泵房、消防设备间、柴油发电机房、锅炉房、仓库、车库等；现场办公及生活建筑工程包括办公室、值班室、宿舍、食堂、门卫室等；室外工程包括围墙、大门、站区道路、站区地面硬化、站区绿化、其他室外工程等。

（4）交通工程。交通工程指风电场对外交通和场内交通。对外交通指进风电场道路及升压变电站外的进站道路，场内交通指风电场内的检修道路。

（5）其他工程。其他工程指除上述以外的工程，包括环境保护工程、水土保持工程、劳动安全与工业卫生工程、安全监测工程、消防设施及生产生活供水工程、防洪（潮）设施工程、集中生产运行管理设施分摊及其他需要单独列项的工程等。

4. 其他费用

其他费用指为完成工程建设项目所需，但不属于设备购置费、安装工程费、建筑工程费的其他相关费用，主要包括如下内容：

（1）项目建设用地费。项目建设用地费指为获得工程建设所需的场地，按照国家、地方相关法律法规规定应支付的有关费用，包括土地征收费、临时用地征用费、地上附着物补偿费、余物清理费。

（2）工程前期费。工程前期费指预可行性研究报告审查完成以前（或风电场工程筹建前）开展各项工作发生的费用。

（3）项目建设管理费。项目建设管理费指工程建设项目在筹建、建设、联合试运行、竣工验收、交付使用等过程中发生的各种管理性费用，包括工程建设管理费、工程建设监理费、项目咨询服务费、项目技术经济评审费、工程质量检查检测费、工程定额标准编制管理费、项目验收费和工程保险费。

（4）生产准备费。生产准备费指工程建设项目法人为准备正常的生产运行所发生的费用，包括生产人员培训及提前进厂费、生产管理用工器具及家具购置费、备品备件购置费、联合试运行费。

（5）科研勘察设计费。科研勘察设计费指为工程建设而开展的科学研究试验、勘察设计等工作所发生的费用，包括科研试验费、勘察设计费及竣工图编制费。

（6）其他税费。其他税费指根据国家有关规定需要缴纳的税费，包括水土保持补偿费等。

5.2.1.2 海上风电场项目设计概算项目划分

根据《海上风电场工程设计概算编制规定及费用标准》（NB/T 31009—2019）规定，海上风电场工程项目划分如图5-2所示。由于海上风电场项目特殊的地理位置，其系统构成和施工组织与陆上风电场项目有所不同，因此其设计概算的项目划分也与陆上风电场工程略有差异，主要表现如下：

1. 施工辅助工程

（1）大型船舶（机械）进出场，包括大型吊装（打桩）船舶、大型运输船。

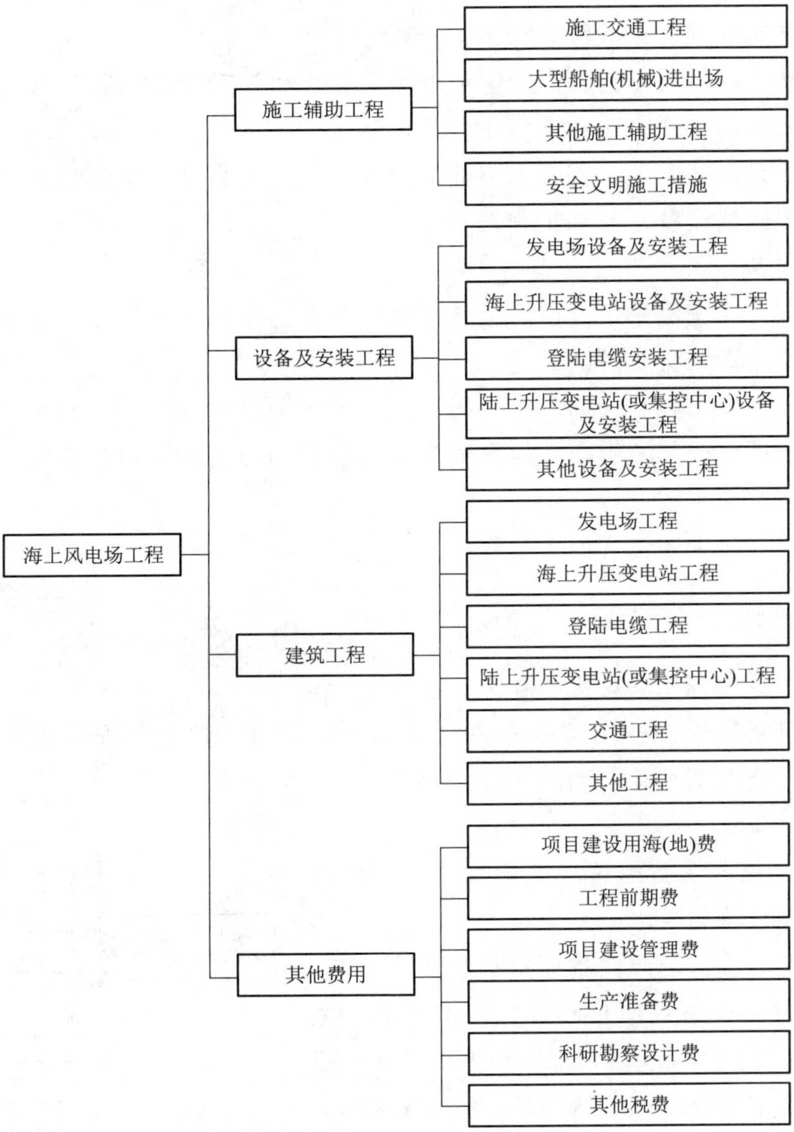

图 5－2　海上风电场工程项目划分

（2）其他施工辅助工程中，除陆上风电场工程包含内容外，还包括钻孔平台搭设与拆除、施工期海上生活平台、海上施工安全警戒浮标、施工期防台风措施、施工期防潮水措施、施工期防冻措施等。

2. 设备及安装工程

（1）海上升压变电站设备及安装工程。海上升压变电站设备及安装工程指海上升压变电站内的升压变电、配电、控制保护等设备及安装工程，包括主变压器系统、配电装置设备、无功补偿系统、站（备）用电系统、电力电缆、接地、监控系统、交

（直）流系统、通信系统、远程自动控制及电量计量系统、分系统调试、电气整套系统调试、电气特殊项目试验等。

（2）登陆电缆安装工程。登陆电缆安装工程指海上升压变电站高压侧（110kV 及以上）至登陆点的海缆工程和陆缆工程，包括 110kV 电缆工程和 220kV 电缆工程。

（3）其他设备及安装工程中，除陆上风电场包含内容外，还包括运维吊机、应急避险仓、海洋观测设备、航标工程设备等。

3. 建筑工程

（1）海上升压变电站工程。海上升压变电站工程指海上升压变电站基础工程、海上升压变电站上部结构工程。

（2）登陆电缆工程。登陆电缆工程指海上升压变电站高压侧（110kV 及以上）至陆上升压变电站（或集控中心）的海缆穿堤工程和陆缆工程，包括登陆工程、水下防护工程、水下爆破工程。

（3）交通工程中还包含码头工程。

5.2.2　工程总费用构成

5.2.2.1　陆上风电场工程总费用构成

陆上风电场工程总费用构成主要包括设备购置费、建筑及安装工程费、其他费用、预备费和建设期利息，如图 5-3 所示。

1. 设备购置费

设备购置费由设备原价、运杂费、运输保险费、采购及保管费构成。

（1）设备原价。国产设备原价指设备出厂价；进口设备原价由设备到岸价和进口环节征收的关税、增值税、手续费、商检费、港口费组成。设备原价也可根据厂家报价资料和市场价格水平分析确定，一般按设备原价乘以设备运杂费率计算。

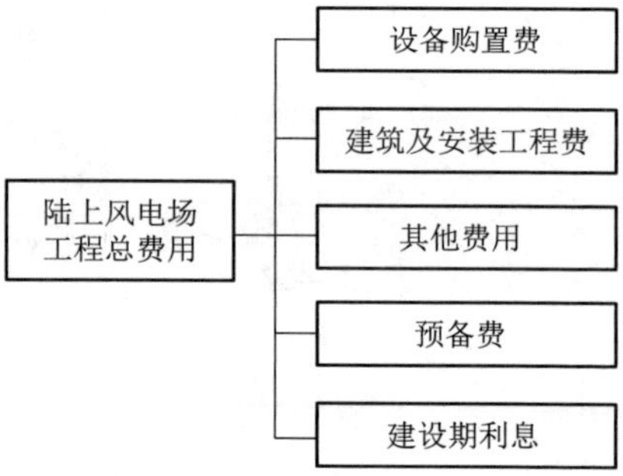

图 5-3　陆上风电场工程总费用构成

（2）运杂费。运杂费指设备由厂家运至工地现场所发生的一切费用，包括运输费、调车费、装卸费、包装绑扎费及其他杂费。

（3）运输保险费。运输保险费指设备在运输过程中发生的保险费用，一般按设备原价乘以运输保险费率计算。

（4）采购及保管费。采购及保管费指设备在采购、保管过程中发生的各项费用，一般以设备原价、设备运杂费及运输保险费之和为基数的百分率计算。

2. 建筑及安装工程费

建筑及安装工程费主要由直接费、间接费、利润、税金构成，而直接费、间接费又可进一步细分为若干分项，其构成如图 5-4 所示。

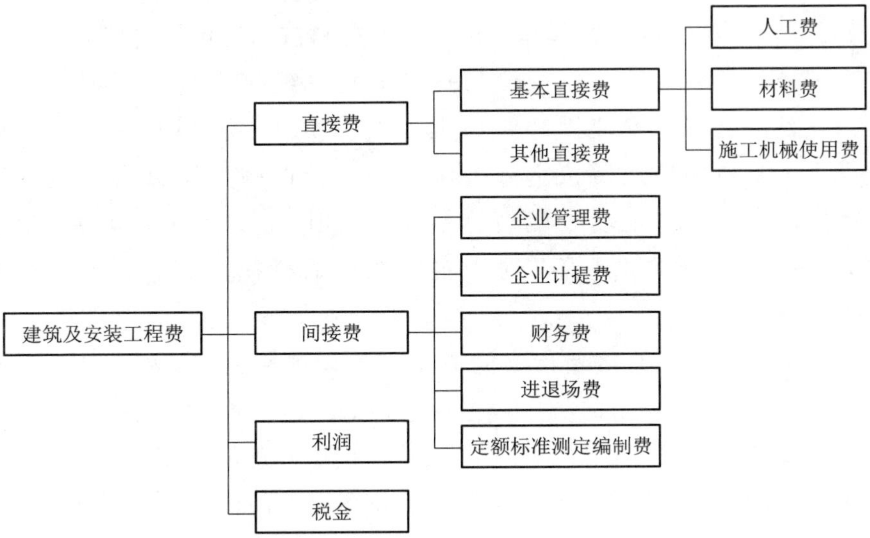

图 5-4　建筑及安装工程费构成

(1) 直接费。直接费指建筑及安装工程施工过程中直接消耗在工程项目建设中的活劳动和物化劳动，由基本直接费和其他直接费构成。

1) 基本直接费。基本直接费指在正常的施工条件下，施工过程中消耗的构成工程实体的各项费用，由人工费、材料费、施工机械使用费构成。

a. 人工费。人工费指企业支出的直接从事建筑及安装工程施工的生产工人的费用，由基本工资、辅助工资和社会保障费构成。人工费一般按定额人工消耗量乘以人工预算单价计算。人工预算单价的确定政策性强，按照风电场工程设计概算编制规定及费用标准中的有关规定、行业定额以及造价管理机构发布的人工预算文件调整文件予以确定。

b. 材料费。材料费指用于建筑及安装工程项目中消耗的材料费、装置性材料费和周转性材料摊销费，由材料原价、包装费、运输保险费、材料运杂费、材料采购及保管费、包装品回收费构成。材料费按定额材料消耗量乘以材料预算单价计算。其中安装工程中的装置性材料量按定额单位装置性材料量乘以操作损耗率计算。材料预算价格计算公式为

材料预算价格=[材料原价（不含税）+运输保险费+运杂费×材料毛重系数]×（1+采购及保管费率）-包装品回收费　　(5-1)

需要注意的是，材料费中各项构成内容均不含增值税。材料毛重系数为材料单位毛重（材料的单位运输重量）与材料单位净重的比值。各种材料的毛重系数按有关规定或实际资料计算。火工产品、汽油、柴油按有关规定不允许满载，在计算这些材料

汽车运杂费时，应按地方运输细则考虑空载系数。

对于用量多、影响工程投资较大的主要材料，如钢材、钢筋、水泥、砂、石、油料、电缆及母线等，应编制材料预算价格；次要材料按当地市场价格计算。

c. 施工机械使用费。施工机械使用费指消耗在建筑安装工程项目上的施工机械折旧费、设备修理费、安装拆卸费、机上人工费、动力燃料费、保险费、车船税及年检费。施工机械使用费按定额机械消耗量乘以施工机械台班费计算。施工机械台班费根据《陆上风电场工程概算定额》（NB/T 31010—2019）中的“施工机械台班费定额”有关规定计算。对于定额缺项的机械、船舶，可补充编制施工机械台班费。

2）其他直接费。其他直接费指为完成工程建设项目施工，发生于该工程施工前和施工过程中非工程实体项目的费用，主要包括如下内容：

a. 冬雨季施工增加费。冬雨季施工增加费指按照合理的工期要求，必须在冬雨季期间连续施工需要增加的费用，包括采暖养护、防雨、防潮、防滑、防冻、除雪等措施增加的费用以及由于采取以上措施增加工序、影响工效而发生的费用。

b. 夜间施工增加费。夜间施工增加费指因夜间施工所发生的施工现场照明设备摊销及照明用电等费用。

c. 特殊地区施工增加费。特殊地区施工增加费指在寒冷、酷热等特殊地区施工而需增加的费用。

d. 施工工具用具使用费。施工工具用具使用费指施工生产所需不属于固定资产的生产工具、检验试验用具的摊销和维护费用。

e. 临时设施费。临时设施费指施工企业为满足现场正常生产、生活需要，在现场建设生活、生产用临时建筑物、构筑物和其他临时设施所发生的建设、维修、拆除等费用。

f. 其他。其他指除上述以外的费用，由工程定位复测费（施工测量控制网费用）、工程点交费、检验试验费、施工排水费、施工通信费、场地清理费、工程建设项目移交前的维护费（含已安装设备的检修及调整）等构成。检验试验费指建筑材料、构件和建筑安装物进行一般鉴定、检查所发生的费用，包括自设试验室进行试验所耗用的材料和化学用品费用等，以及技术革新和研究试验费；不包括新结构、新材料的试验费和建设单位要求对具有出厂合格证明的材料进行检验、对构件破坏性试验及其他特殊要求检验试验的费用。

其他直接费按人工费和施工机械使用费之和为基数的百分比计算。

（2）间接费。间接费指建筑及安装产品的生产过程中，为工程建设项目服务而不直接消耗在特定产品对象上的费用，主要包括如下内容：

1）企业管理费。企业管理费指施工企业组织施工生产和经营管理所发生的费用，由管理人员工资及社会保障费、办公费、差旅交通费、固定资产使用费、工具用具使用费、保险费、税金及教育费附加、技术转让费、技术开发费、业务招待费、投标费、广告费、公证费、诉讼费、法律顾问费、审计费和咨询费，以及应由施工单位负责的施工辅助工程设计费、工程图纸资料和工程摄影费等构成。

2）企业计提费。企业计提费指施工企业按照国家规定计提的费用，由管理及生产人员的职工福利费、劳动保护费、工会经费、教育经费、危险作业意外伤害保险费构成。

3）财务费。财务费指施工企业为筹集资金而发生的各项费用，由施工企业在生产经营期利息支出、汇兑净损失、调剂外汇手续费、金融机构手续费、保函手续费以及在筹资过程中发生的其他财务费用构成。

4）进退场费。进退场费指施工企业为工程建设项目施工进场和完工退场所发生的人员和施工机械（不包括施工机械台班费定额中的A类机械）迁移费用。

5）定额标准测定编制费。定额标准测定编制费指施工企业为进行企业定额标准测定、制（修）订以及行业定额标准编制提供基础数据所需的费用。

间接费的计算根据建筑工程和安装工程的不同，其计费基数也有所不同。建筑工程一般按人工费和施工机械使用费之和为基数的百分比计算间接费，安装工程一般按人工费为基数的百分比计算间接费。

（3）利润。利润指按风电场工程建设项目市场情况应计入建筑及安装工程费用中的盈利，按人工费、施工机械使用费、其他直接费及间接费之和为基数的百分比计算。

（4）税金。税金指按《中华人民共和国税法》规定应计入建筑及安装工程费用中的增值税，按直接费、间接费及利润之和为基数的百分比计算。

3. 其他费用

其他费用主要由项目建设用地费、工程前期费、项目建设管理费、生产准备费、科研勘察设计费和其他税费构成，如图5-5所示。

（1）项目建设用地费。项目建设用地费指为获得工程建设所需的场地并且符合国家、地方相关法律法规应支付的相关费用，由土地征收费、临时用地征用费、地上附着物补偿费、余物清理费等构成。

（2）工程前期费。工程前期费指预可行性研究报告审查完成以前（或风电场工程筹建前）开展各项工作发生的费用，由建设单位管理性费用，前期设立测风塔、购置测风设备及测风费用，进行工程规划、预可行性研究以及为编制上述设计文件所进行勘察、研究试验等发生的费用构成。

（3）项目建设管理费。项目建设管理费指工程建设项目在筹建、建设、联合试运行、竣工验收、交付使用过程中所发生的管理费用，由工程建设管理费、工程建设监

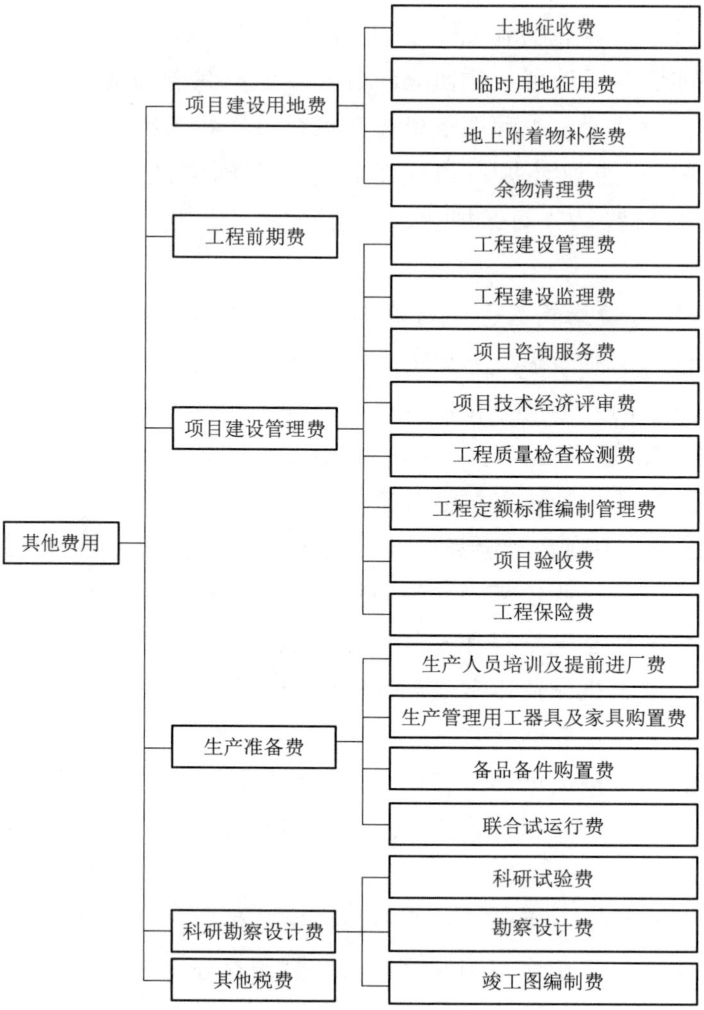

图 5－5　其他费用构成

理费、项目咨询服务费、项目技术经济评审费、工程质量检查检测费、工程定额标准编制管理费、项目验收费和工程保险费构成。

1）工程建设管理费。工程建设管理费指项目法人为保证项目建设的正常进行，从工程筹建至竣工验收所需要的管理性费用，由管理设备及用具购置费、人员经常费和其他管理性费用构成。

2）工程建设监理费。工程建设监理费指在工程建设项目开工后，根据工程建设管理的实施情况委托监理单位在工程建设过程中，对工程建设的质量、进度和投资进行监理（包含环境保护工程和水土保持工程监理）以及设备监造所发生的全部费用。

3）项目咨询服务费。项目咨询服务费指对工程开发建设管理过程中有关技术、经济和法律问题进行咨询服务所发生的费用，包括环境影响评价报告书（表）、水土保持方案报告书（表）、土地预审及勘界报告、压覆矿产资源调查报告、安全预评价报告、地质灾害评估报告、接入系统设计报告、节能评估报告、社会稳定风险分析报告、项目备案申请报告等编制费用，招标代理、造价咨询服务（招标控制价、执行概算等编制，工程结算审核，竣工结算编制及审核等）、竣工决算报告编制等费用。

4）项目技术经济评审费。项目技术经济评审费指对项目安全性、可靠性、先进性、经济性进行评审所发生的费用，包括项目预可行性研究、可行性研究、招标设计、施工图设计各阶段设计报告审查，专题、专项报告审查或评审等费用。

5）工程质量检查检测费。工程质量检查检测费指根据行业建设管理的有关规定和要求，由质量检测机构对工程建设质量进行检查、检测、检验所发生的费用。

6）工程定额标准编制管理费。工程定额标准编制管理费指行业管理部门授权或委托编制、管理风电工程定额和造价标准，以及进行相关基础工作所需要的费用。

7）项目验收费。项目验收费指项目法人根据国家有关规定进行工程验收所发生的费用，包括工程竣工前进行主体工程、环境保护、水土保持、工程消防、劳动安全与工业卫生、工程档案、工程竣工决算等专项验收及工程竣工验收等所发生的费用。

8）工程保险费。工程保险费指工程建设期间，为工程可能遭受自然灾害和意外事故造成损失后能得到风险转移或减轻，对建筑及安装工程、永久设备而投保的工程一切险、财产险、第三者责任险等。

（4）生产准备费。生产准备费指项目法人为准备正常的生产运行所需发生的费用，主要包括如下内容：

1）生产人员培训及提前进厂费。生产人员培训及提前进厂费由生产人员培训费和提前进厂费构成。

2）生产管理用工器具及家具购置费。生产管理用工器具及家具购置费指为保证正常生产运行管理所需购置的办公、生产和生活用工器具及家具费用，不包括设备价格中配备的专用工具购置费。

3）备品备件购置费。备品备件购置费指为保证工程正常生产运行，在安装及试运行期需准备的各种易损或消耗性备品备件和专用材料的购置费，不包括设备价格中配备的备品备件。

4）联合试运行费。联合试运行费指进行整套设备带负荷联合试运行期间所发生的费用并扣除试运行发电收入后的净支出。

（5）科研勘察设计费。科研勘察设计费指为工程建设而开展的科学研究试验、勘察设计等工作所发生的费用，包括科研试验费、勘察设计费及竣工图编制费。科研试验费指在工程建设过程中为解决工程技术问题，进行必要的科学试验所发生的费用；

勘察设计费指可行性研究、招标设计和施工图设计阶段发生的勘察费、设计费；竣工图编制费指为能够全面真实反映工程建设项目施工结果图样而进行汇总编制所需的费用。

（6）其他税费。其他税费指根据国家有关规定需要缴纳的费用，包括水土保持补偿费等。

4. 预备费

预备费主要由基本预备费和价差预备费构成。

（1）基本预备费。基本预备费指用于解决可行性研究设计范围以内的设计变更，预防自然灾害采取措施，以及弥补一般自然灾害所造成损失中工程保险未能赔付部分而预留的工程费用。

（2）价差预备费。价差预备费指在工程建设过程中，因国家政策调整、材料和设备价格变化、人工费和其他各种费用标准调整、汇率变化等引起投资增加而预留的费用。

5. 建设期利息

建设期利息指为筹措工程建设资金在建设期内发生并按规定允许在投产后计入固定资产原值的债务资金利息，由银行借款和其他债务资金的利息以及其他融资费用构成。其他融资费用指某些债务融资中发生的手续费、承诺费、管理费、信贷保险费等。

5.2.2.2　海上风电场工程总费用构成

总体来看，海上风电场工程总费用构成与陆上风电场工程一样，即包括设备购置费、建筑及安装工程费、其他费用、预备费和建设期利息；两者只是因为施工方案和位置不同而存在细微差异，如海上风电场工程包括施工船舶使用费、迁移费，以及用海相关费用等，具体如下：

（1）海上风电场工程除包含施工机械使用费外，还包括施工船舶使用费。施工船舶使用费由折旧费、船舶检修费、船舶小修费、船舶航修费、船舶辅助材料费、保险及其他费、船上人工费、动力燃料费构成。

（2）进退场费中包括施工船舶迁移费。

（3）除项目建设用地费外，还包括用海相关费用（指海域使用费和海域使用补偿费）。

（4）工程前期费中包括购置海洋水文观测设备及观测费、勘察作业期间水域养殖补偿及渔业补偿发生的费用。

（5）专题报告编制费中，包括用海预审文件、海域使用论证报告、海缆路由论证报告、海洋水文研究专题报告、通航安全评估报告、海缆穿越海堤论证报告等。

5.3 设计概算编制

5.3.1 设计概算编制原则、依据和步骤

5.3.1.1 设计概算编制原则

（1）严格执行国家建设方针和经济政策的原则。设计概算是一项重要的技术经济工作，要严格按照党和国家的方针、政策办事，坚决执行勤俭节约的方针，严格执行规定的设计标准。

（2）要完整、准确地反映设计内容的原则。编制设计概算时，要认真了解设计意图，根据设计文件、图纸准确计算工程量，避免重算和漏算，如实反映设计成果。

（3）要坚持真实反映工程所在地编制期价格水平的原则。为提高设计概算的准确性，要实事求是地对工程所在地的建设条件、可能影响造价的各种因素进行认真调查研究，在此基础上正确使用定额、指标、费率和价格等各项编制依据，按照现行工程造价的构成，根据有关部门发布的价格信息及价格调整指数，考虑建设期的价格变化因素，使概算尽可能地反映设计内容、施工条件和实际价格。

5.3.1.2 设计概算编制依据

（1）国家以及省、自治区、直辖市颁发的有关法律、法规、规章、行政规范性文件。

（2）行业主管部门发布的规范、标准等。

（3）风电场工程设计概算编制规定及费用标准。

（4）风电场工程概算定额和造价管理机构颁发的定额、计算标准等。

（5）风电场工程设计工程量计算规定。

（6）可行性研究阶段设计文件及图纸。

（7）拟定或常规的施工组织设计和施工方案。

（8）风电场项目资金筹措方案。

（9）政府有关部门、金融机构等发布的价格指数、利率、汇率、税率以及工程建设其他费用等。

5.3.1.3 设计概算编制步骤

（1）了解、掌握工程情况，对工程建设条件进行调查研究，并收集相关资料。

（2）查询工程所在地主要材料的不含税价格，编制基础价格。

（3）确定工程所在地的地区类别、取费标准。

（4）根据工程量清单、项目特征、施工组织设计套用相应概算定额，编制工程单价。

（5）编制各部分工程概算。

（6）编制分年度投资计划。

（7）撰写编制说明，编制总概算文件。

（8）设计总概算审查。

5.3.2　设计概算构成及其编制

5.3.2.1　设计概算构成

按照《建设项目设计概算编审规程》（CECA/GC2—2015）的相关规定，设计概算文件构成一般为单位工程概算、单项工程综合概算、建设项目总概算三级概算形式。但风电场项目为一个单项工程，采用单位工程概算、建设项目总概算两级编制形式，即风电场建设项目总概算由施工辅助工程概算、设备及安装工程概算、建筑工程概算、其他费用概算、预备费、建设期利息构成，如图 5－6 所示。若干个单位工程概算和其他费用、预备费、建设期利息等概算文件汇总后成为建设项目总概算。建设项目总概算仅是一种归纳、汇总性文件，因此，最基本的计算文件是单位工程概算。

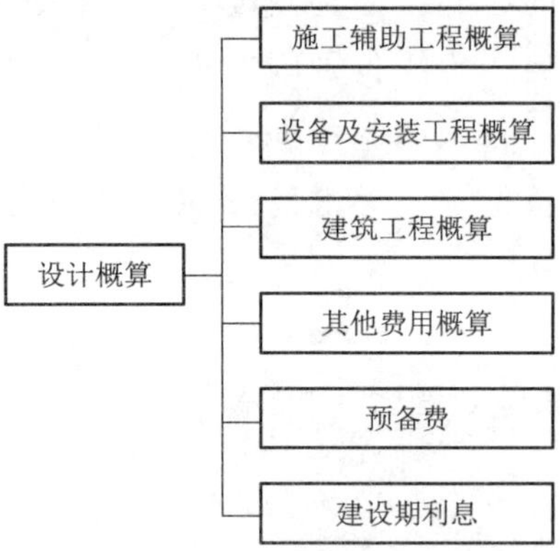

图 5－6　设计概算构成

5.3.2.2　单位工程概算的编制

施工辅助工程、设备及安装工程、建筑工程、其他费用项目清单的一级项目和二级项目可参考相应概算编制规范编制，三级项目可根据风电场工程可行性研究报告编制规程的设计深度要求和工程实际情况增减项目，并按设计工程量计列。

施工辅助工程一级项目和二级项目示例见表 5－1。

表 5－1　施工辅助工程一级项目和二级项目示例

序　号	一级项目	二级项目
一	施工交通工程	
1		公路工程
2		桥（涵）工程
二	施工供电工程	
1		供电线路工程
2		供电设施工程
三	风电机组安装平台工程	

续表

序号	一级项目	二级项目
四	其他施工辅助工程	
1		大型吊装机械进出场
2		施工供水工程
3		施工围堰工程
4		山区风电场临时设施的场地平整工程
五	安全文明施工措施	

设备及安装工程一级项目和二级项目示例见表5-2。

表5-2 设备及安装工程一级项目和二级项目示例

序号	一级项目	二级项目
一	发电场设备及安装工程	
1		风电机组
2		塔筒（架）
3		风电机组出线
4		机组变压器
5		接地
二	集电线路设备及安装工程	
1		集电电缆线路
2		集电架空线路
3		接地
三	升压变电设备及安装工程	
1		主变压器系统
2		配电装置设备
3		无功补偿系统
4		站（备）用电系统
5		电力电缆
6		接地
7		监控系统
8		交（直）流系统
9		通信系统
10		远程自动控制及电量计量系统
11		分系统调试
12		电气整套系统调试

续表

序　　号	一级项目	二级项目
13		电气特殊项目试验
四	其他设备及安装工程	
1		采暖通风及空调系统
2		室外照明系统
3		消防及给排水系统
4		劳动安全与工业卫生设备
5		生产运维车辆
6		集控中心设备分摊

建筑工程一级项目和二级项目示例见表5-3。

表5-3　建筑工程一级项目和二级项目示例

序　　号	一级项目	二级项目
一	发电场工程	
1		风电机组基础工程
2		风电机组出线工程
3		机组变压器基础工程
4		风电机组及机组变压器接地工程
二	集电线路工程	
1		集电电缆线路土建工程
2		集电架空线路土建工程
3		集电架空线路接地土建工程
三	升压变电站工程	
1		场地平整
2		主变压器基础工程
3		无功补偿装置基础工程
4		配电设备基础工程
5		配电设备构筑物
6		生产建筑工程
7		辅助生产建筑工程
8		现场办公及生活建筑工程
9		室外工程
四	交通工程	
1		对外交通

续表

序　号	一级项目	二级项目
2		场内交通
五	其他工程	
1		环境保护工程
2		水土保持工程
3		劳动安全与工业卫生工程
4		安全监测工程
5		消防设施及生产生活供水工程
6		防洪（潮）设施工程
7		集中生产运行管理设施分摊

1. 单位工程概算的编制方法

单位工程概算分建筑工程概算和设备及安装工程概算两大类。

(1) 建筑工程概算的编制可分为以下方法：

1) 概算定额法。当可行性研究阶段设计达到一定深度时，根据设计图纸、概算定额及工程量计算规则，计算各种结构的工程量，套用概算定额，根据计算出的工程直接费计算相关税费后得到概算价格。

2) 概算指标法。当设计深度不够、不能准确计算工程量，但采用的技术比较成熟而又有类似概算指标可以利用时，可采用概算指标法编制概算。

3) 类似工程预算法。类似工程预算法是利用技术条件与设计对象相类似的已完工程或在建工程的工程造价资料来编制拟建工程设计概算的方法。具体做法是以原有相似工程的预算为基础，按编制概算指标的方法求出单位工程的概算指标，再按概算指标法编制建筑工程概算。

(2) 设备及安装工程概算的编制可分为以下方法：

1) 概算单价法。当初步设计较深、有详细的设备清单时，可直接按安装工程概算定额单价编制设备及安装工程概算。

2) 扩大单价法。当初步设计深度不够、设备清单不完备、只有主体设备或仅有成套设备重量时，可采用主体设备、成套设备的综合扩大安装单价来编制概算。

3) 设备价值百分比法。当初步设计深度不够，且只有设备出厂价而无详细规格、重量时，安装费可按占设备费的百分比计算。该法常用于价格波动不大的定型产品和通用设备产品。

4) 综合吨位指标法。当初步设计提供的设备清单有规格和设备重量时，可采用综合吨位指标法编制概算，其综合吨位指标由主管部门或由设计单位根据已完类似工程资料确定。该法常用于设备价格波动较大的非标准设备和引进设备的安装工程概算。

2. 施工辅助工程概算编制

（1）施工交通工程投资按设计工程量乘以单价计算，或根据工程所在地区单位造价指标计算。

（2）施工供电工程投资按设计工程量乘以单价计算，或根据工程所在地区单位造价指标计算。投资计算范围包括从现有电网向场内引接的10kV及以上电压等级供电线路、35kV及以上电压等级的供电设施工程；但不包括供电线路和变配电设施的维护费用，该项费用以摊销费的形式计入施工用电价格中。

（3）风电机组安装平台工程投资根据设计工程量乘以单价计算。

（4）其他施工辅助工程投资根据施工组织设计方案及工程实际情况分析计算。

（5）安全文明施工措施费按建筑安装工程费（不含按单位造价指标计算的项目投资及安全文明施工措施费本身）的百分比计算。

3. 设备及安装工程概算编制

（1）设备及安装工程投资按设备购置费和安装工程费分别进行编制。

（2）设备购置费按设备清单工程量乘以设备价格计算。

（3）生产运维车辆购置费根据生产运行维护管理需要的数量乘以相应单价计算。

（4）集控中心设备分摊按建设单位规划方案分析确定。

（5）安装工程费可按以下两种方式计算：

1）安装工程单价为消耗量或价目表形式时，按设计的设备清单工程量乘以安装工程单价计算；甲供装置性材料按含税价在设备及安装工程概算表中单独计列。

2）安装工程单价为费率形式时，按设备原价乘以安装费率计算。

4. 建筑工程概算编制

（1）发电场工程、集电线路工程投资，按工程量乘以工程单价计算。

（2）升压变电站工程按工程量乘以工程单价或单位造价指标计算。其中：

1）升压变电站工程中场地平整、主变压器基础工程、无功补偿装置基础工程、配电设备基础工程及配电设备构筑物按工程量乘以工程单价计算。

2）生产建筑工程、辅助生产建筑工程、现场办公及生活建筑工程投资按房屋建筑面积乘以单位造价指标计算；现场房屋建筑面积由设计确定，单位造价指标根据工程所在地相应的房屋建筑工程造价指标及有关资料分析计算；项目划分可根据实际设计方案进行调整。

3）室外工程包括围墙、大门、站区绿化、站区道路、站区硬化、给水管、排水管、检查井、雨水井、污水井、井盖、阀门、化粪池、排水沟等构筑物。其中围墙、大门、站区绿化、站区道路、站区硬化单独列项计算，其他室外工程按生产建筑工程、辅助生产建筑工程、现场办公及生活建筑工程、室外工程（不含其他室外工程）投资之和的百分比计算。

(3) 交通工程投资按设计工程量乘以工程单价计算，或根据工程所在地区单位造价指标计算。

(4) 其他工程投资如下：

1) 环境保护工程、水土保持工程、劳动安全与工业卫生工程各专项投资按专项设计报告所计算的投资分析计列。

2) 安全监测工程、消防设施及生产生活供水工程、防洪（潮）设施工程投资应根据设计工程量乘以单价计算。

3) 集中生产运行管理设施分摊按建设单位规划方案分析确定。

5.3.2.3 其他费用概算的编制

(1) 项目建设用地费根据设计确定的用地面积和各省、自治区、直辖市人民政府颁发的各项标准分类进行计算。

(2) 工程前期费中的建设单位管理性费用，前期设立测风塔、购置测风设备及测风费用等可根据项目实际发生情况分析计列；规划阶段勘察设计费按实际发生费用及规划风电场总装机规模分摊计算；预可行性研究阶段勘察设计费按勘察设计费计算标准计算。

(3) 项目建设管理费。各项费率取值及计算基数见表5-4。

表5-4 项目建设管理费费率取值及计算基数 %

<table>
<tr><th>序号</th><th>计费额/万元</th><th>计算基数</th><th>工程建设管理费</th><th>工程建设监理费</th><th>项目咨询服务费</th><th>项目技术经济评审费</th><th>项目验收费</th><th>工程质量检查检测费</th><th>工程定额标准编制管理费</th></tr>
<tr><td>1</td><td>5000及以下</td><td rowspan="6">建筑及安装工程费</td><td>7.98</td><td>3.18</td><td>6.06</td><td>1.68</td><td>2.38</td><td rowspan="6">0.20</td><td rowspan="6">0.15</td></tr>
<tr><td>2</td><td>10000</td><td>4.71</td><td>2.54</td><td>3.56</td><td>1.05</td><td>1.33</td></tr>
<tr><td>3</td><td>20000</td><td>3.11</td><td>1.83</td><td>1.82</td><td>0.60</td><td>0.86</td></tr>
<tr><td>4</td><td>30000</td><td>2.41</td><td>1.51</td><td>1.47</td><td>0.47</td><td>0.55</td></tr>
<tr><td>5</td><td>40000</td><td>1.97</td><td>1.32</td><td>1.21</td><td>0.39</td><td>0.41</td></tr>
<tr><td>6</td><td>60000及以上</td><td>1.54</td><td>1.18</td><td>0.95</td><td>0.30</td><td>0.28</td></tr>
</table>

注 计费额在两者之间，采用内插法计算。

工程保险费费率为0.3%，计算基数为建筑及安装工程费、设备购置费之和。

(4) 生产准备费。各项费率取值及计算基数见表5-5。

表5-5 生产准备费费率取值及计算基数 %

<table>
<tr><th>序号</th><th>计费额/万元</th><th>生产人员培训及提前进厂费</th><th>生产管理用工器具及家具购置费</th><th>备品备件购置费</th><th>联合试运行费</th></tr>
<tr><td colspan="2">计算基数</td><td>建筑及安装工程费</td><td>建筑及安装工程费</td><td>设备购置费</td><td>安装工程费</td></tr>
<tr><td>1</td><td>5000及以下</td><td>1.11</td><td>2.23</td><td>6.06</td><td>1.68</td></tr>
<tr><td>2</td><td>10000</td><td>0.84</td><td>1.67</td><td>3.56</td><td>1.05</td></tr>
</table>

续表

序号	计费额/万元	生产人员培训及提前进厂费	生产管理用工器具及家具购置费	备品备件购置费	联合试运行费
3	20000	0.63	1.26	1.82	0.60
4	30000	0.52	1.05	1.47	0.47
5	40000	0.43	0.87	1.21	0.39
6	60000及以上	0.35	0.71	0.95	0.30

注　计费额在两者之间，采用内插法计算。

（5）科研勘察设计费。按以下分项计算：

1）科研试验费费率为0.50%，计算基数为建筑及安装工程费。

2）风电场工程勘察设计按规划阶段、预可行性研究阶段、可行性研究阶段、招标设计阶段、施工图设计阶段五个阶段划分。规划阶段费用及预可行性研究阶段费用在工程前期费中计列；预可行性研究阶段费用按可行性研究、招标设计、施工图设计三个阶段工程勘察设计费的百分比计算；勘察设计费指可行性研究、招标设计和施工图设计阶段发生的勘察费、设计费，以建筑及安装工程费为基数分别按勘察费率、设计费率计算。

3）竣工图编制费费率为8%，计算基数为可行性研究、招标设计、施工图设计三个阶段工程设计费。

（6）其他税费按国家有关法规以及省、自治区、直辖市颁发的有关文件计算。

5.3.2.4　预备费概算的编制

（1）基本预备费费率为1%～3%，计算基数为施工辅助工程投资、设备及安装工程投资、建筑工程投资、其他费用四部分费用之和。

（2）价差预备费应根据施工年限，以分年投资（含基本预备费）为基础计算。价差预备费应从编制概算所采用的价格水平年的次年开始计算。价差预备费计算采用的年度价格指数暂为零。

5.3.2.5　建设期利息概算的编制

（1）建设期利息应根据项目投资额度、资金来源及投入方式，从工程筹建期开始，以分年度投资（扣除资本金）为基数逐年计算。银行贷款利率采用编制期中国人民银行规定的五年期及以上基准贷款利率。

（2）第一组（批）机组投产前发生的工程贷款利息全部计入工程建设投资；第一组（批）机组投产后，应按投产容量对利息进行分割，分别转入基本建设投资和生产运营成本。

5.3.2.6　建设项目总概算投资

（1）工程静态投资为施工辅助工程投资、设备及安装工程投资、建筑工程投资、其他费用、基本预备费五部分费用之和。

(2) 工程总投资为工程静态投资、价差预备费、建设期利息三项之和。

(3) 工程建设项目投资包括送出工程时，送出工程投资计列在风电场工程总投资之后。

工程总概算表示例见表 5-6。

表 5-6　工程总概算表

序号	项目名称	设备购置费/万元	建筑及安装工程费/万元	其他费用/万元	合计/万元	占总投资比例/%
一	施工辅助工程					
1	……					
2	……					
二	设备及安装工程					
1	……					
2	……					
三	建筑工程					
1	……					
2	……					
四	其他费用					
1	项目建设用地费用					
2	工程前期费					
3	项目建设管理费					
4	生产准备费					
5	科研勘察设计费					
6	其他税费					
	（一～四）部分合计					
五	基本预备费					
	工程静态投资（一～五）部分合计					
六	价差预备费					
七	建设期利息					
八	工程总投资（一～七）部分合计					
	单位千瓦静态投资/（元/kW）					
	单位千瓦投资/（元/kW）					

注 1. 本表填至二级项目。

2. 本表中建筑及安装工程费包括装置性材料费。

5.3.3 设计概算文件内容

（1）风电场工程设计概算由封面、签字盖章扉页、编制说明、设计概算表、设计概算附表构成。

（2）编制说明应包括工程概况、编制原则及依据、基础价格、费用标准、各部分投资编制情况、其他需要说明的问题、主要技术经济指标表（表5-7）。

表5-7 主要技术经济指标表

<table>
<tr><td>工程名称</td><td colspan="2"></td><td colspan="2">风电机组设备价格</td><td>元/kW</td><td></td></tr>
<tr><td>建设地点</td><td colspan="2"></td><td colspan="2">塔筒（架）设备价格</td><td>元/t</td><td></td></tr>
<tr><td>设计单位</td><td colspan="2"></td><td colspan="2">风电机组基础造价</td><td>万元/座</td><td></td></tr>
<tr><td>建设单位</td><td colspan="2"></td><td colspan="2">升压站</td><td>万元/座</td><td></td></tr>
<tr><td>装机规模</td><td>MW</td><td></td><td rowspan="6">主要工程量</td><td>土石方开挖</td><td>m^3</td><td></td></tr>
<tr><td>单机容量</td><td>kW</td><td></td><td>土石方回填</td><td>m^3</td><td></td></tr>
<tr><td>年上网电量</td><td>万 kW·h</td><td></td><td>混凝土</td><td>m^3</td><td></td></tr>
<tr><td>年等效满负荷小时数</td><td>h</td><td></td><td>钢筋</td><td>t</td><td></td></tr>
<tr><td>工程静态投资</td><td>万元</td><td></td><td>塔筒</td><td>t</td><td></td></tr>
<tr><td>建设期利息</td><td>万元</td><td></td><td>桩</td><td>根</td><td></td></tr>
<tr><td>工程总投资</td><td>万元</td><td></td><td rowspan="2">建设用地面积</td><td>永久用地</td><td rowspan="2">亩</td><td rowspan="2"></td></tr>
<tr><td>单位千瓦静态投资</td><td>元/kW</td><td></td><td>临时用（租）地</td></tr>
<tr><td>单位千瓦投资</td><td>元/kW</td><td></td><td colspan="2">总工期</td><td>月</td><td></td></tr>
<tr><td>单位电量投资</td><td>元/（kW·h）</td><td></td><td colspan="2">生产单位定员</td><td>人</td><td></td></tr>
</table>

1）工程概况应概述工程的建设地点、建设规模、对外交通运输条件、主要工程量、施工工期、有关自然地理条件、地质地貌情况、资金来源和资本金比例，说明工程总投资、工程静态投资、单位千瓦投资、单位电量投资等主要指标。

2）编制原则及依据应说明设计概算编制所采用的有关标准规范及规定、定额及费用标准、设计文件及图纸、编制期价格水平等。

3）基础价格应说明人工预算单价、主要材料预算价、主要设备价格及其他基础价格的确定依据和成果。

4）费用标准应说明设备安装工程单价、建筑工程单价计算所采用的费率标准。

5）各部分投资编制情况应说明施工辅助工程、设备及安装工程、建筑工程、其他费用、预备费、建设期利息各部分投资的编制方法。

6）其他需要说明的问题，指除上述内容以外需要在设计概算中说明的问题。

（3）设计概算表包括工程总概算表、施工辅助工程概算表、设备及安装工程概算表、建筑工程概算表、其他费用概算表、分年度投资计算表。

(4) 设计概算附表包括安装工程单价汇总表、建筑工程单价汇总表、施工机械台班费汇总表、主要材料用量汇总表、混凝土材料单价计算表、工程单价分析表。

5.4 设计概算审查

5.4.1 设计概算审查的作用

随着国家行政审批制度的改革，目前项目核准权限已下放至各地方政府，采用“企业申报＋地方政府核准”模式。国家能源局每年给各省（自治区、直辖市）下达年度风电场项目装机容量额度指标，由各企业自行申报，地方政府在下达的指标范围内对企业申报项目进行核准，对满足条件的项目出具核准文件，企业取得核准文件后便可进行开工建设。

风电场项目可行性研究报告的设计审查通常由开发企业牵头组织，企业从技术、经济角度审查项目是否可行、是否满足企业相关标准及地方政府有关要求。审查通常有内审和外审两种形式。内审由企业内各部门参加审查；外审一般由开发企业委托的专业咨询机构进行审查。

地方政府在进行项目核准前，会组织各主管部门进行项目评审，或与受委托的专业咨询机构进行联合评审，对满足政府要求的项目进行核准，并出具核准文件。

风电场工程项目建设中，设计概算作为可行性研究报告的重要组成部分，是在满足设计功能要求和技术要求前提下风电场项目建设所需要的全部费用，是整个设计成果的投资体现。设计概算是全寿命周期成本控制的重要环节，只有做到设计优化、布置合理，才能在源头上控制投资。加强设计概算的审查对控制造价、建设节约型社会、为国家（企业）节约资金具有十分重要的意义。

(1) 审查设计概算，有助于促进概算编制人员严格执行国家有关概算的编制规定和费用标准，提高概算的编制质量。

(2) 审查设计概算，有利于合理分配投资资金、加强投资计划管理。设计概算编制得偏高或偏低，都会影响投资计划的真实性，影响投资资金的合理分配。进行设计概算审查是遵循客观经济规律的需要，通过审查可以提高投资的准确性与合理性。

(3) 审查设计概算，有助于促进设计技术先进性与经济合理性的统一。概算中的技术经济指标，是概算水平的综合反映，合理、准确的设计概算是技术经济协调统一的具体体现，与同类工程对比，便可看出它的先进与合理程度。

(4) 审查设计概算，有利于核定建设项目的投资规模，可以使建设项目总投资力求做到准确、完整，防止任意扩大投资规模或出现漏项，从而减少投资缺口、缩小概算与预算之间的差距，避免故意压低概算投资，最后导致实际造价大幅度地突破概算。

(5) 审查设计概算，有利于为建设项目投资的落实提供可靠的依据。打足投资，不留缺口，有助于提高建设工程项目的投资效益。

5.4.2 设计概算审查的顺序

设计概算审查时，本着“先总体后局部、先框架后细节”的原则顺序进行。

(1) 审查概算文件构成，首先应把重点放在文件上，根据编制规定要求审查概算文件构成内容是否完整，概算表附表是否齐全。

(2) 审查概算项目划分是否符合规定，项目划分有无划分漏项、错位情况，名称是否规范、数据是否正确。

(3) 审查基础数据，包括基础材料价格及取费标准。

(4) 审查定额套用，结合施工组织设计，审查定额工作内容与工程量清单项目对应内容是否匹配，定额套用是否准确、合理。

(5) 审查分项概算与总概算数据是否一致，造价指标是否在合理区间。

5.4.3 设计概算审查的内容

设计概算审查时，主要从编制依据、编制深度和设计概算内容等方面进行审查。

1. 审查编制依据

(1) 审查编制依据的合法性与时效性。

1) 审查编制依据的合法性。审查编制依据是否为现行风电场工程设计概算编制规定及配套定额。

2) 审查编制依据的时效性。设计概算编制受政策影响较大，编制依据应反映编制期相关政策文件，审查中对时效性较强的依据要特别注意，如“营改增”政策。

(2) 审查编制依据的适用范围，如《陆上风电场工程设计概算编制规定及费用标准》(NB/T 31011—2019) 中，明确本标准适用于新建集中式陆上风电场工程设计概算编制，对于分散式风电场和老旧风电场的技术改造项目应结合项目具体情况参照使用。

2. 审查编制深度

(1) 审查编制说明，审查设计概算编制中需要说明的内容是否已经描述，如价格水平、地区类别；重要数据是否准确，如单位千瓦指标、风电机组塔筒价格等。

(2) 审查设计概算编制的完整性，重点审查工程量清单有无遗漏和重复，其他费用中有无漏计的税费项目。

(3) 审查设计概算的编制深度，审查设计概算出项是否达到可行性研究的设计深度，有无应出项但实际未出项的情况，或应出明细工程量但实际却合并出项的情况。

3. 审查设计概算内容

（1）审查是否符合现行国家的方针、政策。

（2）审查设计深度。设计概算依据设计方案、设计图纸编制，如果设计深度达不到设计阶段要求，概算编制人员也无法详细、准确地编制设计概算。造成设计深度不同的原因是多方面的，有设计人员经验不足、责任心不强、设计单位管理不到位的原因，也有项目业主为赶项目进度压缩正常设计周期的原因，但无论何种原因都会造成设计概算的偏离，投资不能如实反映工程实际。

（3）审查主要材料预算价。主要针对价格水平是否合理，材料原价是否为编制期不含增值税价格，主要材料运输费计算中材料来源地是否与施工组织设计相同。

（4）审查建筑及安装工程的各项费用标准是否符合现行风电场概算编制规定，计算方法和计算标准是否正确，如地区类别是否准确，是否属于高纬度寒冷、酷热等特殊地区。

（5）审查工程单价编制。审查编制方法、计价依据是否符合现行规定，审查定额套用是否准确，如果出现套错或者用错定额的情况，就会造成工程造价的失真；概算定额中定额单价可能会有各种各样的计量单位，审查时不仅要审查单价，还要审查定额与计量单位是否相符，要求换算的单价是否换算准确；审查是否为高海拔地区，建筑工程定额与施工组织设计是否匹配，安装工程定额与设备规格型号、电压等级、容量是否匹配，定额中的调整系数是否计取（如风电机组塔筒安装中的山地地形系数）等。

（6）审查工程量清单与定额。审查项目划分是否符合规定、工程量是否正确，审查是否存在项目特征、出项方式与概算定额规定不一致的情况，如设计人员在提供电缆沟工程量时通常以“m”为单位，而概算定额中电缆沟定额单位是“m^3”，此时就要进行单位换算；再如设计人员在提供避雷针塔工程量清单时，会将开挖、回填、混凝土浇筑、避雷针塔等工程量分别列项，而概算定额中避雷针塔定额工作内容已经包含在基础工程施工中，如果将工程量清单全部出项计算，则与定额工作内容存在重复。概算人员应熟悉各定额子目包含的工作内容，确保工程项目、工程量与定额的匹配，设计概算编制做到不重不漏。

（7）审查设备清单与设备价格。

1）审查设备规格、数量和配置是否与设备清单相一致，有无遗漏设备，规格型号是否准确。

2）审查设备价格。设计概算总投资构成中，设备费占工程总投资的70%左右，其中风电机组、塔筒设备费又占总设备费的90%左右，因此风电机组、塔筒设备费的准确性对工程投资影响非常大，风电机组、塔筒价格的高低直接影响项目投资和收益。可行性研究阶段中，通过方案比选初拟机型已基本确定，设计人员应咨询设计选定的风机厂家进行询价，确保价格的合理性，如实反映当期设备价格水平，减小因主要设备价格偏差对工程投资的影响。

（8）审查其他费用的计算标准是否符合项目所在地有关政策及现行行业规定，重点审查项目建设用地费用。项目建设用地费包括的内容多而杂，有永久征地、有临时征地，既有补偿费又有各种税费，在具体收费项目上既与工程所在省（市、县）的土地政策有紧密关系，又与风电场场址现状有关。建设用地费计算中可能存在的问题如下：

1）地类划分不准。设计人员相关土地知识不够，造成地类划分出错。

2）收费项目不全。主要体现在概算编制人员对当地土地政策了解不够，造成应收费项目遗漏。

3）收费标准过时。土地费用的计算是一项政策性很强的工作，收费标准往往几年就会调整，如果概算编制人员对当地最新收费政策不了解，会造成收费标准过时。

因此审查时应重点审查建设用地费用内容是否完整，标准是否为项目所在地在用标准。同时项目业主在前期跑项目中，需加强与国土、林业部门的沟通，尽可能多地了解当地政策，在设计概算编制过程中加强与设计人员的沟通，并将搜集到的有关信息及时反馈给设计人员。同时概算编制人员应加强与土地有关的政策、文件、标准的搜集和更新。

（9）审查工程总概算。

1）审查建设期利息的计算期与施工组织设计的工期是否匹配，分年度投资是否合理。

2）审查总概算的组成内容是否完整包括全部费用，与风电场项目的建设规模、设计范围是否匹配。

3）根据风电场项目设计范围不同，有时会存在投资分摊的情况（如汇集站分摊、公共基础设施分摊等），有时还会单独计列送出线路工程投资，审查这些投资是否已计入工程总概算中。

4）审查主要技术经济指标的合理性。

5.4.4　设计概算审查的方法

设计概算审查是一项政策性很强、严肃复杂的工作，要求审查人员有较高的政策水平和专业知识，审查时应做到公平公正、实事求是、客观真实，以科学的审查方法为指导，以宏观把握与微观细化为原则，以专业的审查手段为切入点，全面评判项目的经济性、合理性，并提出修改意见。设计概算审查主要包括以下方法。

1. 对比分析法

对比分析法是根据相近地区其他工程项目的建设条件、建设规模、工程投资等数据，通过对比分析审查本项目技术经济指标的合理性，如单位千瓦静态投资、单位电度投资等，通过横向对比，容易发现设计概算存在的问题和偏差。

2. 经验数据法

经验数据法是根据类似项目经验数据，衡量本项目指标的合理性，如风电机组基础每基造价、道路每公里造价指标、风电机组塔筒设备价格、风电机组塔筒整套吊装费用、架空线路单公里造价指标、升压变电站投资等是否在合理范围内。

3. 重点审查法

重点审查法是针对设计概算编制中容易出现的问题进行重点审查，如地区类别、是否属于高纬度很冷/酷热等特殊地区、建设用地费出项是否完整、补偿标准是否准确；对影响投资大的风电机组、塔筒等设备价格进行重点审查；审查主要材料来源、施工用电、施工用水计算方法是否与施工组织设计相符；审查工程单价水平有无明显偏离。

4. 联合会审法

在联合会审前应先采取设计单位自审、建设单位内审、工程造价咨询单位评审、同行专家预审等形式分头审查，层层把关，再由相关单位和专家进行联合会审，对前期各审查单位的意见进行认真分析、讨论，经充分核实后实事求是地处理和调整。

第6章　风电场项目融资

随着风电商业化开发在全球盛行，风电场项目资金密集度高、运营收益不确定性较大、投资回收期较长等特点，导致融资成为制约风电场项目建设的瓶颈问题，这在资本市场不发达的发展中国家表现尤为突出。风电产业链的核心为风电制造核心企业的生产和风电场项目的建设，产业链上的两者互为关联。本章从风电场项目建设或并购资金需求的视角，在介绍风电场项目融资分析内容与要求的基础上，主要阐述投资开发组织形式、资金来源与资金结构、新型融资模式等内容。

6.1　风电场项目融资分析的内容与要求

融资是指资金融通，是资金从盈余部门向亏绌部门流动的过程。风电场项目投资模式主要包括投资—建设—运营（BOT）、投资—建设—出售和购买风电资产等模式。因此，从广义的角度看，风电场项目融资就是风电场项目投资者或开发商为获取项目开发建设资金或风电并购资金而进行的资金融通活动；而从狭义的角度看，风电场项目融资就是为风电场项目的开发建设而进行的资金融通活动。需要注意的是，仅就项目融资一词而言，还有其专门的含义，特指具有无追索或有限追索性质的资金融通方式。风电场项目具有准公共物品属性和自然垄断性，并且随着风电产业技术的进步，其自身盈利能力会逐渐增强，这也是商业化开发的本源所在。

6.1.1　风电场项目融资分析的主要内容

融资活动与投资活动密不可分，只有风电场项目具有投资可行性，才有后面的融资分析工作。风电场项目融资分析工作通常包括如下内容：

（1）投资组织结构分析。风电场项目投融资首先要解决投资主体、融资主体和管理主体组建的问题，即谁负责投资、谁负责融资、谁负责开发建设管理等职能。不同投资主体的组织形式决定了投资者对风电场项目资产的法律拥有形式以及投资者之间的法律合作关系；不同融资主体组织形式决定了融资的便利性、融资成本的高低和法律的适应性；不同管理主体组织形式决定了风电场项目开发建设、运营的专业性和效率。由此，投资组织结构分析涉及投资主体数量及其组织形式的设计与决策问题。融资实践中，可能仅组建1个经济实体，成立项目公司承担投资、融资和管理等工作；也可能组建2～3个经济实体，分别行使投资、融资和管理职能。这取决于投资者的战略意图、项目所在国的法律制度环境和利用税务优惠、降低成本等目标要求。

(2) 资金结构分析。资金结构泛指不同来源、渠道资金之间的有机构成及其比例关系，不仅涵盖不同来源资金的数量关系，还包含资金的期限结构、利率结构、币种结构等。资金结构不同，其资金成本也往往有所不同。资金结构分析的一个首要任务就是要在可能的资金来源中，找寻资金成本最低的资金组合方案，从而提高风电场项目的经济强度和项目投资收益。需要强调的是，合理确定债股比是资金结构分析的核心内容，也就是债务资金和股权资金之间的比例关系。根据资金结构理论，需要综合考虑资金成本、财务风险、代理成本、控制权等因素以确定债股比。

(3) 资信结构分析。资信是指履约能力和可信任程度。资信有广义和狭义之分。狭义的资信指货币借贷中借款人的偿债能力、履约状况、守信程度及由之而形成的社会声誉。广义的资信不仅用于货币借贷，而且泛指在经济活动中各方所体现出来的履约能力、守信程度及由之而形成的社会声誉。资信从属于信用关系，具有专属性、非财产性和动态性等特点。这意味着公司资信或项目资信对债权人的权利保障程度有重要影响。任何贷款人都非常关心自己的贷款安全，资信结构不同，其贷款的安全程度也不同，因此资信结构是项目融资中最为关键的部分。如果贷款人对项目资信不满意，则需要增加资信等级或者重新设计投资结构、资金结构和资信结构。

融资实践中，资信构成一般包括资产收益、合同协议和资信增级措施。资产及其预期收益可能仅指特定项目的资产及其收益，也可能指融资主体拥有的所有资产及其收益。合同协议往往指项目利益相关者与项目经济实体之间签署的保证项目预期收益的相关协议，如风电开发商与国家电网有限公司签署的购电协议（Power Purchase Agreement，PPA）、与政府签署的特许权协议、与涡轮供应商签署的交钥匙总包合同等。资信增级措施主要包括特别担保和增级措施等。特别担保是指在债务人的全部责任财产之外，附加第三人的信用或特定财产作为债权实现的保障，这是通常意义上的担保；增级措施包括资金托管账户、项目保险、意向性支持和其他措施。有时也把特别担保和技术性资信增级措施笼统地看作资信增级措施，即在项目本身资信的基础上增加它的资信。这些资信增级措施和项目资产收益及合同协议一起构成了项目的资信基础。

(4) 融资结构分析。如果把投资结构、资金结构和资信结构看成是三个子系统或“原子”的话，那么融资结构则是一个更大的系统，它是上述三个子系统的集成（图6-1），是项目融资分析工作的核心。项目融资的整体结构设计要统筹安排，不能孤立地设计各个模块，然后像搭积木一样将各部分结合起来。项目融资整体结构设计的实际过程是通过投资者之间，投资者与贷款银行之间，投资者与项目电力用户、风电机组设备制造商、政府部门、税务机关等多方面之间的反复谈判，以完成融资的模块设计并确定模块之间的组合关系。这个过程需要经过多次反复对不同方案的比较、选择和调整，最后产生一个最佳方案。

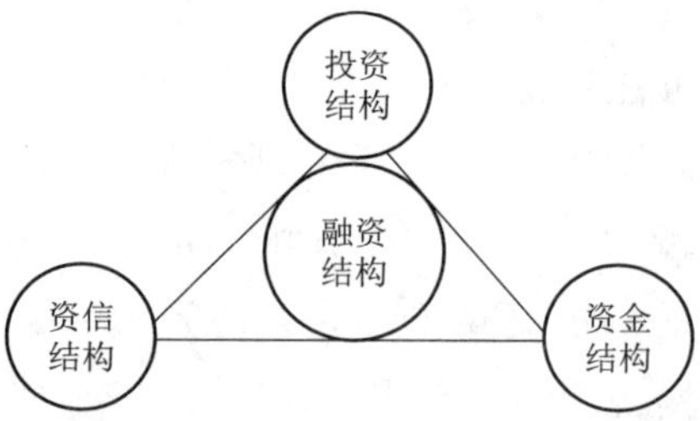

图 6-1 项目融资结构分析内容示意图

6.1.2 风电场项目融资的基本要求

对于风电场项目投资者而言，风电场项目融资的基本要求主要如下：

(1) 筹措到足够的资金。融资行为受到资金需求者、资金供给者和市场环境三方面因素的影响。资金属于稀缺性资源，在资金供给不平衡的情况下，融资主体的融资能力决定了其融资需求能否充分得到满足；而资金需求者的融资能力不仅受到自身的企业规模、偿债能力、盈利能力和营运发展能力等因素的影响，而且还受到宏观经济环境和金融市场环境两方面的影响，具体可细分为金融市场发展程度、金融机构数量、政府扶持政策以及资金供给方资金规模、来源、风险偏好和投资回报率要求等因素。因此，在不同的国家和地区，甚至在不同时期，资金筹措难度是不同的。在既定融资能力的前提下，如何筹措到足够的资金是融资的最基本要求。

据统计，截至2020年，风电机组投资成本一般为5500～7000元/kW，而火电机组为3400～4000元/kW，风电投资成本为火电投资成本的1.6～1.8倍。风电场项目投资较大，相应的融资需求也较大。此外，风电场项目建设周期相对较短，大多在一年左右投入运营，建设期需要筹措投入资金的90%左右，因此融资准备期短，融资任务重。再加上各国风电扶持政策、资本市场的发达程度差异性较大，以及风电行业竞争日趋激烈，一些国家和地区的银行将风电行业列入了审慎进入的行业，风电场项目融资难度更大。

(2) 尽可能降低融资成本。在可能的资金来源中，选取贷款或债券利率低的资金可降低融资成本。但在实践中，降低融资成本的另一个重要途径是充分利用项目所在国的税务优惠政策，主要体现在避免双重纳税、税收减免、税收抵扣等政策，如投资直接抵扣、加速折旧、吸收亏损扣税，这在结构化融资设计中尤为重要。

(3) 有利于再融资。由于资本市场环境和行业发展时机等因素的影响，风电场项目初始融资条件可能不是最优的。如贷款利率水平较高，此时在融资谈判时，最好达成弹性条款，常见的如避免提前还款高额罚息等，为以后再融资提供便利。2018年，鉴于欧洲的低利率金融环境，风电开发商能够以更有利的利率、贷款期限等条件来调整已有的债务结构，再加上新型项目融资方式的出现，欧洲风电行业再融资规模达到近 110 亿欧元，其中 85 亿欧元用于海上风电场项目，24 亿欧元用于陆上风电场项目。

（4）有利于获得控制权。控制权是指对企业经营事务或项目开发建设和运营等事务的决策权。Fama 等学者进一步将每项决策的控制权细分为提议权、审批权、执行权和监督权四项子权利。对于风电场项目开发商或主要发起人而言，融资行为不能影响其对项目的控制权，这是其关心的重要问题，也是对最终达成的融资整体结构的基本要求。

6.2 风电场项目投资开发组织形式

正如前面所述，风电场项目投资开发组织形式的选择或设计是投资结构分析中的工作内容，主要指投资主体组织形式的设计或选择问题。

6.2.1 常见的投资开发组织形式

风电场项目投资行为属于商业行为的一种，因此投资开发组织形式也是一种商业组织形式。各国法律制度不同，投资开发可采用的组织形式也有所不同，既有成立法人实体组织的，也有不成立法人实体组织的。综合国内外风电场项目投资开发的情况，主要包括以下常见的组织形式。

1. 公司

这是根据各国公司法等相关法律设立的、具有法人地位的商业组织形式，一般分为有限责任公司（Company with limited liability，Co. Ltd.）和股份有限公司（Incorporated Company/Incorporated Corporation，INC）。有限责任公司又称有限公司，在英美称为封闭公司或私人公司，是指根据法律规定的条件成立，由两个以上股东共同出资，并以其认缴的出资额对公司的经营承担有限责任，公司以其全部资产对其债务承担责任的企业法人。股份有限公司又称为股份公司，在英美称为公开公司或公众公司，是指注册资本由等额股份构成，股东通过发行股票筹集资本。《中华人民共和国公司法》规定：股份有限公司是指其全部资本分为等额股份，股东以其所持股份为限对公司承担责任，公司以其全部资产对公司的债务承担责任的企业法人。两者的区别如下：

（1）有限责任公司属于“人资两合公司”，其运作不仅是资本的结合，而且是股东之间的信任关系。从这点来看，可以认为有限责任公司是介于合伙企业和股份有限公司之间的；股份有限公司完全是合资公司，是股东的资本结合，不基于股东间的信任关系。

（2）股东人数规定不同。世界多数国家的公司法规定，有限责任公司的股东最少

2人，最多50人（也有规定30人的）[1]；而股份有限公司的股东没有数量的限制，有的大公司达几十万人，甚至上百万人。

（3）股本的划分方式不同。有限责任公司的股份不必划为等额股份，其资本按股东各自所认缴的出资额划分；股份有限公司的股票必须是等额的，其股本的划分，数额较小，每一股金额相等。

（4）发起人筹集资金的方式不同。有限责任公司只能由发起人集资，不能向社会公开募集资金，其股票不可以公开发行，更不可能上市交易；而股份有限公司可以通过发起或募集设立向社会公开筹集资金，其股票可以公开发行并上市交易。

（5）股权转让的条件限制不同。有限责任公司的股东可以依法自由转让其全部或部分股本，股东依法向公司以外人员转让股本时，必须有过半数股东同意方可实行；在转让股本的同等条件下，公司其他股东享有优先权。股份有限公司的股东所拥有的股票可以交易和转让，但不能退股。

（6）财务状况公开程度不同。有限责任公司的财务状况只需按公司章程规定的期限交各股东即可，无须公告和备查，财务状况相对保密；股份有限公司由于其设立程度复杂，并且要定期公布财务状况，难以操作和保密。

在实践中，有限责任公司是最受投资者欢迎的组织形式。

2. 合伙

尽管各国合伙企业法差异较大，但最基本的组织形式有普通合伙制和有限合伙制两种。

（1）普通合伙制。普通合伙制是指所有合伙人对于合伙制的经营、债务以及其他经济责任和民事责任均负连带、无限责任的一种合伙制。相对应地，对合伙制债务承担无限连带责任的合伙人称为普通合伙人。在此无限连带责任包括两层含义，一是指普通合伙人对合伙制的债务承担无限责任，即当合伙制的全部资产不能清偿其债务时，各合伙人必须以自身的财产对合伙制的债务承担无限责任；二是指普通合伙人之间对合伙制债务承担连带责任。当合伙制全部资产不能清偿其债务时，债权人可以向任何一个普通合伙人主张权利。普通合伙人不得以其出资份额大小、已超过合伙协议约定的分担亏损比例承担责任等任何理由予以拒绝。合伙人在承担合伙制债务后，有权根据合伙协议的约定向其他合伙人追偿。其他合伙人应当按照合伙协议约定的自己应承担的份额予以偿还。

---

[1] 注：《中华人民共和国公司法》（2018年修订）中规定有限责任公司股东可以只有一个自然人股东或者一个法人股东，即所谓“一人有限责任公司”。一个自然人只能投资设立一个一人有限责任公司。该一人有限责任公司不能投资设立新的一人有限责任公司。一人有限责任公司应当在公司登记中注明自然人独资或者法人独资，并在公司营业执照中载明。一人有限责任公司不设股东会，公司章程由股东制定。一人有限责任公司的股东不能证明公司财产独立于股东自己的财产的，应当对公司债务承担连带责任。

在我国，进一步将普通合伙制区分为一般普通合伙制和特殊普通合伙制。一般普通合伙制是指由普通合伙人组成，合伙人对合伙企业债务承担无限连带责任的经营性组织。特殊普通合伙制是指由普通合伙人组成，合伙人对合伙制债务，在一定条件下可以免除一部分连带责任的专业服务机构。特殊普通合伙制所指的“一定条件”为：“一个合伙人或者数个合伙人在执业活动中因故意或者重大过失造成合伙制债务的，应当承担无限责任或者无限连带责任，其他合伙人以其在合伙制中的财产份额为限承担责任。”

除此之外，普通合伙制的法律地位，各国法律规定也有所不同。在我国，认为普通合伙制是一种其他组织，并非一个法人实体。而在泰国，普通合伙制具体分为未注册普通合伙制（Unregistered Ordinary Partnership）和注册普通合伙制（Registered Ordinary Partnership）。未注册普通合伙制的所有合伙人一起参与并承担所有责任。该种合伙制不具备法人资质，在税务上可视为个体对待。但是注册普通合伙制是在商业注册部门注册的法人实体，区别于个体意义上的合伙制，在税务方面作为商业实体对待。

（2）有限合伙制。有限合伙制指由普通合伙人和有限合伙人组成，普通合伙人对合伙制债务承担无限连带责任，有限合伙人以其认缴的出资额为限对合伙制债务承担责任。有限合伙制由 2 个以上 50 个以下合伙人设立，其中至少包括 1 个普通合伙人和 1 个有限合伙人。

有限合伙制具备普通合伙制在税务安排上的优点，在一定程度上又使有限合伙人避免承担债务连带责任，能够满足不同投资者的需求，因此是项目融资中经常使用的一种组织形式。在使用有限合伙制的项目中，普通合伙人一般由在该项目领域具有良好投资意识和技术管理特长的个人或组织担当，负责合伙制的组织、经营和管理工作，并对合伙制债务承担无限连带责任；而有限合伙人一般作为资本投入者，根据合伙协议获取合伙收益，对合伙制债务只承担有限责任（仅限有限合伙人已投入和承诺投入到合伙制项目中的资本数量），不对外代表合伙制，也不直接参与企业经营管理。

在美国，合伙制形式更为多样化，除了上述的普通合伙制和有限合伙制外，还有有限责任合伙（Limited Liability Partnership，LLP）和有限责任有限合伙（Limited Liability Limited Partnership，LLLP）。我国的特殊普通合伙制与有限责任合伙相似，指在专业合伙中，一个合伙人对其他合伙人的故意或过失的行为只承担有限责任，即仅对本人负责的业务或过错所导致的合伙债务承担无限责任，对因其他合伙人过错造成的债务不负无限连带责任；有限责任有限合伙本质上是有限合伙，只要通过申报有限责任有限合伙证书的法律程序，普通合伙人就能享受有限责任的保护。

与公司享有独立的法人财产权不同，合伙企业财产属于全体合伙人共有财产，不属于合伙企业独立所有。在合伙企业存续期间，各合伙人对全部合伙财产平等地享有占有、使用、收益的权利，具有平等的处分权，同时也平等地承担义务。

3. 合资企业

很多发展中国家为了吸引外国直接投资，特别提出了合资企业的组织形式，并制定了专门法律予以规定。实践中，合资企业分为公司型合资公司和契约型合资企业两种。

（1）公司型合资公司（Incorporated Joint Venture，IJV）。IJV 多数情况下是有限公司，是由包括项目所在国本地投资者和外国投资者在内的至少 2 个股东，共同投资组建的一个新的法人实体。至于各股东在 IJV 当中所持的股份比例、公司治理结构如何安排，则需要结合实际情况讨论，并需要遵守项目所在国有关外商投资法律法规的规定和要求。但在一些国家里，如泰国，IJV 也可以是有限合伙。

（2）契约型合资企业（Unincorporated Joint Venture 或 Contractual Joint Venture，UJV）。一般而言，UJV 并不是一个独立的法人实体，相比 IJV，UJV 应被视为基于合作各方所缔结的合同而建立的一种较为松散的合作关系，合资目的通常是运作一个特定的项目。根据一些国家的法律规定，如泰国，UJV 合作关系中的各方应就 UJV 的债务对第三方承担连带责任。泰国《税法》第 39 条规定，合作组建 UJV 的各方中至少有一方须是独立法人实体（公司或具备法人资质的合伙企业）。外国投资者可以利用离岸的主体作为 UJV 的缔约方。

在我国，合资企业具体分为中外合资经营企业（简称合营企业）和中外合作经营企业（简称合作企业）。合营企业的形式为有限责任公司，是具有法人地位的商业实体；合作企业的法人资格有可选择性。合作企业可以是有法人地位的企业，也可以是不具备法人的企业。合作企业合作各方的投资分配、风险责任承担、利润分配和亏损的分担、资本的回收、经营管理方式和财产归属等事项，都通过合作各方签订的合同确定，这就是合作企业“契约性”的体现。2020 年 1 月 1 日起，《中华人民共和国中外合资经营企业法》废除，取而代之的是《中华人民共和国外商投资法》，对外商投资实行准入前国民待遇加负面清单管理制度。外商投资准入负面清单以外的领域，按照内外资一致的原则实施管理。自此，合营企业组织形式在我国不再存在，但合作企业组织形式依然有效。

4. 分公司

在大多数国家和地区，可通过设立分公司在当地开展商业活动。分公司不是独立的法人实体，通常被视为其总公司的一部分，因此总公司须对分公司签署的合同及实施的侵权行为承担法律责任。对于分公司的企业所得税管理，各国法律规定有所不同。在我国，分公司的企业所得税管理为：符合规定条件的汇总纳税的分公司，实行“就地预缴、汇总清算”；无法提供汇总纳税企业分支机构所得税分配表，又无法证明分支机构的，按照独立纳税人就地缴纳企业所得税；分公司实行独立核算、不汇总纳税的，按照独立纳税人就地缴纳企业所得税。而在泰国，分公司须就其来源于泰国的所得按照20%的比例缴纳所得税。总公司应提前就其收入当中哪些部分视为泰国《税法》下的应税所得作出澄清，以防止泰国税务局将总公司的收入错误认定为来源于泰国的收入。

6.2.2 投资开发组织形式选择的影响因素

回顾商业组织形式的发展历程，影响商业组织形式的因素不外乎税务承担、企业控制权和责任承担的问题。这些因素同样影响风电场项目投资开发组织形式的选择。但鉴于风电行业的特殊性，如风能资源随机性和波动性导致的风电投资风险较大等，风电行业也有其自身的一些特殊目的和要求。

1. 税务优惠

正如美国学者罗伯特·W·汉密尔顿在其著作《美国公司法》中所言，选择企业的形式，首要考虑的因素就是税务的承担问题。不同商业组织形式下，纳税义务规定有所不同。如公司是纳税主体，在某些特定条件下，只有充分利用公司的合并、拆分，才能达到利用税务亏损冲抵公司盈利的目的，这导致了投资开发组织设计的复杂化。而合伙企业在大多数国家的法律规定里并不是纳税主体，合伙企业的收益一般与合伙人其他收入合并纳税；同理，契约型合资企业本身也不是纳税主体，项目销售收入直接归投资者所有，此时项目投资者可以将项目的亏损或盈利与其他业务的收入合并起来，统一纳税，从而可以达到利用税务亏损冲抵投资者其他业务盈利的目的。

2. 控制权配置

不同的商业组织形式下，投资者对风电场项目的开发建设、经营决策权及其行使方式是不同的。在契约型合资企业和普通合伙企业中，不论投资者投资比例大小，投资者可直接参与风电场项目的经营决策；但在公司企业中，投资比例不大的投资者往往难以在项目的经营方面有重要的影响，从而难以实现自己的意志。因此投资者若在项目中的投资比例不大，但又想拥有一定的经营决策权，此时可考虑采用契约型合资企业和普通合伙企业。

3. 风险承担和项目债务的隔离程度

不同商业组织形式下，投资者承担的责任是不同的。投资者之间如何安排责任的有限与无限，责任的连带与不连带，这有比较多样化的选择。若投资者只愿意承担间接的、有限的风险和责任，则多偏向于公司型企业组织形式；若投资者有能力且愿意承担更多的风险和责任，以期获得更大的投资回报，则可能会倾向于采用契约型合资企业或合伙企业。

4. 财务处理的要求

财务处理要求主要体现在财务信息公开披露和财务报表的合并处理。按照各国公司法、证券法等相关法规规定，股份公司往往要承担信息公开披露的责任和义务，因此不想公开披露财务信息的投资者可能会对股份公司持谨慎态度。由于风电场项目债务融资比例较高，如果风电场项目资产负债情况反映在投资者自身的财务报表上，会给投资者的其他经营活动带来影响。因此对于一些投资者而言，必须考虑财务报表的合并处理问题。对契约型合资企业，不管投资比例大小，该项投资的全部资产负债和损益状况都必须在投资者自身的公司财务报表中全面反映出来；而对于公司型企业，情况就比较复杂一些，从形式上看，会视投资比例的大小进行不同的账务处理。如若持股比例低于20%，一般只要求投资者在其自身公司的财务报表中反映出实际投资成本，而不需要反映任何被投资公司的财务状况；但若持股比例超过50%，则投资者被认为拥有被投资项目的控制权，该项目资产负债表需要全面合并到投资者自身公司的财务报表中，以达到全面真实地反映该投资者财务状况的目的。

5. 利润提取的难易程度

风电场项目投资者参与项目的投资、开发建设和运营，往往是有一定的经济目标，即项目利润和相应的资产。投资者背景不同，对项目利润提取的要求可能不同。公司型企业中，投资者只能按照持股比例对项目的税后利润分红而获得回报，而契约型合资企业和合伙企业则灵活得多，可通过投资各方达成的契约进行利润分配。

6. 投资变动的要求

项目投资的变动包括原有投资的转让退出和新资本的进入两个方面。这两个方面的不同要求会促使投资者选择不同的项目开发组织形式。

（1）投资的可转让性。投资者在一个项目中的投资权益能否转让、转让程序以及转让时的难易程度是评价投资开发组织形式有效性的一个考虑因素。项目经营期间，出于战略上或者经济上的原因，投资者可能需要出售项目资产或权益，此时转让程序、转让成本等问题是很重要的制约因素。一般情况下，若采用公司型组织，则投资的转让就比较简单；若采用契约型合资企业或合伙企业，转让投资时要征得其他投资者的同意，转让投资就相对麻烦、复杂些。

（2）新资本进入的便利性。风电场项目一般具有较高的债股比，当出现经营困境时，可能会要求注入一定的补充资本。因此，在选择投资开发组织形式时，要对这一问题予以重视。当可能经常要求注入补充资本时，一般倾向于选择公司型企业；这样，在增资扩股时比较便利。如果项目出现财务困境的概率较小，则可能会偏向选择契约型合资企业。

以上只是原则性地讨论了选择风电场项目投资开发组织形式时常考虑的因素。但在实际工作中，尚需考虑项目所在地的法律制度以及投资者的风险偏好等因素。同时这是一个多目标选择的问题。还有一个目标优先顺序、长远目标和短期目标之间权衡的问题。更重要的是，项目投资开发组织形式的选择也是不同投资者之间，投资者与贷款银行之间的利益平衡和风险平衡过程。

6.2.3 风电场项目投资开发组织形式的选择

风电场项目为清洁能源项目，国家要求大力发展清洁能源，同时要求各企业有一定配比，对于央企、国企来说，发展清洁能源势在必行。大多数央企、国企会自行开发风电场项目，独资较多，某些情况下地方政府会要求参股。由于清洁能源项目竞争较为激烈，为争取项目资源，资源互补的多家企业合作开发风电场项目也成为一种选择。如某企业已和地方政府签订合作框架协议，取得当地风电场项目的开发权，为使项目后续能够顺利开发，引入另一家公司，联合申报项目指标，共同开发项目。或者风电上游企业以制造业产业投资换取地方资源，但上游企业不想长期和大量持有风电场资本，因此有需求引入电站开发和运营合作企业共同进行项目开发。也有一人公司或几人公司开发项目的形式。

(1) 独资公司。在这种情况下，项目资源的获取、核准备案由企业自行组织，按要求申报。项目投资方面由企业负责筹资建设。例如，华能汤阴风电场项目由华能国际电力股份有限公司（简称华能国际）自主开发，装机容量 15 万 kW，位于河南省安阳市汤阴县，总投资 11.7 亿元，资本金占比 20%，由华能国际出资，其余资金由银行贷款解决。在当地成立独资项目公司负责项目开发建设，公司属于项目法人企业，只作为独立核算主体，不另设机构，由华能河南清洁能源分公司统一经营管理。

(2) 合资公司。对于直接投资开发风电场项目的情形，采用合资公司形式，在资源条件方面，如与地方政府的关系上较有优势，容易获得地方政府各相关部门的支持；同时对项目指标的争取和后续相关手续办理较为有利。例如，华能台前风电场项目，装机容量 4 万 kW，位于河南省濮阳市台前县，总投资 3.26 亿元，其中资本金占比 30%，银行贷款 70%。华能台前风电场项目公司由华能集团公司和当地政府招商投资平台企业濮阳兴业新能源有限公司共同出资成立，股权结构为51%∶49%。华能台前风电场项目由华能自主开发，濮阳兴业新能源有限公司不参与公司的建设、生产和经营管理，只作为独立核算主体，不另设机构，由华能河南清洁能源分公司统一经营管理。

在风电场项目并购的情形下，项目公司收购后，是合资公司还是独资公司，需视原股东全部股份转让还是部分股份转让的意愿而定。例如，华能甄窑风电场项目装机容量 4.8 万 kW，位于河南省平顶山市汝州市，该风电场项目原由北京许继新能源科技有限责任公司获得，后与华能集团公司合作，成立合资公司华能汝州清洁能源有限公司，原股东保留 5%的股份，华能集团公司占股 95%。由华能汝州清洁能源有限公司 100%出资成立项目公司——汝州许继风电有限责任公司，共同开发建设汝州甄窑风电场项目。该项目总投资 4.1 亿，其中资本金 30%，债务资金由项目公司作为借款人，通过银行贷款解决。华能甄窑风电场项目投资组织形式示意图如图 6－2 所示。

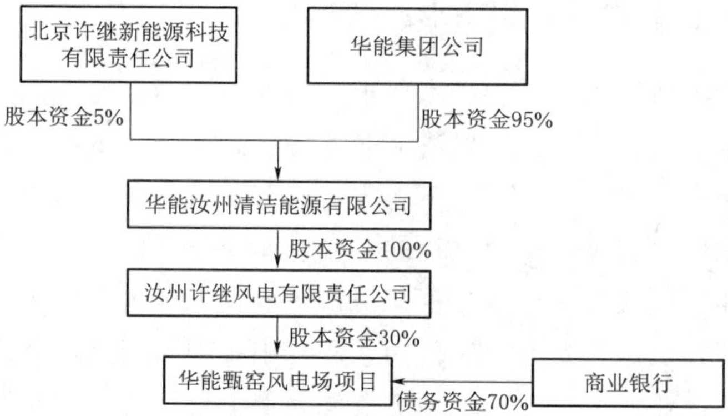

图6-2　华能甄窑风电场项目投资组织形式示意图

6.3　风电场项目资金来源与资金结构

6.3.1　风电场项目主要资金来源

风力发电属于资本和技术密集型行业，因其资金需求大、建设周期短，存在初期融资规模大、任务重等特点。一般而言，根据资金偿还顺序的不同，项目建设或并购资金可分为权益资金和债务资金两大类。在此，结合国内外风电场项目融资实践，按照两大类资金性质分别阐述其常见的资金来源。

1. 权益资金主要来源

权益资金常见的资金来源有风电场项目发起人、其他投资者、资本市场、财务投资者和政府等，具体筹措方式为发起人自有资金、企业直接投资、发行股票、私募资本和政府财政直接投资等。

（1）发起人自有资金。发起人自有资金属于内源性融资，主要来自于企业经营利润的自身累积，因此也常称为企业留存收益。内源性融资的优点是资金使用灵活，采购不受限制，融资程序简单，几乎没有资金筹措成本。风电场项目发起人投资决策一旦完成，项目审批建设条件成熟，就可以立即付诸实施，而不像其他融资模式要经过冗长的融资审批程序，有利于降低政策风险、外汇风险等。内源性融资将大大缩短风电场项目建设周期，提高投资收益率。近年来风电企业通过内源性融资建设风电场项目呈稳定增长的趋势。但是受风电机组利用小时数、外送线路以及电网消纳限制，风电场项目普遍盈利不高，再加上国家新能源电价基金补贴无法足额到位，导致风电场项目难以通过内源性融资实现滚动发展。

（2）企业直接投资。基于风电场项目融资或战略性合作投资、获取风能资源等方面原因的考虑，在实践中，风电场项目发起人通常会联合其他投资者，以共同组建风电场项目公司的形式筹措权益资金或资本金，其他投资者按股权比例投入的资本金即为企业直接投资。

(3) 发行股票。公开上市的风力发电公司可以在资本市场上筹措到较大规模的权益资金。但根据各国证券法，公司上市需要满足一定条件和走完一整套流程，首次上市时间长，通常从申请上市到首次上市时间至少3年。上市后可能还要面临信息的规范化披露，存在失去经营保密性和控制权的风险，还会面临较大的盈利压力，否则存在退市风险。因此，公司股票上市对单个风电场项目公司并不适用，仅适用于大型专业风电集团公司或者大型集团公司分拆专业风电子公司。目前在我国，以风电场运营为主营业务的公司上市融资的仅有龙源电力、华能新能源、大唐新能源、协和新能源等少数几家，而电力股参股新能源项目的相对较多。

(4) 私募资本。作为传统化石能源的一种新型替代能源，风力发电受到世界许多国家和地区的鼓励和支持，具有良好的发展前景。产业成熟度以及技术竞争力的持续提高，吸引了越来越多的财务投资者（包括机构投资者、金融服务业等投资者）进入其中，成为项目股权持有者。常见的形式是通过组建产业基金或股权投资基金等私募资本的方式参与投资或进行项目并购。对于项目并购而言，这些合作伙伴对于发电商、开发商是至关重要的，后者需要回收资本来为新资产进行融资。2018年，欧洲地区企业并购融资规模为52亿欧元，与2017年基本持平，延续了此前数年供应链市场集中度不断提升的趋势。

(5) 政府财政直接投资。从我国风电产业政策发展沿革看，中央、地方两级财政为加强支持环境保护，增强发展可再生能源产业和开发新能源的力度，加强对战略新兴产业的资金支持，专门设立了可再生能源发展专项资金、可再生能源电价附加收入和节能减排专项资金。以2010年为例，中央财政节能减排和新能源发展专项资金合计709亿元，这些财政资金直接用于在风能丰富区和较丰富区进行大型风电场项目投资建设。2010年《中华人民共和国可再生能源法》修订后，可再生能源电价附加收入与可再生能源发展专项资金及其他资金合并形成可再生能源发展专项基金。为促进风电产业的快速发展，很多国家和地区都出台过类似的财政支持政策，这在风电产业萌芽期和成长期尤为重要。

2. 债务资金主要来源

债务资金常见的资金来源有商业银行、机构贷款者、出口信贷机构和资本市场等，具体筹措方式为商业银行贷款、出口信贷、直接债务融资、永续债等。

(1) 商业银行贷款。商业银行贷款是风电场项目最主要的资金来源之一。国内商业银行贷款通常占风电场项目投资的近70%，最高可达80%。风电场项目具有初始一次性投资巨大、占用资本金大、回收周期长等特点，囿于国内资本市场的不完善，除了部分开展交易外，风电场项目融资基本上依靠商业金融机构贷款。通常的做法是：先设立风电场项目公司，从股东处获得注册资本，由项目公司从商业金融机构贷款，弥补注册资本和投资总额的差额。商业金融机构贷款受国家宏观经济形势和金融政策的限制，不可能全部满足风电场项目融资额。银行贷款具有审批时间相对较短，利息税务杠杆效应（所得税前抵扣）等优点。虽然存在限制条件较多、需要严苛的担保条件、贷款规模受限等不足，但仍然是风电场项目首选的融资方式。

（2）出口信贷。对于风电技术不发达的国家和地区或国外风电技术具有比较优势时，可能会采用境外采购方式，进而利用出口信贷筹措资金。出口信贷是大中型机械设备等资本货物出口国为支持和扩大本国商品的出口，加强国际竞争力，对本国的出口给予利息贴补并提供信贷担保的方法；鼓励本国的银行对本国出口商或外商进口商（或其银行）提供利率较低的优惠性质贷款，银行提供的低利息贷款与市场利率的差额则由出口国政府机构或官方出口信贷机构补贴，贷款金额的比例一般不超过商品购买合同金额的85%。实践中，出口信贷主要有买方信贷、卖方信贷和福费廷等类型。

（3）直接债务融资。直接债务融资主要表现为发行企业债券和中期票据两种类型，这在资本市场比较发达的国家和地区尤为明显。根据债券发行主体的组织形式不同，企业债券又进一步分为一般企业债券和公司债券。我国企业债券和中期票据融资方式比较见表6-1。

表6-1 我国企业债券和中期票据融资方式比较

项 目	中期票据	一般企业债券	公司债券
发行主体	具有法人资格的非金融企业	具有法人资格的企业	所有公司制法人
发行管理部门	中国人民银行（交易商协会）	国家发展改革委	证监会
发行管理方式	注册发行	直接核准发行	核准发行
发行期限	2～10年，多为5年	3～20年，多为10年	3～10年，多为5年
发行时间	注册有效期内可以分期发行或一次性发行，但需在注册2个月内完成首次发行	须在核准文件印发之日起2个月内完成发行	在12个月内完成首期发行，余额应在24个月内发行完毕
发行利率	市场决定	市场决定，但不得高于国务院规定	
最低主体评价	BBB+	BBB-	A+
担保形式	无担保	可担保	无强制担保要求

当发行债券筹集的资金专门用于资助符合规定条件的绿色项目时，此类债券又专门称为“绿色债券”。绿色项目具体包括但不限于节能、污染治理、资源节约与循环利用、清洁交通、可再生能源、生态保护和适应气候变化等领域。与普通债券相比，“绿色债券”在发行流程、基本功能和特点方面并无区别，只是要求资金用途对环境、

气候有积极作用，强调绿色效益。“绿色债券”由欧洲投资银行自2007年6月全球首次发行以来，在国内外市场上发展迅猛，目前已形成了“绿色债券”原则（GBP）和气候债券组织标准（CBS）两个主要的行业标准。从债券发行规模看，2017年全球“绿色债券”的全年累计发行额已突破1202亿美元，投向集中在可再生能源和绿色交通领域；从发行主体看，由投资银行扩大到世界银行、国际金融公司（IFC）、市政机构及州政府以及大型国际性银行及公司。

我国“绿色债券”的发展相对较晚，2015年正式建立“绿色债券”的制度框架。2015年12月，中国人民银行和国家发展改革委办公厅分别发布了《中国人民银行公告》(〔2015〕第39号）和配套的《绿色债券支持项目目录》以及《绿色债券发行指引》(发改办财金〔2015〕3504号)，对“绿色债券”的适用范围、支持重点和审核要求进行了规范。此后，中国人民银行和财政部等七部委、中国证监会、中国银行间市场交易商协会分别发布《关于构建绿色金融体系的指导意见》(银发〔2016〕228号)、《中国证监会关于支持绿色债券发展的指导意见》(证监会公告〔2017〕6号)、《非金融企业绿色债务融资工具业务指引》（中国银行间市场交易商协会公告〔2017〕10号)，以支持和规范中国“绿色债券”的发展。

2016—2018年，我国已发行“绿色债券”合计6323.63亿元，共181个主体，累计发行不同的“绿色债券”296只。其中64.41%来自绿色金融债，共计4073.20亿元；绿色非金融债券发行数量合计190只，发行规模合计2179.64亿元。从资金投向看，2017年投向清洁能源类的绿色项目资金607.44亿元，占非金融企业“绿色债券”总发行额的27.87%。

(4) 永续债。顾名思义，永续债是一种可以永久存续的债券，其没有固定的还本期限，仅需在存续期内付息；但发行主体在一定时期后拥有选择行使赎回权的权利。永续债具有如下特点：

1）期限较长。永续债没有规定具体的还本日期，在发行主体使用赎回权之前，只需在这个期限内按一定周期付息。国内发行永续债的时间一般为$X+N$模式，发行主体在X年内只需要支付固定的利息，而在X年后会有一个利息跳升机制。这使得永续债虽然理论上是永久存续的，但在后期背负的资金成本会越来越高，所以在一定时期发行主体会根据自身情况行使赎回权。

2）会计处理。永续债虽然有债权之名，但根据我国现行会计处理规定，在会计处理上计入权益工具。因此永续债具有夹层融资的特征，表面为债券而实际是权益工具，这可降低发行主体的资产负债率和面临的财务风险。

3）清偿顺序。永续债的清偿顺序是优于优先股和普通股的，这意味着在企业发放现金股利之前，必须要先支付永续债的利息以及孳息，这是由于永续债的强制付息条款。但也有企业把永续债的清偿顺序定位于与普通债权相同，同时不同的清偿顺序产生了不同的财务风险，这就导致了不同的融资成本，按照发行历史来看永续债的利率低于股权融资而高于债权融资。

永续债适用于需要前期投入大量资金和长期融资的企业，例如房地产、能源等行业。我国首单通过绿色永续债券进行融资的企业为新疆金风科技股份有限公司，其于2016年5月发行了2016年度第一期中期票据，总注册额为30亿元，注册额度2年内有效。第一期发行规模10亿元，期限为5＋N年，发行利率5%，所筹资金用于风力发电设备的原材料以及零部件采购，并将所制造的风力发电设备用于其投资的10个风电场项目。

【案例6-1】 协合风电的主要资金来源

协合风电投资有限公司（简称协和风电）成立于2008年，初始注册资本为3亿元，是我国非国有风力发电公司的代表之一。协合风电原始股东为北京世纪聚合风电技术有限公司、北京聚合电力工程设计有限公司、吉林省天合风电设备有限公司、吉林协合电力工程有限公司，分别持股30%、20%、30%与20%。之后公司发生多次股权变更，最终北京国华爱地风电运行维护技术服务有限公司为协合风电唯一的股东，其实际控制人为协合新能源集团有限公司（简称协合新能源）的国内全资子公司，因此协合风电的唯一实际控制股东为协合新能源。协合新能源集团有限公司成立于2006年，是一家国际性的可再生能源集团，也是目前香港证券市场上唯一一家具有纵向集成一体化商业发展模式的清洁能源发电上市公司，以风电场和太阳能电站投资运营、风力发电和太阳能发电服务业务为主营业务。

截至2019年6月，协合风电资产负债率68.67%，低于国有发电集团总体资产负债率，与其他新能源上市公司相当（如龙源电力61.38%，大唐新能源79.08%，华能新能源66.3%）。除了自有资金外，协合风电融资以债务融资为主，但与国有风电企业债务融资几乎全部依靠银行贷款不同，协合风电债务融资渠道相对丰富。据2018年协合财务数据报告，协合风电报告期末总借款余额76.31亿元，其中银行贷款40.02亿元，占比约52%；其余以公司债券和融资租赁等形式补充。尤其是2016年协合风电在中国银行间市场交易商协会成功注册首单绿色债务融资工具，成为全国首单完成注册的非金融企业“绿色债券”，注册金额5亿元。2019年中国证监会再次核准协合风电发行总额不超过10亿元的“绿色债券”。协合风电以中期票据的形式发行“绿色债券”，不仅能较为迅速地获得所需资金，弥补资金不足，还能因“绿色债券”获得投资者的关注与青睐。作为典型的新能源电力企业，协合风电开发与运营的风力发电与太阳能发电项目均属于国家发展改革委《绿色债券支持目录》的绿色项目范畴，协合风电的“绿色”属性十分明显，符合“绿色债券”发行的准入条件。因此，在众多可选择的融资方式中，以中期票据形式发行的“绿色债券”为协合风电更好的融资选择。

6.3.2 风电场项目资金结构

风电场项目的资金结构有广义和狭义之分。广义的资金结构指不同来源、不同渠道资金之间的有机构成及其比例关系，不仅涵盖不同来源资金的数量关系，还包含资金的期限结构、利率结构、币种结构等。狭义的资金结构仅指长期资金中权益资金与债务资金之间的比例关系，俗称债股比。

1. 资本金制度

在清偿顺序中，权益资金在债务资金之后，尤其是普通股投资者，拥有剩余索取权，承担项目投资的最终风险。权益资金比例越高，越有利于降低项目的财务风险，但也存在投资门槛高的问题，从而阻碍产业发展。为降低固定资产投资风险，优化产业结构，我国自 1996 年开始推行固定资产投资项目资本金制度，期间历经数次修订，最新修订日期为 2019 年 11 月 13 日，主要修订内容如下：

（1）降低部分基础设施项目最低资本金比例。将港口、沿海及内河航运项目资本金最低比例由 25%降至 20%。对补短板的公路、铁路、城建、物流、生态环保、社会民生等方面基础设施项目，在投资回报机制明确、收益可靠、风险可控的前提下，可适当降低资本金最低比例，下调幅度不超过 5 个百分点。

（2）基础设施领域和其他国家鼓励发展的行业项目，可通过发行权益型、股权类金融工具筹措资本金，但不得超过项目资本金总额的 50%。

电力等其他项目维持 20%资本金比例不变。

2. 资金结构设计

（1）资金结构设计目标。主要是合理安排债股比，以达到如下目标：①降低项目综合资金成本率和融资风险；②充分利用项目财务杠杆利益；③提高项目盈利能力；④有利于充分利用税务优惠。

（2）资金结构设计步骤。一般遵循以下步骤进行：

1）进行项目融资前的现金流量分析，判断项目融资前的财务可行性。

2）项目资金供求平衡分析。根据项目资金需求总量、项目主要发起人资金供给现状确定项目融资总额。

3）分析可能的资金来源及其资金的使用条件，初步确定不同来源资金的资金成本。

4）根据可能的负债资金组合条件，分别进行项目的最大负债能力测算，并综合考虑一定的不确定性，初步确定项目的总资金结构，即项目的债股比。

5）在不同资金来源和融资方式中，初步分析确定不同来源、不同方式的项目资本金和债务资金使用的优先次序。

6）根据初步确定的项目总资金结构、资金使用的优先顺序，形成若干项目资金结构方案。

7）针对不同的项目资金结构方案，分别计算其综合资金成本率或普通股每股收益并据此进行决策，最终确定项目资金结构。

（3）最优资金结构设计方法。

1）折现现金流量模型法（DCF）。对于独立方案而言，针对若干项目资金结构方案，采用既定的折现率，对风电场项目计算期（一般为特许期或有效生命期）内的净现金流量进行折现计算，获取净现值（NPV）或内部收益率（IRR）动态评价指标，选取净现值不小于零且最大的资金结构方案为最优方案或者选取内部收益率不小于期望收益率且最大的资金结构方案为最优方案。

2）最低综合资金成本法（WACC）。对不同来源的资金，分别计算其资金成本，然后按照不同来源资金占总资金的比例，求解其加权资金成本（WACC）或综合资金成本，选取综合资金成本最低的方案为最优资金结构方案。

3）息税前利润—每股利润分析法（EBIT - EPS）。息税前利润—每股利润分析法是利用每股利润无差别点来进行资金结构决策的方法。每股利润无差别点是指两种或两种以上融资方案下普通股每股利润相等时的息税前利润点，也称息税前利润平衡点或利润无差别点。根据每股利润无差别点，分析判断在什么情况下可利用什么方法融资来安排及调整资金结构，进行资金结构决策。

首先要计算出不同融资方式间的无差别点，然后通过比较相同息税前利润情况下的每股利润值大小，分析各种融资方式每股利润值与临界点之间的距离及其发生的可能性，从而选择最佳的融资方式。因此，这种分析方法的实质是寻求不同融资方式之间的每股利润无差别点，以使项目能够获得对股东最为有利的最优资金结构。EBIT - EPS法主要在既有项目法人融资情形下采用。

3. 资金成本的计算

资金成本是指资金使用者为筹集和使用资金而付出的代价，主要由两部分组成：①占用或使用资金的代价，如利息、股息、红利等，称为用资费用；②资金筹集过程中发生的各项费用，如借款手续费、证券发行费等，称为融（筹）资费用。

实践中一般习惯用资金成本率的形式来表示资金成本的大小。资金成本率的一般计算公式为

$$C=\frac{I}{P-C_F} \tag{6-1}$$

式中　C——资金成本率；

I——每年的用资费用；

P——筹资总额；

C_F——筹资费用。

为方便不同来源资金成本的比较，式（6-1）中每年用资费用应为“税后用资费用”。

（1）权益资金成本。可采用资本资产定价模型、税前债务成本加风险溢价和股利增长模型等方法计算，也可直接采用投资主体或开发主体的预期报酬率或既有法人的净资产收益率计算。

1）资本资产定价模型法。其计算公式为

$$C_s=R_f+\beta_i(R_m-R_f) \tag{6-2}$$

式中 C_s——权益资金成本；

R_f——社会无风险投资收益率；

β_i——项目的投资风险系数；

R_m——行业预期收益率。

2）税前债务成本加风险溢价法。其计算公式为

$$C_s=C_b+RP_c \tag{6-3}$$

式中 C_b——所得税前的债务资金成本；

RP_c——投资者比债权人承担更大风险所要求的风险溢价。

3）股利增长模型法。其计算公式为

$$C_s=\frac{D_1}{P_0}+G \tag{6-4}$$

式中 D_1——预期年股利额；

P_0——普通股市价；

G——普通股利年增长率。

（2）债务资金成本。其计算公式为

$$P_0(1-F)=\sum_{t=1}^{n}\frac{P_t+I_t(1-T_{AX})}{(1+C_d)^t} \tag{6-5}$$

式中 P_0——债券发行额或长期借款金额；

F——债务资金筹资费用率；

I_t——约定的第 t 期末支付的债务利息；

P_t——约定的第 t 期末偿还的债务本金；

C_d——所得税后的债务资金成本率；

n——债务期限；

T_{AX}——所得税率。

6.4 风电场项目新型融资模式

在大多数国家和地区，风电场项目开发商或运营商严重依赖商业银行贷款，这不

仅导致风电企业资产负债率居高不下，资金链非常脆弱，增加了企业财务风险，而且影响企业再筹资能力，降低企业资金周转速度，增加了企业经营成本。尤其在缺乏优惠信贷政策支持的情况下，商业银行对风电场项目的贷款通常要求有第三方提供连带责任担保，使风电场项目开发商或运营商融资更加困难。显然，为促进风电产业的发展，必须进行融资方式、融资手段创新。近些年来，一些新型融资模式也在国内外风电产业得以运用。

6.4.1 融资租赁

1. 融资租赁的定义

根据我国《企业会计准则第21号——租赁》，融资租赁是指实质上转移了与租赁资产所有权有关的几乎全部风险和报酬的租赁。其所有权最终可能转移，也可能不转移。

融资租赁必须满足以下一种或多种条件：

（1）在租赁期届满时，租赁资产的所有权转移给承租人。

（2）承租人有购买租赁资产的选择权，所订立的购买价款与预计行使选择权时租赁资产的公允价值相比足够低，因而在租赁开始日就可以合理确定承租人将行使该选择权。

（3）资产的所有权虽然不转移，但租赁期占租赁资产使用寿命的大部分。

（4）在租赁开始日，租赁收款额的现值几乎相当于租赁资产的公允价值。

（5）租赁资产性质特殊，如果不作较大改造，只有承租人才能使用。

如果一项租赁存在下列一项或多项迹象的，也可能被视为融资租赁：①若承租人撤销租赁，撤销租赁对出租人造成的损失由承租人承担；②资产余值的公允价值波动所产生的利益或损失归属于承租人；③承租人有能力以远低于市场水平的租金继续租赁至下一期间。

2. 融资租赁的类型和优点

（1）融资租赁的类型。常见的类型有售后回租和直接租赁两种。

1）售后回租。其本质是一种以存量资产为基础的资金筹措手段，即售后回租是面向项目完毕已经投产运营，有偿还基础的项目。将存量资产打包出售给租赁公司（出租人），所有权转移给租赁公司，作为对等交易，原始权益人获得一笔资金，可用于新建项目的投资开发建设；与此同时，原始权益人作为承租人，通过支付租金的方式获得已出售存量资产的使用权，并承担几乎所有的风险和报酬。

2）直接租赁。直接租赁就是出租人根据承租人的要求，订购或购买租赁资产，然后与承租人签署租赁合同；承租人获得租赁资产的使用权，并承担与租赁资产所有权有关的全部风险和报酬。

（2）融资租赁的优点。对于承租人而言，融资租赁可以实现“融资”与“融物”的双重目的。按照现行资本金制度，若采用传统商业银行贷款方式，风电场项目开发商或运营商要投入的自有资金比例达到20%及其以上，商业银行才有可能发放贷款。但在融资租赁模式下，风电场项目开发商或运营商作为承租人，可以实现百分之百融资，极大地减轻了风电场项目开发商前期固定资产投资资金筹措的压力。此外，融资租赁还有如下优点：

1）融资租赁可以直接降低资金成本。这主要源于加速折旧和税收政策。一方面，融资租赁资产的折旧计提在承租人方，承租人可以享受加速折旧扣税效应；另一方面，出租人由于购买租赁资产，可以享受增值税进项税的抵扣，从而适当降低租赁利率。

2）降低企业财务压力，快速折旧改善财务账面、增加现金流。

3）决策便利，租金以费用列支。融资租赁模式下，承租人可以结合自身财务状况选择如何支付租金，这与一般商业银行传统贷款的固定模式、固定时间的还款方式有较大差异。

4）承租人不实际拥有设备，可以降低设备价格变化对承租人的影响。

5）不影响既有股东权益。

6）融资租赁期较长，一般可以达到8～10年。

在实践中，融资租赁既可应用于风电场项目主设备，也可应用于整个风电场项目。2009年，华能新能源股份有限公司（简称华能新能源）首次成功运作了风电行业融资租赁模式。阜新一期融资租赁结构图如图6-3所示，华能新能源与风电场项目公司——华能阜新风力发电有限公司作为共同承租人与金融租赁公司签署融资租赁合同，金融租赁公司根据承租人要求，出资购买风电场项目主设备，金融租赁公司拥有主设备的所有权，承租人通过定期支付租金和提供电费收费权质押获得主设备的使用权，并承担与所有权相关的风险和报酬。华能新能源以融资租赁模式为阜新一期和通辽一期、二期风电场项目主设备共筹措了10亿元资金，解决了项目资金需求。考虑到风电场项目的建设进度要求，华能新能源与金融租赁公司约定分批起租以降低财务费，加之税务优惠政策，采用融资租赁模式较传统银行贷款，资金成本有所降低。据测算，2009年节约利息费用770万元，在整个融资租赁期内可节约利息费用2700万元。

6.4.2　供应链融资

供应链融资（Supply Chain Finance）是视供应链核心企业及其相关的上下游配套企业为整体，根据供应链中企业的交易关系和行业特点制定基于货权及现金流控制的整体金融解决方案的一种融资模式。供应链融资解决了上下游企业融资难、担保难的

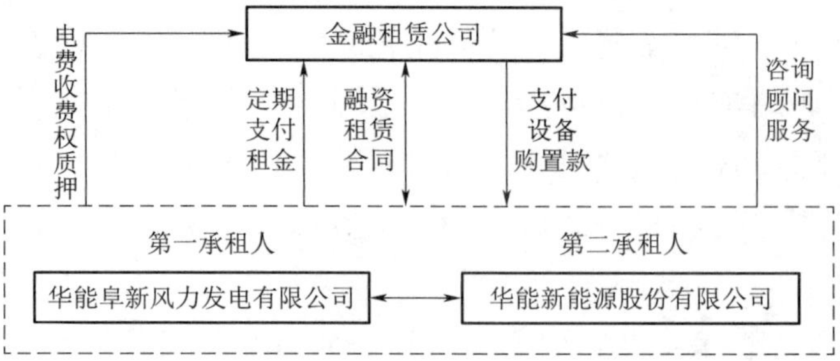

图 6-3 阜新一期融资租赁结构图

问题，而且通过打通上下游融资瓶颈，还可以降低供应链条融资成本，提高核心企业及配套企业的竞争力。

供应链融资的主要运作思路是：①理顺供应链上相关企业的信息流、资金流和物流；②银行或金融机构根据稳定、可监管的应收、应付账款信息及现金流，将银行或金融机构的资金流与企业的物流、信息流进行信息整合；③由银行或金融机构向企业提供融资、结算服务等一体化的综合业务服务。物流、资金流和信息流的统一管理与协调，使参与者，包括供应链环节的各个企业以及银行或金融机构，进一步提高了供应链的管理效率。

风电产业链中，随着风力发电设备生产商生产能力的不断增强，开拓市场是其企业效益的重要保证。基于这种潜在需求，风力发电设备生产商愿意为购买者提供融资方便，并与购买者一起分担融资风险，从而取得与购买者的后期合作；这样既减轻了风电场项目开发商或运营商的投资压力，也使设备生产商拓宽了市场，实现双赢。

目前我国各商业银行都推出了自己的供应链融资产品，比较有名的是招商银行推出的政采贷、商采贷、央采贷三大标准化产品；中国银行推出了包括融信达、融易达、订单融资、销易达、融货达、货利达、通易达、融通达等在内的一系列供应链融资产品。

6.4.3 项目融资

本书讨论的项目融资，取其狭义概念，即国际上通行的“无追索或有限追索性质的贷款”，与传统公司融资的“无限追索”性质有所区别。

国际著名法律公司 Clifford Chance 将项目融资定义为：“融资不是主要依赖项目发起人的信贷或所涉及的有形资产，提供债务的参与方的收益在相当大程度上依赖于项目本身的效益。”通俗地说，在项目融资方式下，项目借款人对项目融资承担的债务责任与其本身拥有的其他资产在一定程度上是分离的。如果项目未来有足够的经济强度偿还债务，则项目借款人的债务责任仅限于他拥有的项目现金流量和项目资产，不涉及或仅在有限的时间和范围内涉及他的其他资产。

为实现与项目发起人的债务隔离，通常需要成立一个特殊目的的项目实体（通常为项目公司），由项目公司作为借款人与贷款银行签署贷款协议，项目发起人仅需提供有限投资（股本资金）和有限担保，如项目资产抵押和收益权质押。因此，项目融资具有项目导向、表外融资、有限追索等特点。

无追索或有限追索性质的项目融资在国内较为少见，但在国际上却应用较为普遍。据统计，2018 年，欧洲风电行业共获得 269 亿欧元的无追索贷款，其中的 159 亿欧元用于新建项目，110 亿欧元用于风电场的再融资。长期以来，无追索权项目融资在陆上风电场中的应用规模远远超过海上风电场，但 2018 年，两者几乎平分秋色。海上风电场项目融资占到全年海上风电新资本支出需求的 60%。用于海上风电场新项目的无追索权贷款从 2017 年的 16 亿欧元迅速增至 2018 年的 80 亿欧元，较上一年大幅提高。而在欧洲陆上风电场新项目融资金额中，无追索权贷款通常占到一半左右，自 2011 年开始，欧洲陆上风电场项目每年获得无追索权贷款持续增加，年复合增长率为 15%。

近年来由于低利率的金融环境，风电场项目开发商能够以更有利的利率、贷款期限等条件重新调整已有的债务结构，风电场项目再融资规模呈现增长之势。2018 年，在欧洲风电行业通过再融资筹集到的近 110 亿欧元无追索权贷款中，85 亿欧元用于海上风电场项目，24 亿欧元用于陆上风电场项目。

6.4.4 资产证券化

资产证券化（Asset-backed Securitization，ABS）是一种新型的结构化融资。ABS 融资是原始权益人将其特定资产产生的、未来一段时间内稳定的可预期收入转让给特殊目的公司（SPV），SPV 通过一定的结构安排对资产中风险与收益要素进行分离与重组，在加以信用评级和增级后，将其转变成可以在资本市场上出售和流通的证券，从而获得资金融通，并给投资者带来预期收益的一种新型融资方式。

资产证券化最初起源于美国的住房抵押贷款证券化，之后逐步推广到诸多领域，如企业应收账款、地方政府预期财税收入、基础设施未来收益，这些基础资产的典型特征是缺乏流动性但又能产生可预期的稳定现金流。

资产证券化融资具有以下特点：

（1）门槛较低。企业只要拥有产权清晰的资产，该资产又能够产生可预测的稳定现金流，现金流历史记录完整，就可以以该资产为支撑发行资产支持证券。

（2）效率较高。通过破产隔离，资产证券化变成资产信用融资，即资产支持证券的信用级别与原始权益人或 SPV 本身的信用没有关系，只与相对独立的这部分资产有关。投资者只需根据这部分资产状况来决定投资与否，避免了对一个庞大企业全面的经营、财务分析，投资决策更加简便，市场运行效率得到提高。

（3）内容灵活。资产证券化可以做相对灵活的设计：融资的期限可以根据需要设定；利率也可以有较多选择，甚至可以在发行时给出票面利率区间，与投资者协商而定。

（4）成本较低。资产证券化的资金成本包括资金占用费（票面利率）和筹资费用（根据现行标准测算，年成本约1%）两个方面。只要达到一定规模，这些成本要显著低于股票和贷款融资，也略低于债券融资。

（5）时间更短。资产证券化受国家支持，只需证监会审批，时间仅需要2个月到半年；而债券发行需向发展改革委审批额度，证监会批准，审批时间长达9个月到1年。

（6）资金用途不受限制。资产证券化融入的资金，在法律上没有用途限制，可用于偿还利率较高的银行贷款。

（7）不改变资产所有权。在目前的资产证券化模式下，企业出售未来一定时间的资产收益权，但实物资产所有权不改变。

（8）可改善资本结构。资产证券化是一种表外融资方式，融入的资金不是公司负债而是收入，能降低资产负债率，提高资信评级。

资产证券化的上述特点或优势需要适当的制度环境支持，由于我国信用评级的不完善和我国现行法律税收等制度环境与资产证券化需求的适配性不足，可能会加大资产证券化的融资成本。

第 7 章　风电场项目投资管控

投资管控是风电场项目实现投资效益的重要保障。本章在分析界定风电场项目投资管控概念及其特点的基础上，按照全过程管控理念，结合风电场项目特殊性及其具体工程案例，详细阐述前期、设计、采购、施工和收尾阶段项目投资管控的方法与措施。

7.1　风电场项目投资管控的内涵

7.1.1　风电场项目投资管控概念

不同学科关于投资的含义有所不同。经济学和金融学中，认为投资是为获得预期收益，而“将经济要素转化为资产”的一种行为或活动，更关注投资行为的决策过程；项目管理学中将投资定义为将经济要素转化为资产这个过程所需要花费的费用总和，习惯上也称为初始投资，由于风电场项目投资形成的资产主要为固定资产，因此也常用固定资产投资或工程造价等词汇。本章取项目管理学中的投资定义，即为开发建设风电场项目所需要花费的成本费用总和。

管控一词的含义也颇为丰富。法律学科中，通常将管控等同于管制，现代汉语词典将管控解释为“管理控制；管制”，这与法律学科定义类似；企业管理学中，管控是指对管理活动的控制，是管理者影响组织中其他成员以实现组织战略的过程。用于集团管控一词时，强调集团企业对各级分公司或子公司的有效管理，是以确定集团战略一致性和协同性，充分发挥集团优势为目的的。

如第 3 章中所述，常见的风电场项目开发组织一般为“总公司—区域公司—项目公司”三级层级型组织体系，因此本章主要是站在总公司层面探讨风电场项目的投资管控问题，将风电场项目投资管控界定为：为实现企业战略目标，对风电场项目开发建设成本费用的确定和支出等相关活动的控制，使整个风电场项目的投资总额不超出设计概算值。

7.1.2　风电场项目投资管控特点

（1）管控目标的经济性。经济性要求站在风电场项目全寿命期的成本效益分析视角去看待投资管控问题，并非一味地强调风电场项目开发建设成本费用越少越好，而是要根据风电技术进步、市场变化等情况合理确定项目技术方案和总投资额，从而达到最优的投入产出比。

(2) 管控过程的阶段性。风电场项目资产的形成过程一般划分为前期决策、设计、招投标、施工和收尾阶段，投资管控过程始终贯穿于每个阶段的每个环节。投资管控总目标会按照项目系统和过程分解，且随着风电场项目建设阶段的不同，管控具体目标也会动态调整，以适应相关信息的不断完备和对项目认知的不断深化。

(3) 管控对象的复杂性。风电场项目开发建设成本费用受到诸多因素影响，其中既有自然条件如气候、地形地质等因素，又有项目参与各方认知及其行为等因素。因此管控对象较为复杂，不仅包括对参与各方行为的管控，还包括对物如材料设备的管控、施工作业的管控、对项目相关信息的管控等。如风电场项目可行性研究工作相当重要，其深度和精度不仅对风电场项目开发建设成本影响深远，而且还会影响运维费用，因此风电场项目投资商采取何种管控措施，以激励设计方精心做好可研、设计工作，并与 EPC 总包商协作良好，是一项复杂的系统管理工作。

(4) 管控措施的多样性。鉴于管控对象的复杂性，风电场项目投资管控措施呈现多样性，常见的有组织措施、经济措施、合同措施、技术措施和项目文化措施等。

(5) 管控方法的灵活性。风电场项目开发建设不同阶段的管理活动有着其自身的特殊性和规律性，且不同阶段管控要点不同，适用的管控方法也有所不同。因此需要针对不同管理活动灵活地采用科学的管控方法，甚至还有必要综合采用不同的管控方法，如限额设计、价值工程、挣值法等。

7.1.3　风电场项目投资管控的基本原理

如前所述，管控是对管理活动的控制，因此风电场项目投资管控本质上也是控制，遵循系统控制论的动态控制基本原理，如图 7-1 所示。

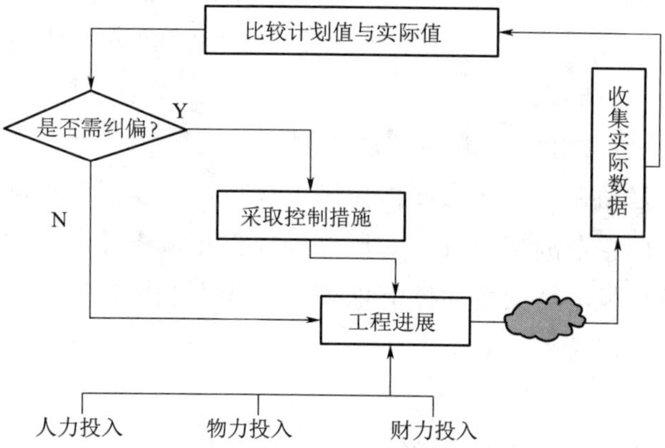

图 7-1　动态控制基本原理示意图

由图 7-1 可以看出，动态控制有三大要素，即目标计划值、目标实际值和纠偏措施。管控的关键在于发现目标计划值和实际值的偏差及其产生偏差的原因。

按照控制时点的不同，又可将投资管控进一步区分为前馈控制、同期控制和反馈控制。

(1) 前馈控制。前馈控制又称预先控制，是管控主体利用可得到的最新信息进行预测，把计划所要达到的目标值同预测值相比较，并采取措施修改计划，以使计划目标与预测值相吻合。如根据项目任务要求实现配备知识结构合理、能力素养高和经验丰富的人力资源队伍，设置预备费等均是前馈控制原理的体现。

（2）同期控制。同期控制又称过程控制，控制点处于事物发展过程中，是对正在进行的活动给予指导与监督，以保证活动按规定的政策、程序和方法进行。这类控制是针对行动过程，一旦发生偏差，马上予以纠正。其目的就是要保证本次活动尽可能少发生偏差，改进本次而非下一次活动的质量。如在施工阶段采取的平行巡检、共同计量、质量安全智能化监控等均是同期控制原理的体现。

（3）反馈控制。反馈控制又称事后控制，是指在某一行动和任务完成之后，将实际结果返送到输入端，与输入信息进行比较，并利用两者的偏差进行控制的过程。反馈控制其实是用过去的情况来指导现在和将来。反馈控制原理在实践中应用较为普遍，如根据施工质量缺陷问题，分析其原因所在，而后对输入端的投入要素进行调整，以免下次再出现类似的施工质量缺陷。

7.2 前期阶段投资管控的方法与措施

前期阶段一般也称作投资决策阶段，主要指从项目前期选址、测风、取得路条、开展项目可行性研究、办理相关手续，到取得项目核准批复这一时期。这一阶段对项目投资管控起核心作用的是可行性研究报告中的工程设计概算。

风电场项目可行性研究阶段的设计概算主要是依据国家、行业现行的有关文件规定、费用定额、费率标准等，按工程设计概算编制时最新的价格水平进行编制。前期阶段影响风电场项目投资的主要因素如下：

（1）限制性因素影响。很多风电场由于前期对生态红线、林地、压覆矿、军事区等敏感性因素未落实清楚，造成前期设立测风塔、管理费用等投入的浪费。

（2）设计输入条件影响，如测风数据、地形图、工程地质条件等。因前期资料的欠缺或精度不够，造成设计精度偏低，工程量估算不够准确，从而影响投资管控。

（3）政策变化影响。如国家和地方政府对土地费用、相关税率等的调整；国家发布的有关政策造成风电暂缓发展或出现抢装潮等，使设备价格出现较大波动等情况。

（4）相关费用定额、费用标准变化的影响。以陆上风电场项目可行性研究报告为例，现行的设计概算编制主要参考《陆上风电场工程设计概算编制规定及费用标准》（NB/T 31011—2019）和《陆上风电场工程概算定额》（NB/T 31010—2019）。而在2020年前，参考的费用标准和概算定额都是2011年编制的。

本节就针对上述相关影响因素一一进行分析，并提出相应的解决方法与措施。

7.2.1　前期阶段投资管控要点

1. 前期费用管控

风电场项目前期工作费用包括获取资源、测风塔设立、办理前期各项支持性文件、项目前期管理费用等。针对风电场项目开发，前期费用的投入是十分必要的，但是一定要避免因限制性因素未落实清楚而造成的浪费情况。

风电场项目投资开发在项目选址阶段除了考虑风能资源外，还需核实土地、规划、林草、生态红线、军事、文物、压覆矿、电网接入和消纳等情况。曾经有一段时间，风电开发企业不顾及任何敏感性因素，进行土地资源圈占。在未初步落实土地、规划、压矿等敏感性因素的情况下，即开展测风、可行性研究报告编制等工作，常常出现测风塔设立在压覆矿区、生态红线范围内，或是场址区域另有其他规划而不能建设风电场等情况，造成前期资金投入白白浪费。因此，在前期项目选址阶段，首先应该对可能涉及的敏感性因素进行初步排查，避免场址存在颠覆性的影响因素。此外，风电场项目在可行性研究阶段，应该对初步排布的风电机组机位点进行基本农田、林地、压覆矿等敏感性因素排查，避免出现因土地性质问题而造成机位点数量不够，达不到预期装机规模的情况。

2. 可行性研究设计精度

可行性研究设计精度很大程度上取决于前期资料情况。以陆上风电场项目为例，必须根据《陆上风电场工程可行性研究报告编制规程》（NB/T 31105—2016）对基础资料作出相关要求，包括：①应至少收集风电场场内1座测风塔测风资料时段不少于1年的测风数据；②应收集风电场及其外延1～2km范围内1：10000或1：5000地形图（山区风电场工程时，宜收集场址范围内1：2000地形图）；③应收集风电场工程地质和水文资料；④应收集风电场工程所在地的主要建筑材料价格、人工工资情况及有关造价的文件、规定。

然而，在当前很多可行性研究报告编制过程中，往往忽视了相关项目在可研编制方面的标准的相关要求，有些可行性研究报告仅采用3个月或6个月的测风数据，采用比例尺约为1：100000的地形图，采用并不十分可靠的工程地质报告等。基于这样精度的基础资料，其分析计算结论势必存在较大误差，将严重影响风电场项目的投资管控效果。

（1）测风数据。风电场项目宜采用的风电机组类型主要根据风速、风向、湍流、风切变、50年一遇最大风速等风能参数确定；不同风电机组类型价格会有明显差别，并且不同设计等级的风电机组其配套的塔筒重量等均有差别，也会间接影响工程投资。因此，确定上述风能参数的测风数据时段和准确性相当重要。

（2）地形图。地形图对于复杂地形风电场项目的影响尤为突出，采用比例尺较小的地形图进行设计，会使道路、风电机组平台工程量计算偏差较大，从而影响工程设计概算。

（3）工程地质和水文条件。工程地质和水文条件将决定风电机组、杆塔、升压站等构筑物的基础型式，不同的基础型式或地基处理方式，工程造价差异较大。

（4）主要建筑材料价格、人工工资和造价指标。可研投资估算方法有造价指标法、概算单价法等，这与工程所在地人工工资、主要建筑材料价格水平以及造价指标密切相关。而鉴于我国区域经济发展水平不同，当地建筑材料和人工工资水平差异性较大，因此对工程造价有较大影响。

3. 相关定额和计价规则的选择和套用

定额和计价规则对风电场项目造价有重要作用，而工程设计概算除了要求基础资料准确外，还要综合考虑定额条件，正确选择或套用定额。定额编制工作一般存在滞后性，不能适应新技术、新工艺和新材料等情形。因此，需要专业人员及时做好风电场项目定额体系的修订完善工作。此外，对于风电场项目场内道路、电缆和场站绿化等子项工程，可以参考相关行业定额，相应计价规则也应根据具体定额而定。

4. 政策法规的影响

（1）政策法规对风电场项目投资有着直接影响，如国家和地方政府提出的相关优惠收费政策，对土地费用、相关税率等的调整，都会直接影响风电场项目的投资。2012 年，甘肃省发布《关于对风电企业草原植被恢复费实行优惠收费政策的通知》，将草原植被恢复费收费标准调整到 300 元/亩，而之前的收费标准约为 2000 元/亩。

（2）政策法规的出台还会间接影响风电场项目投资，主要表现为政策变化造成生产要素价格市场波动。例如，2019 年 5 月 21 日，国家发展改革委发布《关于完善风电上网电价政策的通知》（发改价格〔2019〕882 号），对陆上和海上风电场标杆上网电价进行了调整，并明确 2018 年年底之前核准的陆上风电场项目，2020 年年底前仍未完成并网的，国家不再补贴；2019 年 1 月 1 日至 2020 年年底前核准的陆上风电场项目，2021 年年底前仍未完成并网的，国家不再补贴。对 2018 年年底前已核准的海上风电场项目，如在 2021 年年底前全部机组完成并网的，执行核准时的上网电价；2022 年及以后全部机组完成并网的，执行并网年份的指导价。这一政策造成了风电抢装潮，风电机组价格一度由 3500 元/kW 以下的水平，上涨到 4000 元/kW 左右，但仍然出现供不应求的局面。

7.2.2 前期阶段投资管控方法

1. 总额控制法

为了合理控制项目前期投资风险，可采用前期工作费用总额控制。对项目前期管理费按照风电场属地、建设条件等因素核算成本，提出前期管理费限额。根据国家和各风电开发企业的公司制度要求，各专题报告编制可采用邀标、竞争性谈判、公开征集等办法确定咨询服务方，尽可能降低各专题报告的编制费用。对于项目其他费用，也可结合同类型工程经验等，制定投资总额，工程设计概算中该项费用不超出该额度。

2. 关键敏感性因素排查表法

前期阶段投资管控的一个重要方面是避免出现颠覆性的结论，例如：场址在后期因敏感性因素问题不能开发，或因为敏感性因素问题无法达到预期装机规模。如果拟开发风电场项目存在可能颠覆项目开发的风险点，应首先解决风险点问题，在主要风险点排除前尽可能减少项目开发资金投入。

在风电场项目选址摸排阶段，应充分考虑土地、林业、环境功能区（生态红线、自然保护区、风景名胜区、森林公园、饮用水水源地等）、军事设施、矿产压覆、文物遗址、机场等是否与风电场选址有冲突，可对常见的敏感性因素列表进行逐一排查核实。如果发现存在冲突的问题，应积极与相关部门对接和沟通，初步了解相关冲突能否解决。如果不能解决，则及时停止项目开发；如果通过沟通了解，相关冲突可以解决，则在项目立项时向总公司汇报清楚，并附上初步的解决方案。

建立关键敏感性因素排查表，可有效避免风电场项目开发投资风险，同时可提高项目推进速度，间接节省前期项目开发费用。实践中，很多风电开发企业均会针对不同风电场项目建立关键敏感性因素排查表，表中会注明项目涉及的敏感性因素情况，明确排查责任部门以及可能的相关政府行政机构和利益相关方，排查流程、完成时点、方法等。

此外，在项目前期手续办理阶段，建议首先对最可能颠覆风电场项目开发的因素进行专题论证，并提出解决方案。对于常规的风险点进行逐一排查，并及时办理各专项批复手续，确保所有前期手续齐全。

3. 企业标准法

企业可委托经验丰富、综合实力较强的设计院编制企业风电场项目的标准化设计导则，统一和明确设计原则和设计标准。对风电场项目可行性研究阶段的设计内容、设计输入条件、设计深度、设计方案等作出明确要求，并形成一套典型性设计方案。该方案可能对测风数据时段、不同设计阶段地形图的精度要求、工程地质初勘的深度要求等作出了明确规定，对平原、丘陵、山地等不同地形地貌的风电场建筑工程量给定了参考指标，对升压站的用途和建筑方案做了典型设计，对定员、费用标准给出了参考值等。基于企业标准化设计导则，可有效规范项目设计工作。目前，华能、国家电投、中广核等大多数风电开发企业均有企业自己的标准化设计导则，设计院按照该导则进行设计，基本可达到投资控制的目的。

7.2.3 前期阶段投资管控措施

1. 组织管理措施

(1) 组建结构合理的前期开发人员队伍。首先，风电场项目涉及专业多，包括风能资源、道路、土建、结构、给排水、电气、消防、技术经济等多个专业；其次，风电场项目涉及工程类别多，包括交通工程、土建工程、集电线路工程、变配电工程等；再者，风电场项目涉及的单位或部门多，包括政府及其职能部门，如规划、国土资源、矿业、环保、水务、军事、文物等部门以及电网公司等企业。因此如果具备条件，风电开发企业应配备熟悉策划、审核、控制或风能资源、电气、造价类的专业技术人员。

(2) 建立健全知识库，打造标杆项目。知识共享和知识交流是隐性知识传播的重要手段，而借助于互联网技术，打造企业内部知识库和交流平台是提升内部工作人员知识和能力的重要方式。内部知识库包括现行政策法规及其发展动态、风电产业发展研究报告、风电技术、已建项目经验教训总结报告等相关内容。同时风电场项目开发企业可以通过与行业内标杆企业合作投资的方式，倾力打造标杆项目，为后续项目取得先进经验。

(3) 借用外脑，建立动态专家库。风电场项目开发建设涉及诸多部门和不同专业领域，开发企业自身配备如此多的专业人员几乎是不可能的，因此要借用外脑，建立专家库，并及时动态调整。

(4) 建立内部定额体系和开发建设成本信息库。这属于风电场项目开发企业的商业机密，应由前期管理部门和成本管理人员定期梳理企业已建项目信息，对其成本费用进行对比分析，获取不同规模项目的开发建设平均成本以及存在差异的原因，尤其是主观因素或人为失误导致的成本费用的增加，从而获取较为客观真实的开发建设成本，为新建项目开发建设成本费用的确定提供参考依据。同时及时采集相关造价信息和数据，反映项目的动态信息，各横向部门之间、公司系统内各上下管理部门之间能够实现信息资源的交换和共享。

(5) 建立完善的前期工作流程和内部审核制度。按照不同性质、装机容量或投资规模对风电场项目进行分类管理，明确各类风电场项目的内部审核权限、流程和审核要点，提高风电场项目前期投资管控效率。

(6) 加强学习培训，提升前期开发人员知识素养。在项目前期工作过程中不断学习，随时了解国家及各省（自治区、直辖市）的政策变化、新能源技术的发展，把握行业发展动向，为风电企业更好的发展出谋划策；同时，与政府部门人员多沟通，提前预防不可预知的风险，把项目可能遇到的法律政策风险降到最低。

2. 合同和经济措施

（1）及时签订书面开发协议。在享受国家优惠政策的过程中加强与地方政府的合作，在项目前期开发初期要及时与地方政府签订书面开发协议，明确约定项目享受优惠政策的力度及优惠年限。通过合同将风电场项目面临的政策风险降到最低，促进风电场项目前期论证的可靠性。

（2）建立评审供应商库，实行可行性研究设计外审。风电场项目开发企业内部如果缺乏相关专业人才，可将可行性研究设计评审任务委托给专业单位实施，或者实行内部或外部平行审核制。方案设计评审的目标是使提交的方案达到标准合规性、区域适宜性、造价经济性、功能合理性、施工便捷性的要求。

（3）购买气象站资料、精度高的地形图等可行性研究设计基础资料。在前期可行性研究阶段很多风电开发企业为了节约成本，往往不购买1：10000地形图，而使用网上下载的地形图，比例尺大概为1：100000。特别对于复杂山地地形，该地形图会造成土建工程量计算误差较大，而设计单位往往会采用偏保守的设计理念，对工程量高估较多，对投资管控较为不利。

3. 技术措施

（1）对设计输入资料提出技术要求。

1）做好风能资源评估。制定科学的测风方案，选择稳定性好的测风设备，并重视测风期间数据的管理和维护，确保获取的测风数据真实可靠。采用合理的数据分析处理方法，准确评估风电场区域的风能资源特征。

2）做好风电机组选型。在风能资源评估的基础上，确定风电机组安全等级和环境适用性要求，然后了解风电机组制造的行业动态和相关最新技术水平，考虑已运行风电场的业绩、制造厂家技术和服务水平等因素，提出多种高效风电机组进行比选，根据对不同机型技术方案经济性比较的成果，选择度电成本较低、运行维护成本较低的风电机组作为风电场的推荐机型，提高风电场的经济性。

3）地形图精度要求。对于复杂山地地形，可行性研究设计阶段地形图精度至少应为比例尺1：10000；平坦地形可以采用比例尺1：50000的地形图。

（2）设计方案评审。除了设备与安装工程外，对投资影响较大且能进行优化的主要是建筑工程，在可行性研究阶段应重点考虑以下问题：

1）道路交通工程的方案设计。在道路交通工程方案设计中，应确保合理的或最优的进场道路及场内道路的路径；避开禁止伐树的重要林地或基本农田；尤其注意是否有必须跨越的铁路、公路、管线或河流，如果有，则需注意跨线路桥的设计等级问题。

2）风电机组基础及箱变基础工程方案设计。可能采用的风电机组基础和箱变基础型式及其各自的大致工程量、便于施工性、估算价格、优缺点，并比较、选定综合最优的基础型式。

3）集电线路工程的方案设计。在集电线路工程方案设计时，应注意是否有必须穿越的铁路、公路、管线或必须跨越的河流，从而审慎选择集电线路的路径、线路型式，比如到底是采用架空导线还是埋地电缆。对于一般风电场，集电线路的架空导线方案比地埋电缆方案造价更低、检修更方便。因此，从节省投资的角度一般应尽量选择架空导线方案。

4）升压站工程的方案设计。升压站工程方案设计时应主要考虑以下问题：升压站的总平面布置；对于分期建设的风电场，本期的升压站的建设规模和扩建位置的预留；场平工程量的估算和计价；变配电形式、变配电区的布置；综合楼、主控楼等主要建筑物的位置、层数及各层的布置问题；办公室及值班休息室等房间的数量、立面及屋顶等的形式。

（3）科研创新，降本增效。与相关科研院所合作，对风电相关领域的前沿问题开展科学研究，如对于在线监测、智能化、储能设备等新技术问题，结合项目开展科研课题，为项目的降本增效提供技术支撑。

7.3 设计阶段投资管控的方法与措施

风电场项目设计阶段一般包括初步设计、技术方案优化设计和施工图设计。通常情况下，由于风电场项目建设周期短，风电场项目很少编制施工图预算，主要以初步设计阶段的工程概算作为依据，进行施工招标或 EPC 招标；此外，技术方案优化设计更多的也是归到初步设计范围内，相当于是对初步设计的修编。因此，设计阶段投资管控主要以初步设计概算为重点。

初步设计阶段较前期可行性研究阶段的不同之处主要表现在基础资料的深度和精度要求更高、设计方案更加优化、工程量计算更为准确、工程概算的取费更准确等。例如：可行性研究阶段一般采用比例尺为 1：10000 的地形图，而在初步设计阶段将采用比例尺为 1：2000、1：500 的地形图。初步设计阶段要求完成风电机组微观选址工作，确定每台风电机组的准确位置；同时，初步设计阶段要求对每台风电机组机位、升压站等的地质情况有更为详细的勘探结论，能准确指导风电机组基础、升压站基础等相关设计工作。

国内外统计资料显示，设计阶段对总造价的影响度为 75%～95%，显然设计阶段投资管控尤为重要。

7.3.1 设计阶段投资管控要点

我国风电场项目设计阶段投资管控存在的问题也没有脱离一般建设项目的窠臼，

主要表现为：勘察设计深度不够、设计供图不及时和设计变更多。而究其原因，不外乎设计单位方面的一些主客观原因，如设计技术能力不够、配备设计力量不足、思想上不够重视或规定的设计周期短等。因此，在设计阶段一定要把控好投资管控的要点。

1. 勘察设计任务委托方式

勘察设计任务委托方式首要面临的问题是风电场项目勘察、设计工作是分别委托方式还是统一委托方式？分别委托方式就是分别委托给不同单位，其优点是所选择的勘察单位一般更专业、更熟悉当地情况，其对勘察工作也更重视，更有利于保证勘察进度和勘察质量，但这将在一定程度上加大建设单位的协调工作量；统一委托方式就是统一委托给一家设计单位，其优点是由设计单位统筹其工程勘察部门开展岩土工程勘察工作、满足风电机组基础等土建设计的需要，从而可以减轻建设单位的协调工作量；但若该设计单位分包勘察工作或其内部协调脱节，则反而可能耽误提交勘察成果，或难以保证勘察成果质量。因此，若设计单位无工程勘察工作能力，建议选择分别委托方式；同时，若考虑统一委托方式，建议尽量选择具有工程勘察设计综合甲级资质的设计院。

2. 勘察设计单位的选择

勘察设计单位选择需考虑两方面问题：一是选择标准问题，勘察设计单位选择除了考虑常见的资质、业绩要求外，还需要考虑其设计任务的饱和度、现场设计服务水平及态度、企业信用水平等因素；二是选择方式问题，对于风电场项目开发建设，政府在核准时，一般会要求采用公开招标方式，但若无此规定，则应考虑更为多元化的采购方式，以保证能选择到理想的勘察设计单位。

3. 勘察设计合同条款设计

合同是规定双方权利义务的重要文件。国家发展改革委等九部委 2017 年联合发布了《标准勘察招标文件》和《标准设计招标文件》，这两份文件中的合同条款由通用合同条款和专用合同条款两部分组成，同时规定了合同协议书、履约保证金的格式。风电场项目开发企业可参考运用，但对于以下专用条款应给予特别注意：

（1）提交有关基础资料和文件（包括概算）的期限。这是对勘察设计单位提交勘察设计成果时间上的要求。

（2）勘察或设计质量要求。

（3）勘察或设计费用。

（4）双方相互协作条款。一般包括双方当事人在施工前的准备工作、对发包人的监督检查提供必要协助等。

（5）违约条款。

4. 设计方案评审和优化

由于设计周期短、设计人员经验不足等原因，初步设计方案往往存在一定的优化空间，这时就需要对设计方案进行评审和优化，以达到降低投资的目的。除了设计方案评审外，还应对初步设计概算进行评审。一般地，在初步设计阶段往往会根据已建类似风电场项目建设经验和市场动态信息，参考建立企业内部的造价信息数据库，如造价指标、主要材料消耗指标、造价价格指数和风电机组价格范围等，以最接近工程实际的定额和取费标准。

7.3.2 设计阶段投资管控方法

设计阶段投资管控方法主要有限额设计、指标评价法和多因素评分法。

1. 限额设计

限额设计是指按照可行性研究报告（审定版）中的投资限额进行初步设计，按照批准的初步设计概算进行招标控制价或施工图预算的编制，并据此在后期的施工图深化设计中指导各个专业的设计。

限额设计实施的重要环节是工程造价目标的分解。首先，将上一阶段确定的投资额分解到土建、电气等各个专业；其次，将投资限额再分解到各个单位工程、分部工程和分项工程；最后，将细化的目标明确到相应设计人员，制定明确的限额设计方案。对于风电场项目开发企业而言，限额设计目标可能不会这么细，但是对主要分部工程或各个专业的限额设计目标应该做到“心中有数”。

2. 指标评价法

指标评价法又进一步区分为多指标法和单指标法。

（1）多指标法。多指标法就是采用多个指标，将各方案的相应指标值进行分析比较，按照各种指标数值的高低对其作出评价。评价指标常包括工程造价指标、主要材料消耗指标、劳动消耗指标、工期指标等。以上四类指标可根据工程的具体特点选择。除此以外，可能还要考虑土地成本、环保成本、运维成本等诸多因素。在大多数情况下，不同方案之间的指标值各有所长，因此常采用加权求和的方法进行评价。

（2）单指标法。常见的单指标法如下：

1）度电成本或平准化电力成本（LCOE）法。平准化电力成本（Levelized Cost of Energy，LCOE）是国际通用的评估不同区域、不同规模、不同投资额下的发电技术成本的财务方法，我国习惯称为度电成本。其综合考虑了风能资源丰富度、初始投资支出、运维费用等要素。低度电成本一般意味着风电场项目具备竞争优势，其经济性更好。

2）全寿命期费用法。全寿命期费用除包括一次性的初始投资费用之外，还包括项目完工交付使用期内经常发生的费用支出，如维修费、设施更新费、报废拆除处置费等。全寿命期费用法需考虑资金时间价值，是动态价值指标评价法，一般用年值法将前述所有费用计算为年度费用，以年度费用最小者为最优方案。

3）价值工程法。价值工程法主要是对产品进行功能分析，研究如何以最低的全寿命期成本/费用实现产品的必要功能，从而提高价值。这是设计方案优化的常用方法之一。价值工程法主要有功能分析、功能评价、计算功能评价系数和成本系数、求解价值系数等步骤。价值系数最大的方案为最优方案；对于不同功能而言，价值系数最小的就是优化对象。

3. 多因素评分法

多因素评分法是多指标法与单指标法相结合的一种方法。首先对设计方案设定若干评价指标及其标准，并按照重要程度赋予不同权重；然后将各指标赋值与其权重采用适当方法整合，得到各设计方案的评价总分；最终以总分最高者或最接近理想目标的方案为最佳。

除以上所述设计阶段投资管控方法外，还有其他一些方法，如设计概算审查方法，这可以参阅本书第5章相关内容。

7.3.3 设计阶段投资管控措施

1. 组织管理措施

风电场项目工程勘察设计是一项系统工程，要想取得预期的勘察设计成果及服务，开发企业应以运筹学、组织行为学等观点、理论、方法组织各有关单位、部门对其进行管理。

（1）完善组织机构和管理制度流程。例如，开发企业除了设立项目公司外，还应建立诸如工程管理部、投资管理部等有关部门，以加强对勘察设计进度、质量、造价的控制。并根据公司规模、发展规划等，酌情配备专业技术人员，尤其需配备必要的土建、电气、造价等专业技术人员，且这些技术人员的技术经验应丰富，这样才能审核严谨、有效把关。此外，还应明确对勘察设计管理流程以及各部门在其中的职责，从而做到“分工协作、各尽其责”。

（2）实施专业化、社会化评审机制。当开发企业专业技术人员较少或业务量很大时，可委托专业咨询单位对勘察设计进行监理、评审，这既是对社会优势资源的充分利用，也体现了专业分工细化的发展方向。

需要注意的是，对于并网型风电场项目的初步设计，除了开发企业组织的评审（内审）外，电网公司还要对初步设计进行审查（外审）。此外，若有施工图设计，还要组织各有关单位对施工图的评审（会审）。

（3）竞争优选机制。根据项目规模大小、区域市场条件、潜在勘察设计单位的摸底情况和勘察设计时间质量要求等因素，灵活选择勘察设计单位的采购方式和选择评价标准。对于小型风电场项目，尽量采用竞争性谈判或竞争性磋商方式选择；对于中型及大型风电场项目，通常采用招标方式选择。在选择评价标准上，杜绝唯低价中标理念，不是要把设计费用压得很低，而要充分考虑设计服务能力和信用等因素。由于资质等级要求是政府规定的，必须满足以下条件：

1）对风电场项目工程勘察单位资质的要求。根据《工程勘察资质标准》（建市〔2013〕9号），应综合分析建设规模、场地复杂程度、地基复杂程度等，在明确勘察等级的基础上加以确定。例如，对于不小于50MW的丘陵或山地风电场，一般地，工程重要性为一级、场地为二级、地基为二级，因此可判定勘察等级为甲级，则岩土工程勘察单位应为综合级或专业甲级。

2）对风电场项目工程设计单位资质的要求。根据《工程设计资质标准》（建市〔2007〕86号），建设规模不大于100MW的风电场，可以由电力行业乙级、甲级或综合甲级的设计单位来设计；不小于100MW的风电场则应由电力行业甲级或综合甲级的设计单位来设计。

（4）信用动态评价机制。开发企业内部应该针对勘察设计单位，建立其自身的信用评价体系，尤其是对勘察设计单位的履约行为进行综合评价，并据此予以动态调整，从而形成其勘察设计单位短名单。

2. 技术措施

（1）设计方案优化。设计优化是以技术和经济实现最佳结合为最终目标。实践表明，设计优化是进行投资管控的重要技术手段。例如：某风电场在设计阶段进行工程造价测算，重点关注费用比例较高的项目，针对性地提出利于成本优化的技术方案。根据该项目工程概算结果，道路工程费用为701.68万元，其中进场道路投资为428.08万元，除风电机组费用外，在整个项目中费用占比较大。初始设计时采用从国道新建道路直通场区方案，由于路线较长，且场区位于山区，投资偏高，为此提出设计优化的需求。在深入调研考察现场的基础上，提出了替代方案——借助村道改造，不但施工便利，也可以缩短路线。为了进一步证明经济性，计算了两个方案的道路工程量，并进行了估价。替代方案是借助村村通道路，对村民进行征地补偿，原方案为新建道路，估价结果表明替代方案建设成本可节约69.20万元。

（2）明确技术评审要点。除了从组织管理上采取设计方案多元化评审机制外，开发企业还应该对技术评审要点形成模板，供内部评审使用。对风电场项目勘察、设计成果的评审，首先要审核岩土工程勘察报告、初步设计图及概算的深度是否满足规范要求，是否已落实了方案设计的评审意见等对于各主要单位工程，还需注意以下要点：

1）道路交通工程初步设计。道路的路基宽度、路面宽度、横坡坡度、纵坡坡度、转弯半径等主要参数是否合理？路基及路面的结构、面层材料是否合理？道路参数及结构是否满足运输该项目风电机组及主变压器等大件的车辆、工程施工的车辆及吊装风电机组所用吊车的通行要求？若需穿越或跨越铁路、公路、管线、河流，方案是否可行？对于宽度较小、流量较小的溪流或流量不大的季节性小河流，可采用过水路面的方式解决，以降低造价、简化施工难度。筑路材料是否满足尽可能因地制宜、就地取材的原则？

2）风电机组基础及箱式变压器基础工程初步设计。对风电机组机位地质、地层、地下水等的描述是否与岩土工程勘察报告相符，对于风电机组基础，目前广泛采用的是重力扩展式，少数风电场采用了锚杆式。对于重力扩展式风电机组基础，应重点审核其宽度及深度等尺寸、混凝土等级、钢筋布置是否合规、合理，其混凝土及钢筋等材料数量是否符合常规；对于锚杆式风电机组基础，应重点审核其锚杆的直径、深度及数量，承台的宽度及高度等尺寸是否合规、合理。

当然，不管哪种风电机组基础设计，除了审核上述方面外，还要审核其穿管、防雷接地、沉降观测等方面的设计是否合规、合理，以及是否方便施工。对于箱式变压器基础，应重点审核其结构型式是否符合区域特点，工程量是否符合常规，防雷接地设计是否合规并合理。

3）集电线路工程初步设计。对于架空导线式集电线路，应重点审核其杆或塔的数量、材料量、基础型式及其工程量、单位造价是否符合常规；对于埋地电缆式集电线路，应重点审核其电缆规格，电缆沟的深度、宽度及施工要求是否合规、合理，单位造价是否符合常规，是否考虑了施工的可行性、方便性等。

4）升压站工程初步设计。升压站中单位工程多、涉及的专业多，故而较为复杂。升压站设计审核的原则为：在达到有关标准、规范及项目批准文件，满足生产及使用需求的前提下，尽量美观大方、减小占地、降低造价、提高性价比。审核时应重点关注：①综合楼、主控楼、35kV配电室、无功补偿装置、水泵房等建筑物的位置、朝向、房间数量等平面布置是否满足要求，平面、竖向、房间、走廊等的尺寸是否合规、合理，立面形状及颜色是否符合要求，给水、排水、采暖、通风、空调、照明、消防等是否合规、合理，基础型式、埋深等是否与勘察报告相对应；②变配电区的布置是否合规、合理，是否方便电力进线、出线，电气设备造型是否与接入系统批复、可行性研究报告等相符；③站内交通是否顺畅，道路宽度、转弯半径、面层材料是否合规、合理，升压站地面、围墙、隔离护栏设计是否合理，场平工程中能否做到挖填平衡。

3. 经济和合同管理措施

（1）实施内部绩效激励机制。对于勘察设计单位的对比选择、合同签订、评审组织、成果接收等方面，开发企业应在相关制度中明确对有关部门、岗位绩效考核的条款，从而使勘察设计质量与各有关部门、人员的经济收益相关联，以增强责任心，防止工作懈怠。

（2）采用勘察设计激励合同。在勘察设计合同中，应有延误提交勘察设计成果的罚则、优化设计的奖励，以调动勘察设计单位的积极性，督促其按计划提交勘察设计成果，尽心尽力做好勘察设计工作。

7.4 采购阶段投资管控的方法与措施

7.4.1 风电场项目采购及其特点

1. 采购内容

采购，一般是指按照国家有关法律、法规的要求，通过公开招标、邀请招标、竞争性谈判、询价、单一来源采购（含自营项目和直接对外委托项目）等方式，选择和确定工程、货物和服务采购中标人（成交供应商）等一系列行为的总称。

风电场项目采购内容包括工程、货物和服务三大类。每个采购合同包含的内容根据发包模式不同而有所不同。如按照传统的 DBB（设计-招标-施工）发包模式，会将设计、监理、货物和工程施工分别发包采购，甚至工程施工也会分成若干标段进行发包。若是工程总承包发包模式，对于 EPC 合同采购内容则丰富得多。如河南省某风电场根据项目实际特点，划分为设计、监理、风电机组设备采购、塔筒采购、主变压器采购、箱式变压器采购、电缆采购、SVG 采购、GIS 采购、综合自动化设备采购、高低压电气柜采购、接地工程、吊装工程、道路与平台施工、升压站与集电线路施工等 15 个合同包；而福建省某风电场基于开发企业管理需求，仅划分为 EPC 工程、监理等 2 个合同包。

此外，工期要求也会对采购方案有影响。如安徽省某风电场项目于 2018 年年底完成核准，按要求必须在 2020 年完成首批并网目标，以确保 0.57 元/（kW·h）的上网电价。因此在“抢装潮”背景下风电机组出现“一机难求”的情形，需提前开展风电机组设备（包含塔筒）采购工作，然后再根据风电机组采购情况确定后续采购方案。

2. 采购特点

风电场项目的采购特点是设备类采购金额占比高、采购时间紧张、供应商范围具有特殊性和对风电场项目建设影响大。

（1）设备类采购金额占比高。风电场工程投资包括工程类、服务类和设备类，其中设备类投资占工程投资的 70%以上，主要设备有风电机组、塔筒、主变压器、箱式变压器、电缆、开关柜等，这些设备性能要求较高，其中风电机组和塔筒更是风电场的核心部件，占设备类投资的 90%以上。

（2）采购时间紧张。风电场项目取得核准批复后，一般要求在 2 年内开工建设，更有要求在特定年份前完成并网才能取得电价指标的要求。因此，风电场项目采购阶段的时间非常紧张，往往仅有 3～6 个月的时间，需要把工程建设所需的服务、设备、工程类合同签订完毕。

（3）供应商范围具有特殊性。风电场项目由于其风电机组和塔筒设备的特殊性，国内供应商厂家数量较为有限，在公开招标时，又往往对所投机型、业绩有所要求，因此投标的供应商就更少；除了风电机组和塔筒，其他的设备、工程和服务项目则具有一般性，市场竞争非常充分，需要提高一定的资格条件，才能将潜在的供应商范围缩小。

（4）对风电场项目建设影响大。采购方案，如分标方案、资格条件的设置等，对风电场项目建设影响深远。采用EPC总承包模式采购，建设阶段由EPC总承包单位牵头统筹安排工程进度，业主单位所需花费的精力较少，但对总投资控制不利。一家资质等级高、业绩多、履约信誉良好的EPC总承包单位，可以协助业主快速、有效推进项目建设，但一般合同价较高；而采用分标段采购时，各标段可以充分竞争，降低合同价，但风电场建设时业主单位需要同时协调几家施工单位、十几家设备供应商，所需花费的精力较多，但对总投资控制有利。

7.4.2　采购阶段投资管控要点

1. 采购方式

（1）公开招标。按照《中华人民共和国招标投标法》《中华人民共和国招标投标法实施条例》以及《必须招标的工程项目规定》，使用国有企业、事业单位资金，并且该资金占控股或者主导地位的项目，其勘察、设计、施工、监理以及与工程建设有关的重要设备、材料等的采购达到下列标准之一的，必须招标：①施工单项合同估算价在400万元人民币以上；②重要设备、材料等货物的采购，单项合同估算价在200万元人民币以上；③勘察、设计、监理等服务的采购，单项合同估算价在100万元人民币以上。同一项目中可以合并进行的勘察、设计、施工、监理以及与工程建设有关的重要设备、材料等的采购，合同估算价合计达到前款规定标准的，必须招标。

（2）邀请招标。存在下列情形之一的，经有关部门批准后，可以采用邀请招标方式采购：①技术复杂、有特殊要求或受自然环境限制，只有少量潜在投标人可供选择；②涉及国家安全、秘密或抢险救灾，适合招标但不适宜公开招标；③采用公开招标方式的费用占项目合同金额的比例过大。

（3）竞争性谈判。符合下列情形之一的，可以采用竞争性谈判方式采购：①按照《中华人民共和国招标投标法》《中华人民共和国招标投标法实施条例》规定必须进行招标的工程建设项目重新招标未能成功的；②《中华人民共和国招标投标法》《中华人民共和国招标投标法实施条例》规定必须进行招标的工程建设项目以外的招标项目招标失败的；③技术复杂或者性质特殊，不能确定详细规格或者具体要求的；④采用招标所需时间不能满足紧急需要并经国家行政主管部门批准的；⑤不能事先计算出价格总额的。

(4) 询价。采购的货物规格（标准）统一、现货货源充足且价格变化幅度小的，可以采用询价方式采购。

(5) 单一来源采购。因需要采用不可替代的专利或者专有技术，只能从唯一供应商处采购货物、工程和服务的；因必须保证原有采购项目一致性或者服务配套的要求，需要继续从原供应商处添购的；为满足已投运成套设备的运行、维护和检修需要，采购专用备品备件、专用工器具的，采用单一来源采购方式。

2. 采购文件的编制

(1) 资格条件的确定。《中华人民共和国招标投标法》第二十六条规定，投标人应当具备承担招标项目的能力，国家有关规定对投标人资格条件或者招标文件对投标人资格条件有规定的，投标人应当具备规定的资格条件。因此根据项目特点和实际需求科学合理地设置资格条件是采购阶段投资控制的重要方法。

对于风电场风电机组供应商，一般要求投标人应同时具备以下资格条件：

1）法人资格。具有独立法人资格的风电机组制造公司（企业）；具有所投机型的风电机组设备的设计、制造等总成能力。

2）财务要求。具备良好的财务状况。

3）业绩要求。具有所投机型的风力发电机组成功并网运行经验，且运行良好（具有相应投运证明文件）；所投机型单机规模及以上风力发电机组商业运行业绩不少于××台套（具有相应投运证明文件）。

4）信誉要求。具有良好的商业信誉。

采用 EPC 方式采购时，一般要求投标人应同时具备以下资格条件：

1）资质条件。具有独立法人资格且为一般纳税人（须提供相关证明）；具有本工程所应用机型的风电机组设备的设计、制造等总成能力；具有工程勘察专业类（岩土工程）××级及以上资质；具有工程设计电力行业（风力发电）专业××级及以上资质；具有电力施工总承包××级及以上资质，或水利水电工程施工总承包××级及输变电工程专业承包××级及以上资质；具有承装××级、承修××级、承试××级及以上电力设施许可证资质；具有在有效期内的安全生产许可证。

2）财务要求。具备良好的财务状况。

3）业绩要求。近 3～5 年内完成过至少 1 个 48MW 及以上规模的风电工程项目 EPC 总承包（含自建）工程；单机规模××MW 及以上风电机组商业运行业绩不少于××台套；具有所投机型的风电机组成功并网运行经验，且运行良好；项目总负责人具有主持过至少××个国内 48MW 及以上风电场 EPC 总承包（包括自建）项目的经历；设计负责人具有担任过至少××个国内 48MW 及以上风电场工程设计主要负责人的经历；项目施工负责人具有国家一级建造师资格，且具有担任过至少××个国内

48MW及以上风电场工程总承包或主体工程施工项目经理的经历。

4）信誉要求。具有良好的商业信誉。

（2）评标办法的编制。不同的采购内容应设置不同的评审办法。针对市场波动小、价格变化少的采购项目，可以以价格作为唯一评判标准，采用最低报价中标法；采购项目较为复杂，对价格之外的技术、业绩、组织、商务等方面要求较高时，则可采用综合评分法。

（3）合同类型的设定。根据合同计价方式的不同，一般可以分为总价合同、单价合同和成本加酬金合同三种类型。当采购数量确定时，可采用总价合同；当采购数量尚未完全确定，在实施过程中可能发生增减时，一般采用单价合同；对风电场项目不论设备工艺还是施工技术目前都较为成熟的，一般不采用成本加酬金合同类型。

采用固定总价合同时，业主基本不承担风险，主要由承包人承担。这类合同对投资控制有利，但合同价格相对偏高，承包人为不可预见的风险付出更多代价，而该部分代价最终还是由业主买单。采用单价合同时，业主和承包人之间合理分摊风险，工程量变动风险由业主承担，而“价”变动的风险由承包人负担。在风电场项目采购时，根据不同的项目，不同的招标条件设置不同的合同类型。采用EPC总承包合同时，由于只有一个框架性的需求，是交钥匙工程，没有详细的工程量，这时一般采用总价合同；根据施工图招标时，工程量基本确定，例如风电场升压站，施工时变动很少，为控制投资，可以采用总价合同；而风电场道路工程、吊装平台工程受实际地形影响很大，施工时工程量变化较大，从项目的整体推进和双方的利益考虑，一般采用单价合同。

3. 采购的组织与实施

（1）采购计划。在进行采购前，应编制采购计划，其编制前提包括：①采购范围、采购方式及采购组织形式、招标及采购方式按规定已经国家或地方发展改革部门核准或者核备；②建设项目的设计深度应达到招标深度要求，且已通过审查，并满足编制招标文件的需要；③分标规划、招标及采购计划、招标及采购立项申请已经批准；④建设资金已列入年度综合计划、预算，或已通过投资决策，资金渠道明确；⑤具备建设条件，取得行政许可。

（2）采购项目立项。具备实施条件后方可启动立项工作。在采购项目立项时，应通过可行性研究、概算、前期调研或历史采购情况、定额价等对采购项目的预算有一定掌握；同时还应对招标及采购项目前期工作情况（项目核准和接入系统批复情况、内部投资决策进展情况、采购项目前置要求执行情况等），采购内容和时间计划（具体招标及采购数量、计划招标及采购实施时间），立项金额的确定依据，拟采用的采购方式及原因，对邀请对象的确定方式及原因等内容进行策划。例如，某风电开发企业招标采购项目立项审批表见表7-1。

表 7-1 招标采购项目立项审批表

<table>
<tr><td colspan="2">采购项目名称</td><td colspan="4"></td></tr>
<tr><td colspan="2">采购项目范围（采购量）</td><td colspan="4"></td></tr>
<tr><td colspan="2">预计投资规模</td><td colspan="4"></td></tr>
<tr><td colspan="2">投标人资格条件</td><td colspan="4"></td></tr>
<tr><td colspan="2">采购方式</td><td></td><td>合同类型</td><td colspan="2"></td></tr>
<tr><td colspan="2">采购文件起草及审查方式</td><td colspan="4"></td></tr>
<tr><td colspan="2">拟邀请供应商</td><td colspan="4"></td></tr>
<tr><td rowspan="2">采购准备</td><td>准备时间</td><td></td><td rowspan="2">采购实施</td><td>实施时间</td><td></td></tr>
<tr><td>责任单位</td><td></td><td>责任单位</td><td></td></tr>
<tr><td colspan="2">经办人</td><td colspan="4"></td></tr>
<tr><td colspan="2">审核</td><td colspan="4"></td></tr>
<tr><td colspan="2">批准</td><td colspan="4"></td></tr>
</table>

（3）做好清标、评标工作。在开标后，首先要做好清标工作，对照资格条件详细检查，逐一核对形式要件、资格和响应性，提前解决缺项、漏项及不平衡报价等问题，避免因清标不细致导致执行时出现争议；评标时要按照既定的评标办法开展，同时做好现场监督工作，防止个人因素影响整体评标结果。评标时应加强对报价合理性的审核，审查是否依据国家规定的技术规范等编制报价文件。在合理低价中标的基础上，应综合评估投标人的信誉、资质、业绩、履约能力、人员配备、设备配置等，以选择一个既能控制工程造价，又能保证工程按质按时完成的中标单位。

【案例 7-1】 云南省某陆上风电场送出线路设计及施工项目招标中，中标人未对扩建间隔内容进行报价，在投标报价文件中标明不含间隔费用，而其他投标人的报价中均包含有间隔费用，招标人在评标过程中未提出质疑，没有发现该问题，导致在结算时，施工单位要求增加该费用，同时也因此导致施工进度滞后，间接影响了并网发电的时点。

（4）做好合同签订工作。签订合同是采购的最后一步，关键是要做好合同谈判工作。合同谈判阶段要据理力争，严格按招标采购文件要求执行，维护业主利益，减少合作方可能增加费用的机会。对签订合同前要明确和澄清的相关事宜与中标人进行协商和澄清，但该协商和澄清不得实质性地违反国家的有关法律法规及招标文件的规定。合同谈判不得对招标过程中双方承诺的合同条件做实质性的修改，谈判应形成备忘录。

7.4.3 采购阶段投资管控方法

1. 分级管理

根据单项合同估算价金额及重要性，可将采购分为重大项目、大型项目、中型项目和小型项目；并针对不同类型的采购项目，设立不同的决策流程和决策机构。根据不同业主单位设立的公司管理层级，对不同大小的项目进行分级授权和分级管理，例如重大项目可由集团层面进行决策，小型项目可授权项目公司自行管理。通过分级管理，实现采购项目在不同层次的有序进行，保障采购进度的同时，又可在宏观上把控风险。

2. 设置标底或招标控制价

在采购实施前，应对市场情况进行一定的调研和分析，不可盲目地开展采购工作，需对潜在的供应商、市场价等情况有所了解，将招投标结果控制在可控范围内。

重大及大型项目的建筑安装工程一般应编制标底。标底在开标前必须保密。标底是评标定标、衡量投标人投标报价是否合理的重要依据，是招标人预期采购的价格或者拟控制的价格，可以有效控制投资。

为了鼓励投标人竞争报价，可以不预先设置标底，而采用反映投标人报价平均水平的某一数值作为评标基准价来评定，但是在实施时对价格控制不力，因此可以采用招标控制价。招标控制价或者招标控制价的计算方法应在招标文件中明确。投标人投标报价高于招标控制价的，应否决其投标。不得在招标文件中规定最低投标限价。招标控制价不得高于招标项目的同口径概算，也不得高于相应投资决策金额。招标控制价相对于标底有以下优点：①可以有效控制投资，防止恶性哄抬报价，给投资控制带来麻烦；②促使投标人自主报价、公平竞争，符合市场规律；③设置了控制上限，又可以尽量减少招标人对评标基准价的影响。

3. 确定合适的分标方案

风电场项目招标采购按照地域、工期、管理等要求的不同，采用的招标采购方式不同，可采取EPC总承包模式，也可分标段单独采购。采用EPC总承包模式时，除监理服务外，其他内容均可纳入EPC总承包范围；分标段采购时，所有采购内容均可作为独立的标段单独采购，也可根据实际情况将其中几项或多项合并采购。

EPC总承包模式采购阶段采购成本较低，建设阶段业主管理成本低，但合同价较高，对投资控制不利；分标段模式，采购阶段采购成本较高，建设阶段业主管理成本高，但各分项合同价较低，对投资控制有利。

风电场项目作为实体工程项目，除主体工程外，还需办理施工许可、内外部手续、采购生产准备物资以及辅助设施服务等，以满足项目验收、并网、生产经营准备等需要。按照国家法律法规此类项目可不招标，一般通过竞争性谈判、询价、单一来源采购等方式进行，降低采购成本。

4. 合理设置资格条件

为采购到合适的供应商或施工单位，采购时设置的资格条件非常关键。首先必须合法合规，其次要合理。针对质量要求高的采购内容，应设置相对较高的资格条件；

若为一般性的采购内容，则不必对资格条件提过高要求。

在资格条件设置时，根据项目实际需求，设置不同等级的资质和业绩目标。例如电力工程施工总承包三级资质可承担单机容量10万kW及以下发电工程、110kV及以下送电线路和相同电压等级变电站工程的施工，该资质等级基本可以承接绝大多数风电场项目，无需设置电力工程施工总承包二级甚至一级。资质等级要求越高，潜在的投标人越少，对报价竞争越不利，不利于投资控制。

7.4.4 采购阶段投资管控措施

1. 人员管理

设置归口部门或人员专门负责采购工作，同时配备专职监督人员参与监督，防范廉洁风险，充分发挥招标采购的竞争机制。

2. 发挥招标及采购代理机构的职责

招标及采购代理机构一般可以承担以下职责：①受托编制招标及采购文件商务部分，汇总编制招标及采购文件；②发布招标公告（资格预审公告、投标邀请）、发售招标文件（资格预审文件）；③组织资格预审；④负责招标及采购澄清文件的编制、报审和发出；⑤负责组织踏勘现场、投标预备会；⑥负责编制评标（评审）大纲；⑦负责组织评标（评审）工作，包括评标专家邀请、开标、清标、发出并回收澄清答疑文件、评标统计工作等；⑧负责向决标机构汇报评标（评审）情况；⑨负责评标结果的公示；⑩负责发出中标（成交）通知书；⑪负责招标及采购资料整理归档及移交；⑫负责评标专家库的管理和维护；⑬参与招标设计审查、市场调研或技术准备、招标文件审查、合同谈判；⑭受理并答复对招标文件和开标的异议；⑮协助相关部门处理投诉调查等工作。

3. 供应商管理

为规范招标采购活动和合同履约秩序，健全诚信体系建设，激励供应商精益管理，保障合理选取优秀供应商，可对参与招标采购活动的投标人（供应商）在投标（报价）过程中的表现、中标人（成交供应商）的合同履约情况等进行信用评价，划分不同的等级，并在招标文件“资格评审标准”中明确潜在供应商的等级，对评价为优秀和良好的供应商优先考虑，评价为合格的供应商加强投标资格审查，并对其合同履约进行重点监管，对不合格的供应商禁止参加招标采购活动。

评价活动具体可分为：①日常评价，招标及采购活动结束后，进行供应商投标（报价）信用评价；年末以及合同验收结算后，进行供应商合同履约信用评价；②年度评价，对评价年度内参与招投标及采购活动、签订和履行合同的供应商进行信用评价；③动态管理，对存在严重失信行为的，直接降低供应商信用等级。

7.5 施工阶段投资管控的方法与措施

7.5.1 风电场项目的施工特点

风电场项目施工具有短、平、快的特点，工期一般在12个月以内。山地风电场工程一般地貌单元为低山、丘陵地貌，由一系列山脊和沟谷组成，风电机组分布于山顶及山脊处，风电机组基础施工及安装地点多且分散，需频繁移动施工机具特别是大型吊装设备；重型钢塔架及发电机舱、叶片等超大、超重设备及材料多，且在高空作业，施工及安装的难度较大；风电机组机位、线路杆塔布置分散，施工检修道路线路长，工程量大；风电设备布置在山地平台上，上山道路多为山路，拐弯半径较小，部分山坡较陡，设备运输难度较大。因此同等规模的山地风电场施工工期比平原风电场项目要长些。

7.5.2 施工阶段投资管控要点

此处仅以DBB发包模式为例阐述施工阶段的投资管控要点。

1. 勘察设计单位的管理

由于风电场项目的招标特点，在施工阶段，仍有大部分设计工作需要完成，因此对设计单位的管理尤为重要。以陆上风电场的勘察设计为例进行分析，要注意以下问题：

（1）出图的准确性。随着风电行业的发展，大部分设计院都具有风电场设计的经验，也正因为此，部分设计院在施工图设计时，未到实地勘察，仅在地形图上设计，导致陆上风电场道路路径在保护区内，更有甚者，在悬崖峭壁上，与施工现场情况不符。当施工单位按照图纸施工时，无法继续推进，导致已经施工的路段废弃，需要重新设计后才能继续施工，既耽误了工期，又增加了投资。陆上风电场风电机组一般位于山顶及山脊处，地质条件不均匀，勘察单位按照常规选点进行勘察，设计单位按照常规均匀地质进行设计，当施工单位开挖后，往往存在不均匀地质，由于承载力不够需要换填，耽误施工组织，也增加了投资。

（2）出图的及时性。部分设计院由于业务量较大，出图不够及时，导致施工单位需要停工等待，造成不必要的窝工索赔，增加投资。

（3）加强施工图会审。勘察设计单位的管理工作中最重要的一项内容就是加强施工图会审工作。风电场项目主体工程招标时，工程量清单往往不够细致，在施工图会审时就需要对图纸工程量进行复核，与合同工程量进行对比，为结算工作早做准备，这样可显著减少工程变更和后期施工过程中的返工现象，从而避免工程材料的浪费、降低工程投资、加快工程进度、提高工程质量、保证结构安全、满足使用功能等。通过施工图会审可以澄清疑点，消除设计缺陷，统一思想，使施工图设计文件达到经济、合理的目的。

【案例 7-2】 贵州省某陆上风电场道路与风电机组基础工程，因勘察设计深度不够，施工期因地质原因造成大部分道路和风电机组平台地基承载力不足。后来在现场用新鲜块石或洞渣进行了换填，并增设涵管、将块石挡土墙变为素混凝土等，增加上千万元的费用。

在某升压站工程中，因勘察设计深度不够导致重要建（构）筑物（生产综合楼、35kV 配电装置室、出线构架、SVG 室等）位于软弱下卧层（淤泥质黏土）上，造成基础型式由独立柱基设计变更为筏板基础。主体封顶后 19 天，经沉降观测发现生产综合楼向下游倾斜，1 号观测点沉降累计达 80mm，后经三方联合进行沉降观测，发现 1 号观测点沉降累计达 94mm。采用压桩方式（钢管静压桩）虽然阻止了生产综合楼继续沉降，但钢管静压桩工程增加工程直接费用上百万元，同时升压站静压桩施工对整体并网发电进度造成了一定的影响，是否继续沉降还需继续观测。

发生上述问题的主要原因是初步设计、施工图设计深度不够，质量不高，而施工图会审时，也未发现该问题，导致出现设计变更，增加投资。

2. 监理单位的管理

监理单位受业主委托，在工程建设中采用科学有效的措施，促使项目造价目标、工期目标和质量目标的有效实现。工程造价控制是监理单位的重要职责，因此监理单位的管理非常重要。风电场项目主要是设备投资，但建安投资也占到总投资的 20%～30%。施工单位在施工过程中，按月或按形象进度完成的工程数量申请工程进度款，主要审核把关的单位就是监理单位，办理进度款的及时性和准确性对投资控制都有影响。

另外，风电场施工条件复杂，具有不可预见性，施工阶段经常会出现各类变更，设计院也会根据功能性、合理性、现场实际条件等产生设计变更，从而导致工程量变化、项目增减的问题，使造价增加。在变更审批过程中，监理单位在审核环节必须严格把关。在实施过程中，监理单位应发挥主观能动性。这需要在监理合同招标时，在合同条款中作出规定，通过激励、考核条件提升监理单位的积极性，发挥监理单位的专业水平。在建设时要求监理单位加强施工组织设计的审查，对各种施工方案进行技术及经济上的对比分析，从中选出最合理的方案，以达到资源最佳配置和组织；完善隐蔽工程现场签证手续，避免出现窝工索赔。

3. 施工单位的管理

施工单位是风电场建设的主要单位，如何管理好施工单位对投资管控至关重要。投资建设风电场，业主单位现场人员一般不多，现场管理团队一般不超过 10 个人，需要将每个人的作用发挥到最大。按照标段，或者按照专业划分，现场管理团队对口管理多个施工单位，应将投资管控的重点放在加强变更审核，做好工程签证工作，做好水保、环保管理工作以及甲供设备和材料核销工作，及时发现及时处理。

（1）加强变更审核。风电场项目由于建设环境、地质条件复杂，在建设过程中可能产生较多变更。在施工阶段要特别注意设计图纸的变更，确保设计变更符合施工要求，严格控制变更费用。加强对设计单位的考核，通过考核促使设计单位增强责任心，控制变更的随意性。

在风电场建设时，产生变更主要有以下原因：①客观存在、确有必要而提出的工程变更；②设计文件存在错、漏、缺或不完善的情况；③国家颁布新的技术标准和新的设计规范，对工程建设提出了新的技术要求；④施工中发现地质条件与设计图纸不符，工程不变更就不能保证其质量、功能和安全的；⑤由于水利、工矿、文物、城建、环保、水保等方面的不可预见因素引起的设计变更；⑥保持原设计标准，可降低投资、不增加投资或增加投资不多，能解决特殊复杂的技术问题或对缩短工期效果明显的；⑦施工中环境条件发生变化，不变更不能发挥工程效能的；⑧应用新技术、新材料、新工艺、新设备，有利于提高工程质量标准、保护环境、提高工效、改善施工条件和促进技术进步的；⑨国家、地方政府或电网的新政策、新法规、新要求等引起的变更；⑩原招标文件、合同技术要求无法满足工程竣工验收的。

在变更发生时，应充分考虑：①变更实施的必要性，从质量、安全、进度、投资等角度全面考虑；②变更实施的技术可行性，结合变更技术方案及现场实际情况，若有多种技术方案，应进行方案比选论证；③变更实施的经济合理性，包括变更范围、边界条件、变更估价原则、变更金额及对业主预算或投资决策数额的影响等；④潜在索赔风险分析，重点针对涉及工期变化、资源投入增加等可能引发承包人索赔的变更。

一般工程变更若涉及造价变化时，应根据实际情况，审核其造价的合理性。施工合同具有详细的工程量清单，当现场发生下列情况时，应予工程变更：①取消合同中任何一项工作；②改变合同中任何一项工作的质量或其他特性；③改变合同工程的基线、标高、位置或尺寸；④改变合同中任何一项工作的施工时间或改变已批准的施工工艺或顺序；⑤为完成工程需要追加的额外工作。根据变更项目实际情况，变更工程量应为施工图计算工程量或合理估算的工程量，要符合合同约定或相关专业工程量清单计价规范；若合同中对确定变更价款及价格调整有相关约定，则依据合同进行单价或合价的审核，否则遵循以下原则进行审核：①合同工程量清单中有适用于变更工作的项目时，宜采用该项目的单价；②合同工程量清单中无适用于变更工作的项目时，可在合理的范围内参考原合同类似项目单价或合价作为变更估价的基础；③合同工程量清单中无类似项目的单价或合价可供参考，可根据相关定额、变更实施期间的市场价格及合同取费标准（若合同中无取费标准，可参照项目所在地的相关取费标准）确定新的单价或合价。EPC合同则不同，只要EPC合同的边界条件不发生变化，无论EPC单位如何调整内部设计、施工工艺等，均不予以变更，也不会造成EPC合同结算价的增减。

【案例7-3】 云南省某风电场施工中，项目公司、监理单位在建设管理过程中未能熟悉合同并按合同内容监督承包单位按合同约定内容施工，变更或优化也未经业主、设计和监理审核批准，导致已建成的部分实物量与合同约定数量严重不符，在结算时进行了费用调整，见表7-2。

表7-2 实物量与合同约定数量对比表

序号	项目	合同约定	实际完成	工程量差	费用相差/万元
1	架空集电线路	189基铁塔，34km	119基铁塔，28.45km	70基铁塔，5.55km	958
2	道路工程	10km	9km	1km	95
3	集电线路1kV电力电缆	YJV-1×400	YJV-1×240	—	127
4	场地平整	12419m²	3774m²	8645m²	105
5	升压站现场办公及生活建筑工程	1305.2m²	0	1305.2m²	383

(2) 做好工程签证工作。工程签证是指项目公司建设管理人员与合同单位代表就施工过程中涉及的责任事件所做的签认证明、合同变化工程量的确认。一般包括如下情形：①招标工程量清单较实际完成工程量的漏项；②实际结算工程量较合同工程量的增减；③合同外新增项目；④合同工程量清单中已有项目与实际不符；⑤合同内已有措施项目费用增加；⑥由于发包人未按合同约定提供场地、材料、设备以及阻工等原因造成承包人停工、窝工；⑦工程实际中使用未在合同内列报价格的材料、设备；⑧由于施工条件、合同条件变化需要签证的事项；⑨计日工；⑩其他签认事项。

工程签证一般由施工单位提出，经监理单位审核，报项目公司建设管理人员签认。在项目公司建设管理人员签认时，应分类管理，做好审核工作。工程签证涉及的项目特征不符，合同工程清单缺项漏项以及合同条件、施工条件的变化，实际发生的工程量应符合合同约定、图纸要求或工程实际；对于合同内已有措施项目费用增加的签认，需审核相关事项的必要性，确认人工工日、材料、机械设备台班的数量和使用时间等；符合规定的停工、窝工事项的签认，需审核停工、窝工的时间，确认人工及主要机械设备的种类和数量。

在工程签证时，凡涉及经济费用支出的停工、窝工、用工签证，机械台班签证等，承包人提出要求的，现场代表要在第一时间核实后签证，避免时过境迁引起不必要的纠纷，避免出现工程签证日期与实际情况不符的现象；工程量的签证要尽可能做到计算详细、准确，凡是明确可以按照综合单价计价的内容，一般只能签工程量，不签人工工日和机械台班数量；无法套用综合单价计算工程量的内容，可只签所发生的人工工日或机械台班数量，应根据实际发生量严格审核，不得考虑其他因素以增大数量进行补偿；办理签证时应注意签证单的内容与合同承诺、设计图纸、工程量清单计价等所包含的内容是否有重复，对重复项目内容不得再计算签证费用；凡是拆除和措施性工程中发生的材料或设备需要回收的，应签明回收单位，并由回收单位出具证明。工程签证单表样见表7-3。

表7-3　工程签证单表样

工程名称：

承包单位：

编号：

致：　　　　（发包人全称） 根据＿＿＿＿（指令人姓名）＿＿＿＿年＿＿＿＿月＿＿＿＿日的口头指令或你方＿＿＿＿（或监理人）＿＿＿＿年＿＿＿＿月＿＿＿＿日的书面通知，我方要求完成此项工作应支付价款金额为（大写）＿＿＿＿（小写＿＿＿＿），请予批准。 附：1. 签证事由及原因。 2. 附图及计算式。 承包人（章） 承包人代表：　　　　日期：
复核意见： 你方提出的此项签证申请经复核： □不同意此项签证，具体意见附件。 □同意此项签证，签证金额的计算，由造价工程师复核。 监理人（章） 监理工程师：　　　　日期：
审核意见： □不同意此项签证。 □同意此项签证，与本期进度款同期支付。 发包人（章） 发包人代表：　　　　日期：

（3）做好水保、环保管理工作。为了进一步规范生产建设项目水土保持设施自主验收工作，水利部办公厅印发了《生产建设项目水土保持设施自主验收规程（试行）》；为贯彻落实新修改的《建设项目环境保护管理条例》，规范建设项目竣工后建设单位自主开展环境保护验收的程序和标准，原环境保护部制定了《建设项目竣工环境保护验收暂行办法》。由于风电场建设施工和运行造成的水土流失可能对周围地表的灌草植被等产生破坏，需特别做好风电场道路、平台开挖时对地表的扰动，做好弃土弃渣管理，施工结束后，应及时采取复耕复林措施，尽快恢复植被。环境

违法成本越来越高，为避免不必要增加的投资，在风电场建设过程中，做好施工单位水保、环保方面的管理也变得越来越重要。

(4) 做好甲供设备和材料核销工作。如前所述，风电场项目主要投资为设备投资，占70%以上，需做好现场设备的管理工作，特别是甲供设备，包括风电机组、塔筒、电缆等设备的到货四方验收工作，按照合同界面分清责任。

针对甲供材料，应与施工单位签订材料领用、进场验收、保管等一系列协议，并建立包括材料采购、进场验收、出入库、款项支付、结算等一整套具有实施性的管理规定，组织专人对甲供材料进行管理。

4. 设备供应商的管理

设备标段完成招标采购后，应及时签订技术协议和合同谈判备忘录，避免在合同执行时发生歧义，引起不必要的投资增加。主要设备合同还应召开设计联络会，风电机组合同需讨论塔筒设计细节、风电机组布置方案，风电机组基础设计、设备吊装和运输方案、设备排产计划、电气设计等相关设计技术问题。为有效控制设备质量，还应请第三方监造机构驻厂监造，同时可邀请设备供应商进行现场培训和现场指导，在设备安装前做好技术交底。

7.5.3 施工阶段投资管控方法

1. 挣值法

挣值法是项目绩效管理的支持方法，其核心思想是比较项目实际与计划的差异。如项目实际任务在实施内容和工程量、时间、质量、成本等方面与计划的差异情况，然后根据这些差异，判断项目费用和进度目标执行状态，并对项目中的剩余任务进行预测、调整和控制。在项目管理中，挣值法主要用于成本/费用管控。

挣值法主要有3个核心参数，即拟完工程计划投资（Budgeted Cost for Works Scheduled，BCWS)、已完工程实际投资（Actual Cost for Works Performed，ACWP）和已完工程计划投资（Budgeted Cost for Works Performed，BCWP)，其中BCWP也称为挣值或赢得值（Earned Value)。通常通过计算费用偏差 CV 和进度偏差 SV 两个指标值进行分析判断，即

$$CV = BCWP - ACWP$$

$$SV = BCWP - BCWS$$

当 $CV>0$ 时，表示费用节约；$CV<0$ 时，表示费用超支。当 $SV>0$ 时，表示进度延误；$SV<0$ 时，表示进度提前。

通过上述分析可以看出，为了能够使用挣值法管理项目的投资，需要一定的前提，即要有项目计划和对项目实际进展的跟踪。在计划和实际跟踪中，要有明确、具

体的项目任务，对每个任务能计算预算费用，同时要有每个任务完成时的实际费用。

在实际操作中，通过挣值法进行投资管控时，可以将工程形象进度对应的工程量作为任务，将支付的工程进度款作为投资，比较计划和实际完成的工程进度，将合同进度款作为预算投资，将合同进度款以及新增的变更和签证作为实际投资，通过计算 CV 是否大于 0，看出投资是否节约或者超支。

2. 横道图法

应用横道图法进行投资偏差分析，是用不同的横道线识别已完工程计划投资、拟完工程计划投资和已完工程实际投资，横道线的长度与其数值成正比，然后再根据这些数据来分析投资偏差和进度偏差。横道图法具有简单直观的优点，相比挣值法更容易直观地掌握工程投资的全貌；但这种方法反映的信息量有限，因此其应用有一定的局限性。

3. 表格法

表格法是一种进行偏差分析的最常用办法。应用表格法分析投资偏差，是将项目编号、项目名称、各个投资参数及投资偏差等填到一张表格中，可在表格中直接进行偏差的比较和分析。应用表格法进行偏差分析具有灵活、适用性强的特点，可根据实际需要设计表格；反馈的信息量大，可反映偏差分析所需的资料，从而有利于工程造价管理人员及时采取针对性的措施，加强过程控制。同时，表格法还可以借助电子计算机，从而节约大量的人力物力，提高数据处理速度。

4. 曲线法

曲线法，也称S形曲线法，是用投资累计曲线来分析投资偏差和进度偏差的一种方法。用曲线法进行偏差分析时，通常有三条曲线，即已完工程实际投资曲线、已完工程计划投资曲线和拟完工程计划投资曲线。用曲线法进行偏差分析同样具有形象、直观的特点，但这种方法很难用于局部的偏差分析。

7.5.4　施工阶段投资管控措施

1. 组织措施

组织措施是从投资管控的组织方面采取的措施。一方面，投资管控是全员的活动，如实行项目经理责任制，落实投资管控的组织机构和人员，明确各级投资管控人员的任务和职能分工、权利和责任；另一方面，编制投资管控工作计划，确定合理详细的工作流程，加强施工调度，避免各合同标段交叉施工，避免出现设备供货计划与现场工作面不匹配的情况，避免出现不必要的窝工索赔。投资管控工作必须建立在科学管理的基础之上，具备合理的管理体制、完善的规章制度、稳定的流程秩序、完整准确的信息传递，才能取得成效。组织措施是其他各类措施的前提和保障，而且一般不需要增加额外的费用，运用得当可以取得良好的效果。

2. 技术措施

在施工阶段进行投资管控的技术措施，主要包括：对施工单位报审的工程变更进行技术经济分析，确定最佳的施工方案；结合项目的施工组织设计及自然地理条件，确定最合适、投资最低的材料消耗、施工机械使用方案；应用先进的施工技术降低成本，从而降低施工单位向业主方申请的工程变更金额。因此，运用技术措施的关键，一是要求施工单位提出多个不同的技术方案；二是对不同的技术方案进行技术经济合理性分析，选择最佳方案。

3. 经济措施

经济措施是最易为人们所接受和采用的措施。工程管理人员应做好资金支付计划，避免资金冗余导致额外利息支出；加强事前控制，对于工程变更要合理预估价格。正确面对出现的变更、签证、索赔，及时审核变更及索赔的合规性和合理性。通过偏差分析和未完工程预测，发现一些潜在的可能导致工程投资增加的问题，及时采取预防措施。

4. 合同措施

采用合同措施控制投资，应贯穿于整个合同周期。合同签订后，首先应做好合同分解，以合同价作为各合同标段的投资控制目标，并建立合同分目标和投资总目标的协调联动机制，对投资管控具有积极促进作用；其次，做好合同交底工作，由项目经理将合同界面、关键控制点、主要合同条款等对工程管理人员进行宣贯。在合同执行期间，合同措施既要密切注视对方合同执行的情况，以寻求合同索赔的机会，同时也要密切关注自己履行合同的情况，以防被对方索赔。

7.6 收尾阶段投资管控的方法与措施

7.6.1 风电场项目收尾阶段的主要工作内容

风电场项目收尾阶段主要是指全部风电机组并网到竣工验收之间的时段。这个阶段主要是为竣工验收做好各项准备工作，包括消缺整改、资料归档、专项验收、工程结算等内容。

1. 消缺整改

在施工完工后，试运行阶段会暴露出一些质量、缺陷，以及按照合同清单需移交备品备件、专用工器具等，此时应督促施工单位、设备供应商消缺整改，要求在移交生产验收前完成，否则不予验收。

2. 资料归档

风电场项目资料众多，整理繁琐，资料归档应符合以下要求：

（1）档案完整性。避免应归档文件缺项、漏项；相关人员应依据已签订的合同进行跟踪收集、归档。

（2）档案准确性。例如由设计单位编制的竣工图应符合《电力工程竣工图文件编制规定》（DL/T 5229—2016）的相关规定；由施工单位编制的竣工图应符合《建设项目档案管理规范》（DA/T 28—2018）的相关规定，竣工图应与施工图设计、设计变更、施工及质检记录相符合；尤其对隐蔽工程的竣工图，还要与设计变更通知单、工程联系单及施工、监理单位的施工记录相符合。

（3）档案规范性。所有归档文件应符合《风力发电企业科技文件归档与整理规范》（NB/T 31021—2012）、《建设项目档案管理规范》（DA/T 28—2018）及企业相关规定。

3. 专项验收

风电场项目作为建设项目，必须符合基建程序。在项目投运前应完成各专项验收，包括水保验收、环保验收、安监验收、消防验收、电监会安监验收等。

4. 工程结算

工程结算是收尾阶段最为关键的内容，必须严格根据《建设工程价款结算暂行办法》《建筑工程施工发包与承包计价管理办法》《建设工程工程量清单计价规范》（GB 50500—2013）等有关政策法规和合同、工程变更、工程签证和索赔文件等进行竣工结算，确保竣工结算及时、准确。

7.6.2　收尾阶段投资管控要点

收尾阶段投资管控主要是做好工程结算工作。到收尾阶段，工程投资已基本完成，达到95%以上，各标段合同已通过预验收，进入合同完工结算阶段。由于施工过程中常会出现变更、索赔等情形，如果未得到及时处理，到合同完工结算时往往会出现争议和纠纷，因此该阶段投资管控主要是解决合同争议和化解双方矛盾。

1. 正确理解固定总价合同

一般固定总价合同多适用于EPC总承包合同。对于固定总价合同应重点关注合同内容是否实施完成、是否按照初步设计的标准和要求进行设计和施工。施工单位在报工程结算时，往往只申报增加的费用，而刻意回避减少的项目，或者降低标准减少的费用。

【案例7-4】　内蒙古某风电场工程为EPC合同，合同约定为固定总价合同。合同实施中因场址变更导致费用增加，施工单位申报的工程结算中，对合同内已经约定的所有项费用未做增减，仅对新增加的工作内容计算了费用；而实际情况是场址变更导致送电线路的更改，使原合同边界条件发生了变化，原固定总价合同因场址变更而变化的相关项应计算其增减额，其中送电线路因场址变更减少了1.69km，应减少这部分费用，涉及费用约 105 万元。

2. 注意不同合同标段之间约定的范围是否存在交叉与重复

在采购阶段，由于未仔细核对采购工程量清单，签订的不同合同标段存在范围重复，在施工阶段，也未能及时发现。到了结算收尾阶段，施工单位按照有利于自身的角度出发，将合同内容全部纳入工程结算范围，而实际上并未施工，如果业主单位未能仔细核查，未能发现重复之处，就会造成投资增加。

【案例 7-5】 云南某陆上风电场项目采用分标段招标，将风电机组和箱式变压器基础接地工程、道路、风电机组基础、塔筒安装划分为 3 个合同包，即《风电机组、箱式变压器基础接地设计及施工工程合同》（简称《接地设计施工合同》）、《道路与风电机组基础工程合同》（简称《基础合同》）和《塔筒吊装合同》（简称《吊装合同》），合同均为单价合同。后发现《接地设计施工合同》中部分施工内容与《基础合同》《吊装合同》中施工内容合同重叠。如：①风电机组、箱式变压器预埋接地扁钢内容在《接地设计施工合同》和《基础合同》两个合同范围均涵盖；②接地极与设备的连接在《接地设计施工合同》和《吊装合同》两个合同范围也均涵盖。

贵州某风电场项目《水土保持和环境保护工程》与《升压站土建及电气安装、场内集电线路施工和箱变安装工程》合同文件中均包含升压站区域的综合护坡、排水沟、沉砂池工作内容，存在部分工作内容重复的情形。

在结算审查时，业主单位及时发现了上述两个风电场项目存在的问题，共计节省投资约 40 万元。

3. 以合同条款规定为准绳客观确认结算子项

在风电场项目建设过程中，现场人员已对变更、窝工等事实进行了签证，但签证不作为工程结算的绝对依据，仍应根据合同条款，分析双方责任，根据合同性质再予以判断。

【案例 7-6】 安徽省某陆上风电场工程进场道路全长 12km，路基损毁严重，道路纵坡较大，转弯半径较小，局部道路路基宽度不够，没有错车平台，不能满足风电机组、塔筒等大件设备的运输要求。在该风电场工程道路和风电机组基础、吊装施工合同实施中，施工单位提出对该段进场道路路基宽度不足位置扩挖，对道路纵坡较大地段降坡，并增加多个错车平台，填方路段两边各增加 0.5m 宽路肩夯填、边坡整理等的处理方案，现场签证单对该事项进行了确认和详细记录。

施工单位将该进场道路处理列入了结算，而业主单位结算审核时，通过查看招标文件、投标文件发现：①招标文件有约定：风电场进场道路拓宽及运输保障（包括但不限于拖曳及引路工作）由承包人负责，承包人应提前做好各路段的模拟运输，提前发现安全运输阻碍，解决道路的相关问题；②施工单位在投标文件中对设备运输道路维护费用进行了报价，为固定总价。根据现场签证单中叙述的现场情况，施工单位应提前考虑并做好模拟运输，天气及道路问题应考虑在设备运输道路维护的报价中，对道路的扩挖应属于合同范围内。因此，即使现场人员进行了事项签认，但该事项属于固定总价范围，在工程结算时不予调整费用。

4. 坚持互利共赢的原则

在协商谈判时，施工单位可能提出高额诉求，在细致审核、实事求是的前提下，也要考虑对方的立场，从互利共赢出发，适当进行补偿，或者提出在下一个项目上进行合作，让其放弃本项目的部分诉求，从而降低投资。

7.6.3 收尾阶段投资管控方法

到收尾阶段，主要投资已是既成事实，大部分合同可以按照合同条款顺利完工结算，少量合同由于执行过程中的变更、索赔、签证等，无法顺利达成一致意见，此时应友好沟通、协商谈判。

1. 竣工结算全面审核法

竣工结算工作由业主组织，由承包人编制竣工结算送审报告，监理人对竣工结算工程量、综合单价、变更与索赔、取费等初审后，报业主审核。

竣工结算审核应有造价管理人员参加，对工程计量、计价（含综合单价）、已支付款项、应支付款项、变更索赔、现场签证等的合理性和准确性进行全面审核。竣工结算应遵循合同约定、及时、客观的原则，并应满足国家或行业有关规定和要求；应有详细、真实的记录及量价计算过程，完备的审核记录等文件和资料，并应具备完全的可复查性。

（1）竣工结算审核依据。主要有：①合同、招标文件、投标文件、补充合同或协议（如有）；②建设工程设计文件、竣工图纸及相关资料；③经批准的施工组织设计；④设计变更、工程洽商、索赔与现场签证，以及相关的会议纪要；⑤发包人及监理现场相关指令及联系单；⑥经批准的材料设备的采购合同和分包合同；⑦工程材料及设备中标价或认价单；⑧经批准的开、竣工报告或停、复工报告；⑨承包人的现场签证和得到发包人确认的索赔金额；⑩现场踏勘复验记录；⑪建设期内影响合同价格的法律、法规和规范性文件；⑫建设行政主管部门以及各省、自治区、直辖市相关部门发布的建设工程造价计价标准、计价方法、计价定额、价格信息、相关规定等计价依据。

（2）竣工结算审核内容。一般包括：①竣工结算的内容与合同约定的项目范围、内容的一致性；②竣工结算手续的完备性、资料的完整性；③分部分项工程、措施项目和其他项目工程量计算的准确性；④分部分项工程、措施项目和其他项目是否执行合同约定或现行计价规范的计价原则、方法；⑤变更签证的真实性、有效性，审核变更项目价格；⑥索赔是否依据合同约定的索赔处理原则、程序和计算方法以及索赔费用的合法性、真实性、准确性；⑦分部分项工程费、措施项目费、其他项目费、规费和税金等结算价格是否执行合同约定或相关费用计取标准，审核费用计取依据的时效性、相符性；⑧审核承包人实际完成的工程以及经监理审核的竣工结算报表，确认完成工程量符合合同约定、图纸要求和工程实际；审核变更事项的必要性与程序合规性，审核索赔事项的真实性与责任划分；⑨审核承包人上报的竣工结算价款，包括价款金额的准确性，综合单价的合理性，取费、税金的合规性等；⑩审核承包人实际使用的甲供设备、材料数量；⑪审核承包人采购的工程设备、材料的数量、价格的真实性和合理性；⑫因质量、安全、进度等问题需要扣减结算款的，经审核后提出具体扣款意见；⑬审核承包人移交的工程档案；⑭其他需审核的资料。

（3）不同合同计价方式下竣工结算的差异。竣工结算应区分合同类型及计价方式，不同的合同类型采取不同的计价方式。

1）采用总价合同的，应在合同总价的基础上，对合同约定允许调整的设计变更、工程洽商、工程索赔等内容及超过合同约定范围的风险因素进行调整。

2）采用单价合同的，工程量应按发承包双方在合同中的约定方式予以计量，且按照实际完成的工程量确定，并应按合同中约定的方法对合同价款进行调整。

3）采用成本加酬金合同的，应依据合同约定的方法计算各个分部分项工程以及设计变更、工程洽商、施工措施等内容的工程成本，并计算酬金及有关税费。

2. 反索赔法

在施工结算时，施工单位向业主索赔多，业主向施工单位索赔少，主要原因在于：①对施工索赔的了解较少，对索赔条件、索赔程序等概念模糊，所以在针对具体索赔时，不知如何运作，从何下手，存在不会索赔的现象；②反索赔经验不足，方法不够严谨科学，错过索赔时机，因此索赔成功概率不大，可能会承受经济损失；③对索赔依据和证据不重视，对合同条款不认真理解，不注意索赔过程中的时限和证据收集，未按合同要求区分阶段性索赔和最终索赔，可能导致索赔无效。

因此，业主单位需加强反索赔观念，一是正确认识和对待施工索赔，索赔属于经济补偿，是一种正当的权利要求，恪守合同是业主和施工单位的共同义务，只有坚持守约才能保证合同的正常执行。索赔，从某种意义上讲，也是履行合同。二是加强反索赔知识学习，积累索赔经验。索赔是一项系统的、复杂的、综合性很强的工作，涉及技术、经济、法律、造价等多方面的知识。业主单位一定要加强索赔知识学习，熟悉并掌握索赔的类型、时限、程序、依据和证据，以及索赔的计算等知识。有条件的企业可以成立专门的索赔机构，负责企业各工程施工项目索赔及反索赔工作的统一指导和协调。

7.6.4 收尾阶段投资管控措施

收尾阶段虽然对整体投资影响不大，但却是整个项目完成的重要一环。

1. 组织措施

一是要求配备适量的收尾人员，项目经理在完成竣工验收后方可全身心投入下一个项目中；二是建立完备的审核审查体系，充分发挥监理和造价人员的作用。

2. 技术措施

工程项目合同完工结算时，可采用广联达、鲁班等造价软件，辅助审核过程，通过软件发现人力审核时不易察觉的问题。在完成一个项目收尾后，要及时总结经验教训，列问题清单、指导手册，在后续项目中规避或及时改正。

3. 经济措施

为充分发挥审核人员的积极性，可以通过设置一定的奖励措施，激发和鼓励审核人员。例如审减额超过送审金额的5%时，将核减工程款的一定比例作为效益奖励。

4. 合同措施

在收尾阶段，首先要做好该阶段的合同验收、考核工作，评价施工单位执行合同的情况，当发现存在的缺陷时要求施工单位整改，避免后续自行整改造成的投资增加。合同文本是工程项目合同结算的一项重要依据。在进行结算审核时，要熟悉了解合同中涉及变更、结算、边界条件等条款，在审核时严格按照合同条款执行。

第8章 风电场项目投资风险管理

风电场项目尤其是海上风电场项目投资规模大，而风资源的随机性和波动性，以及风电技术的持续发展性、施工环境的不确定性和电力市场容量等因素，导致风电场项目投资风险较大，因此风险管理工作尤为重要。在风电场项目投资风险及其管理内涵的基础上，通过典型案例法和文献研究法整理归纳了其常见的风险因素，并介绍了常见的风险度量模型和风险评估方法，以及风电场项目实践中常采用的风险应对策略。

8.1 风电场项目投资风险管理的概念与流程

8.1.1 风电场项目投资风险的内涵

1. 风险与不确定性

（1）基本概念。在不同学科领域，学者对风险有不同的定义和理解。如美国学者A. H. 莫布雷（Mowbray，1955）在其著作《保险学》中认为风险是一种不确定性；美国学者C. A. 威廉姆斯（Williams，1985）在《风险管理和保险》一书中将风险定义为在给定的条件和某一特定的时期，未来结果的变动；美国学者马奇和沙皮拉认为风险是事物可能结果的不确定性；我国清华大学教授卢有杰认为风险就是活动或事件消极的、人们不希望的后果发生的潜在可能。国际标准化组织（International Organization for Standardization，ISO）文件《ISO Guide 73：2009Risk Management——Vocabulary》给出的定义为，风险是指不确定性对目标的影响，而不确定性是指对事件及相应后果的信息缺失或不能全面了解的状态。学术界目前比较通用的风险定义则为：事故发生的概率和产生后果的严重程度。从定义来看，风险的概念就是一种不确定性，发生的可能性是不确定的，发生后导致的后果也是不确定的。

但关于风险和不确定性，有学者认为两者之间还是存在差异性。如美国经济学家芝加哥学派创始人奈特教授在其《风险、不确定性和利润》（1921）中区分了风险和不确定性。奈特认为，风险是“可测定的不确定性”，而“不可测定的不确定性”才是真正意义上的不确定性，即所谓“不可测定”是由于信息和认知的不完备性而导致的。从理论定义角度可以区分风险和不确定性，关于此概念的差异，近年来有不少学者在很多领域对不确定性风险进行了深入研究。但是从项目评估方面看，这两个概念更多倾向于是统一的。

（2）风险构成要素。风险主要包括风险因素、风险事件和风险损失三个方面，具体如下：

1）风险因素。风险因素是指引起或增加风险事件发生的机会和影响损失严重程度的因素，是事件发生的潜在条件，也称风险条件。根据美国 COSO 委员会的分类思路，风险因素有外部和内部之分。外部因素一般是不为风险主体所能控制的，而内部因素是风险主体能够控制的。

2）风险事件。风险事件是指直接导致不利结果或损失发生的非故意的 、非预期的、非计划的偶然事件，它使得风险的可能性变成现实并导致损失的后果，如恶劣气候就是典型的风险事件。

3）风险损失。风险损失是指由于风险事件的发生而导致风险主体预期目标与实际之间的偏差。一般而言，风险和损失构成一对因果关系，风险为因，损失为果，风险只有转化为现实，才能造成损失，但它本身不是损失。

（3）风险的类型。如前所述，按照信息和认知的完备性，风险可分为确定性风险和不确定性风险。由于信息和认知的不完备而导致潜在事件可能后果发生的不确定性称为不确定性风险，反之则为确定性风险。按照风险控制程度，将风险辨识结果分为可控风险和不可控风险；按照风险状态水平，将风险评估结果分为可接受风险和不可接受风险。

根据风险辨识结果的不确定性，风险可分为纯粹风险和投机风险。纯粹风险是指只有损失的可能而无获利机会的风险，如自然灾害所带来的风险。投机风险是指既可能造成损失，也可能产生收益的风险，如商业投资行为以及赌博都是投机风险的典型代表。

按照风险管理的需要，常从结果和原因的表现形式划分风险类型。以风电场项目建设风险为例，按照项目管理目标实现程度的不确定性，划分为工期/进度风险、成本/费用风险和建设质量风险、安全风险、生态环境风险、社会稳定风险等；按照影响项目管理目标实现程度的因素，划分为自然风险、经济/市场风险、政府规制风险、设计施工技术风险、组织管理风险等。

2. 投资风险的概念及其特性

（1）投资风险的概念。风电场项目投资风险是指风电场项目投资主体（如开发商或运营商），为实现其投资目标而对未来建设经营、财务活动存在的不确定性所承担的风险，或者简单定义为风电场项目投资主体实现其投资目标的不确定性。在实践中，可能更为强调不能实现其投资目标的可能性及其不利结果。常见的投资目标有投资本金可以回收、达到预期盈利能力、成功进入特定的目标市场、在特定市场中占有一定市场份额等。

(2) 投资风险的特性。

1) 风险的客观性和普遍性。客观性意味着人们可以认识风险、改变风险存在和发生的条件，但风险是固有、客观存在的，不以人的意志为转移。普遍性意味着风险无处不在，无时不有。

2) 风险的相对性。首先是风险大小的相对性。这是源于不同风险主体的承受能力不同。一个中等规模的投资项目失败，对于资金实力雄厚的投资主体而言，可能不会“伤筋动骨”，但对于投入全部身家的中小投资主体而言，却可能是“灭顶之灾”。其次是风险主体的相对性。对于交易双方而言，同样的风险事件发生，有可能对其中一方是风险，而对另一方是机会，这在施工合同索赔中尤为明显。

3) 风险的不确定性和可测性。风险的不确定性主要包括风险是否发生的不确定性、风险发生时间的不确定性、风险发生频率的不确定性、风险损失程度的不确定性。但人们可以通过大量数据分析，运用数理统计与概率论、随机数学、模糊数学和粗糙集等理论，估测风险事件发生的概率和可能造成的损失程度，即风险的可测性。

8.1.2 风电场项目投资风险管理的内涵

风险管理意识很久以前就体现在人们的日常行为中，如远古时期人类祭拜天地、祈求平安的行为；但直至 20 世纪 50 年代，风险管理一词才真正出现，随之在金融、经济领域得到高度重视，并逐步形成一门系统的综合性学科。项目投资风险管理是项目投资管理的重要组成部分，尤其在“变是定常”的变革时代，风险管理更具有特殊作用。

关于风险管理的定义目前也是众说纷纭，但比较合理的一种说法是：风险管理是风险管理主体通过对风险的识别、评估和应对、监控，以最小的代价使风险发生的可能性和（或）风险可能造成的损失达到最低程度，从而最大程度上实现预期目标的管理科学和艺术。具体到风电场项目投资风险管理，就是风电场项目投资主体运用风险识别、评估和应对、监控的技术和方法，希望以最小的成本降低投资损失，或在最大程度上实现预期投资目标的过程。

从该定义可以看出，风险管理的主要内容包括风险识别、风险评估、风险应对和风险监控。

(1) 风险识别。风险识别是风险管理的首要步骤，也是风险管理的基础，是对投资项目所面临的和潜在的风险加以分析、判断、归类的过程。风险识别的基本方法是应用风险清单。对于项目投资过程而言，风险清单是指根据风险源对项目投资过程中可能出现的风险进行分类，并全面罗列的表格。这里的风险源是指可能导致风险后果的因素或来源。在风险识别阶段，通常会对风险发生的地方、发生的条件、发生的可能性和发生后的可能损失等有初步的分析和判断。

（2）风险评估。风险评估包含风险估计和风险评价两部分内容。风险估计是采用适当的方法和模型，对风险进行度量；而风险评价是基于风险相对性这一特性，从特定风险主体出发，对估计的风险值与可接受的风险指标阈值进行比较，得到其风险等级，并做出是否要采取应对和监控措施的结论。显然风险评估是制定风险应对方案的依据。

（3）风险应对。风险应对是在风险发生前或发生时拟采取的应对措施。风险应对措施通常包括：①针对风险因素采取控制措施，以消除或减轻风险，具体措施有规避、缓解、分散等；②风险发生前，通过财务安排来减轻风险对投资目标实现程度的影响，具体措施有转移、自留等。

（4）风险监控。风险监控是指跟踪已识别的风险，监视残余风险和识别新的风险，保证计划执行，并评估这些计划对降低风险的有效性。

8.2　风电场项目投资风险识别

如前所述，风险识别是风险管理的第一步，是采用适当的方法对潜在风险因素进行辨识和初步分析，并对特定对象的风险因素找寻其一般性规律，一方面为类似项目的风险因素辨识提供依据，另一方面也为后续的风险评估和应对打下基础。

8.2.1　常见的风险识别方法

风险识别的方法很多，如：从识别风险的工作思路或研究过程看，有专家调查法、典型案例分析法或经验类比法、文献研究法等；从具体的风险识别工具或方法看，有核查表法、分解分析法、图解法和情景分析法等。以下主要对核查表法、分解分析法和图解法进行简要介绍：

（1）核查表法。核查表法是人们在类似风电场项目的投资实践中，对类似项目成功的经验和失败的教训进行归纳总结，这些归纳总结的资料恰好是识别风险的宝贵资料，可把从这些资料中梳理出的风险因素和风险事件列成表格，然后结合新建或并购项目的具体情况，采用专家分析法，分析其可能出现的风险。

（2）分解分析法。分解分析法是根据系统分解的原则，按照一定准则，将复杂事务分解成较为简单且易识别的事务，从而分析其中可能存在的潜在风险因素与可能的损失。在风电场项目投资风险识别中，一般会按照风电场项目全生命期的阶段划分、基于风电场项目实体的项目分解结构和风险的原因进行分解。例如：按风电场全生命期的阶段划分为投资决策评估阶段、设计阶段、建设实施准备阶段、施工阶段和运维阶段；按照风电场项目实体的分解，通常分为风电机组工程，升压站、集电线路和场内交通基础设施，集控站等子系统，而每个子系统又可以按照单位工程、分部工程和分项工程进行分解。如前所述，风险因素常常按照风电场投资项目外部因素和内部因素进行分解（图 8-1），也会经常按照宏观环境、行业环境和项目/企业 3 个层面进行分解，从而使风险因素具体化。

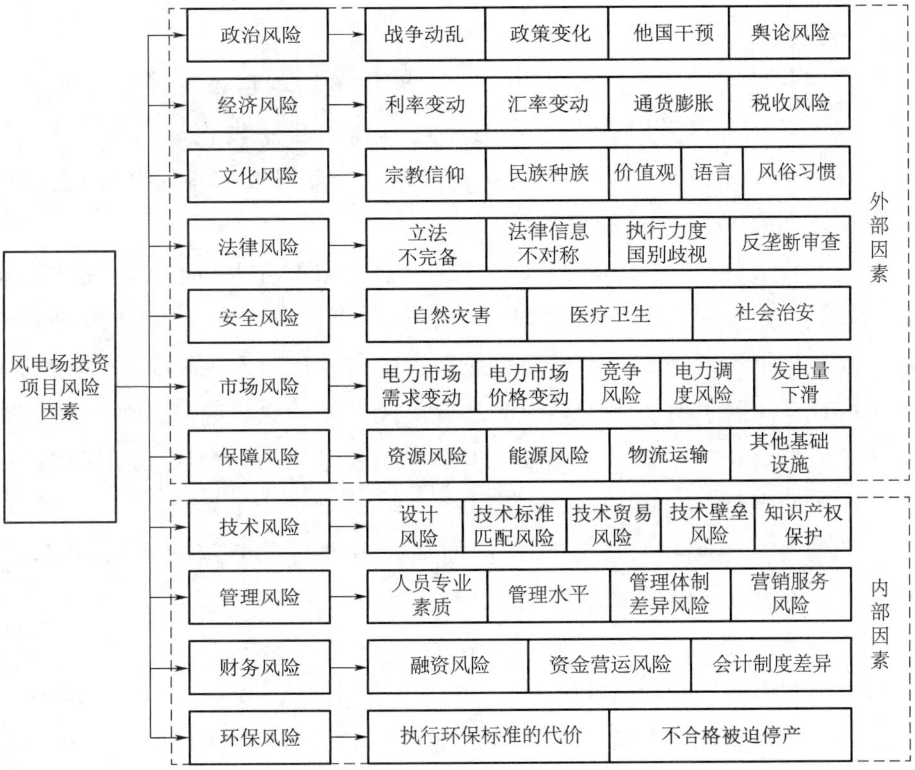

图 8-1　风险因素分解示意图

（3）图解法。图解法具体又分为因果分析图法和流程图法。

1）因果分析图法。在项目管理理论中，因果分析图法是质量分析工具之一，通常是从质量缺陷或质量问题的现象/结果出发，通过层层分解剖析导致质量缺陷/问题的可能原因，绘制成类似于“鱼刺骨”的图形，因此也称为鱼刺图法。同理，因果分析图法也可用于风险辨识中，例如：某个财务年度盈利能力减弱，可以从销售收入、运维成本等方面去找寻；影响销售收入的直接因素主要有销售价格和市场销售量，市场销售量低的原因可能有市场需求不足、产品过时、销售渠道不畅通、产品质量问题等原因，如此不断挖掘溯源，便可形成“鱼刺骨”状的潜在风险因素图。

2）流程图法。流程图法是根据项目实施过程或管理过程进行罗列，再结合特定项目的具体情况，识别特定对象存在哪些风险的方法；可以视为分解分析法的一种分解准则，即按某种实施过程/流程进行分解，可以从技术角度，也可以从非技术角度识别风险。

8.2.2　风电场项目投资风险识别——典型案例分析法

1. 典型案例选取考虑的因素

选取典型案例考虑的因素主要如下：

（1）项目资料的可获取性。对国内若干主要风电场项目投资商进行调研访谈，访谈对象不仅仅是公司高级管理人员，还有参与具体项目建设、运营的一般工作人员，从而获取更详实的案例资料。此外，为保证获取一定数量的项目资料，还可采用网络查找的手段，尽可能获取更多的案例资料。

（2）项目的代表性。风电场项目类型众多，总体来看分为陆上风电场项目和海上风电场项目两大类，而每类又细分为不同子类，如陆上风电场进一步分为山地类和平原类，或者分散型和集中型。不同类型项目所包含的潜在风险有所不同，同时同一类型项目在不同区域，其风险也有所不同，因此选取的风电场项目要有代表性。考虑到风电场项目投资建设历史及现状，本书主要以陆上集中型风电场为对象，考虑区域、项目成功度等因素选取典型案例。

基于中国海外风电场项目投资的日益增加，本书将区分国内外风电场项目情况，分别选取若干案例进行归纳总结。

2. 国内典型案例分析

（1）HN 公司 TY 风电场项目一期工程。一期工程总装机容量 151.8MW，由 69 台 2.2MW 风电机组组成，拟定以一回 110 kV 架空线接入附近 220 kV 变电站，预计年上网电量为 3.1 亿 kW·h，年等效满负荷小时数为 2061h。TY 风电场场区地貌类型属丘陵，整个场区起伏不大。该项目在建设施工过程中出现了以下风险因素，导致项目建设工期和成本受到不利影响。

1）土地征用与补偿风险。主要表现为：用地补偿标准与公众预期的标准有差距，且用地补偿发放过程中，程序不规范，补偿方案不合理或补偿不及时，引起部分补偿户不满；此外，部分项目用土地穿越或影响部分农户居民区（主要为临时用地），可能使部分农户的利益受到损失，并因此引发矛盾。

2）地方利益协调不当风险。项目建设因没能有效协调好地方税收利益问题而引发矛盾冲突。

3）环境风险。项目施工期由于违反文明施工和质量管理的相关规定，造成环境污染、水土流失或对周边设施产生影响，达不到国家相关部门规定的要求，影响项目建设进度和成本。

4）施工安全风险。因出现施工安全事故，由于处理不当而引起事故当事人或家属不满。

（2）DT 公司 SZ 风电场项目。SZ 风电场项目是所在区域的风电场三期项目，总装机容量 199.5MW，由 133 台 1.5MW 风电机组组成。与一期（49.5MW）、二期（49.5MW）工程共用一座 220kV 升压变电站。项目总投资约 15 亿元。在项目建设和运营过程中，发生了表 8－1 中所述风险。

表 8－1　DT 公司 SZ 风电场项目风险

序号	风　险	风　险　事　件
1	风能资源	温室效应以及西风环流指数下降会导致平均风速降低，从而降低项目盈利
2	成本超支	原油价格上涨、不确定因素导致的追加作业、地形复杂导致的征地费用增加、相关政策引起的融资成本增加
3	工期延误	土地征用纠纷、设计图纸供应延误、不合理的施工计划、恶劣的气候条件、复杂地形导致的项目工程量增加
4	质量缺陷	施工管理和施工技术上的不成熟，导致风电机组机位和线路杆塔的质量问题
5	安全环保	受项目所在区域大风影响，土石方的大规模开挖、回填一般会导致扬尘，从而对自然环境造成较大破坏，影响当地居民的日常生活；风电机组吊装时的高空坠物
6	收入降低	电价政策变化导致电价降低、清洁发展机制（Clean Development Mechanism，CDM）收入申请审批和审核考察延误或无法通过
7	电力送出工程	风力发电的不连续性对电网运行造成影响、电网建设滞后于发电项目建设、社会用电量下降

（3）CZ 风电场项目。CZ 风电场项目总装机容量 150MW，由 100 台 1.5MW 风电机组组成。所产生电力通过五回 110kV 线路接入一座 220kV 变电站送出。项目所处位置的地势较为平坦，无较大起伏；所处区域属于暖温带半湿润季风气候，风能资源丰富。在项目建设和运营过程中，存在表 8－2 中所述风险。

表 8－2　CZ 风电场项目风险

序号	风　险	风　险　事　件
1	风能资源	温室效应和西风环流指数下降减少了可利用的风能资源
2	风力发电技术	国内机组设备核心技术与国外相比仍有差距，导致风电场运维成本的提高
3	收入降低	电价政策变化导致电价降低、CDM 收入申请审批和审核考察延误或无法通过
4	电力送出工程	风能引发高负载风险，干扰电网的整体运行

3. 国外典型案例分析

在调研和网络资料搜寻的基础上，主要对“一带一路”沿线国家（但不仅仅限于）风电场项目投资风险进行整理、归纳，国外典型案例分析结果见表 8－3。

表8-3 国外典型案例分析

序号	项目名称	风险事件	风险识别
1	金风科技智利Ckani风电场项目、澳大利亚Morton's Lane① 和GullenRange② 风电场项目	(1) 风电场投资开发与运营所需要的程序不同于国内，项目的立项和审核更为严格与复杂； (2) 国产风电设备出口需取得国际权威认证，国际认证的费用高、时间长、效率低； (3) 当地合作伙伴选择失误； (4) 合作开发合同存在缺陷	(1) 立项审批风险； (2) 风电设备认证风险； (3) 合作伙伴选择风险； (4) 合作开发合同风险
2	湘电集团保加利亚风电场项目	(1) 湘电保加利亚公司采取本土化经营的策略，在文化整合上存在威胁； (2) 保加利亚缺乏风电场开发资金和有实力的整机制造厂； (3) 税收制度不同，该项目规模大，涉及的增值税和关税较多，且贷款融资比例高； (4) 保加利亚政治局势不稳定，增加了电价政策的不确定性； (5) 汇率起伏较大。	(1) 文化融合风险； (2) 税收风险； (3) 融资不确定性风险； (4) 电价风险； (5) 汇率风险
3	三峡集团巴基斯坦第一风电场项目	(1) 当地金融市场不发达，且因地缘政治和大国较量，融资工作复杂且困难； (2) 巴基斯坦风电投资项目采用二段式电价，项目商业运行后由政府的电力价格制定机构复核实际投资额并重新批准最终电价； (3) 政治生态复杂、政局动荡； (4) 近年来巴基斯坦卢比加速贬值，2019年7月，卢比兑美元汇率约160：1，同比贬值约33%； (5) 三角债问题导致购电商也因此无法按期支付发电商电费，造成发电项目电费回收延迟； (6) 当时受全球原油价格高涨、卢比贬值及政府增收措施等因素影响，巴基斯坦通货膨胀率处于历史高位； (7) 项目所在区域属于热带沙漠性气候，高温环境下电气设备故障率上升、项目发电量降低	(1) 项目融资工作风险； (2) 电价核准风险； (3) 政治风险； (4) 汇率风险； (5) 电费回收风险； (6) 通货膨胀风险； (7) 维护风险
4	巴基斯坦大沃风电场项目	(1) 卡拉奇气温高，淡水资源匮乏，自然条件恶劣，影响施工质量和效率； (2) 当地施工人员技术水平偏低，开工前进行了专业培训，增加了培训成本	(1) 建设质量风险； (2) 工期延误风险
5	哈萨克斯坦巴丹莎风电场项目	(1) 没有健全的双边合作机制，对于哈萨克斯坦有关的能源法律法规或政策了解得不够全面； (2) 哈萨克斯坦的能源政策在税收方面对国外投资者有较大约束性； (3) 哈萨克斯坦国内政治的不稳定性可能会影响项目的进度	(1) 审批风险； (2) 税收风险； (3) 工期延误风险

续表

序号	项目名称	风险事件	风险识别
6	龙源电力南非德阿风电场项目	(1) 南非能源部要求本地公司股份不能低于40%，而本地公司又无法提供股东担保，且本地公司的资本金需要当地政策性银行的支持； (2) 美元兑兰特的汇率波动较大，从而对冲成本很高； (3) 联合动力当时缺乏国际工程经验，本身也没有国际工程总承包资质； (4) 不同文化的碰撞，给工程施工带来许多难题； (5) 德阿风电场项目的场址全是坚硬的岩石地质，道路基础施工非常困难，全部需要钻孔、爆破，开挖、回填工作量巨大； (6) 设备海陆联运超过1.3万km，运输周期长，南非陆地风电机组和塔筒运输经过多个省份，要求不一，需要协调各种不可控因素； (7) 南非环境保护标准苛刻，且当地施工人员技能和技术水平参差不齐，施工效率低	(1) 融资不确定性风险； (2) 汇率风险； (3) 质量风险； (4) 审批风险； (5) 技术方案风险； (6) 运输风险； (7) 工期延误风险； (8) 安全风险； (9) 文化融合风险
7	埃塞俄比亚阿伊萨二期风电场项目	(1) 埃塞俄比亚阿伊萨无成熟的气象预报系统，风功率预测系统的配置增加了项目成本； (2) 业主提供的资料完整度差，缺少多年风能资源数据及其本地勘察资料； (3) 该风场风能资源较好，大风季节风轮轮毂中心高度月平均风速超过10m/s，但风电机组安全吊装具有较大挑战； (4) 业主方严重缺乏运维管理和技术人才	(1) 风能资源风险； (2) 技术方案风险； (3) 安全风险； (4) 设备维护风险； (5) 工期延误风险
8	澳大利亚牧牛山风电场项目	(1) 建设过程中，设备部件供货紧张； (2) 澳大利亚极端天气会影响施工进度； (3) 场外运输道路征地需要协调各种不可控因素； (4) 当地吊装分包资源稀缺； (5) GPS并网流程冗长	(1) 采购进度滞后风险； (2) 运输风险； (3) 技术方案风险； (4) 并网风险； (5) 工期延误风险

注 ①澳大利亚 Morton's Lane 风电场项目 2012 年 8 月被中广核风电有限公司收购。
②澳大利亚 GullenRange 风电场项目 2014 年 7 月被 NewGRWF 收购。收购方 NewGRWF 是京能清洁能源（简称京能）与金风科技间接持有的公司，金风科技间接持有 25%的股权，京能间接持有 75%的股权。

综合国内外典型案例可得到国内风电场项目主要投资风险为风能资源风险、电价或电费回收风险、工期延误风险、设计/施工技术风险、并网风险；而对于海外风电场项目，投资风险还包括立项审批/核准、项目融资、机组采购进度/成本、汇率波动、施工质量和运维等方面，这主要源于中国企业的海外风电场项目投资主要在发展中国家，而这些国家的风电产业链并不发达。

8.2.3　风电场项目投资风险识别——文献研究法

和一般制造业投资不同，风电场项目投资受当地资源禀赋、电力需求情况、电力政策等因素影响较大，同时还具有投资周期长、投资成本高、电力不可储存的特性，能源投资的高风险不可忽视。对于国内风电场项目投资，因中国区域发展的非均衡性以及电力管制权的下放、民族的多样性，不同地区的风电场项目投资风险也会有所不同；而对于中国企业的海外电力投资，中国与投资国外交关系的影响也不容忽视。

学者 Miller（1992）将不确定性分为一般环境不确定性、行业不确定性和公司不确定性三类，并将这些不确定性整合成一体化风险管理的框架。一般环境不确定性是指那些影响各行各业的环境因素，如政治不稳定性、政策不连续性、宏观经济金融不确定性和自然条件不确定性；行业不确定性包括投入物市场的不确定性、产品市场的不确定性、竞争不确定性和技术不确定性；公司不确定性指公司内部因素，如运营能力不足、权责不明确或不确定、研发技术和能力不足、信誉和行为的不确定性等。显然，该框架不仅适用于海外投资，同样也适用于国内投资。

现有文献中既有研究单一风险的，如 Li 等主要研究运营阶段的上网电价变化和并网风险对风电场项目收益的影响，Marion 等讨论了公众反对风险或公众态度变化风险，Nadine 等对政策风险下可再生能源的投资决策问题进行了量化研究；也有文献从不同维度对风电场项目投资风险进行全面识别和分析。

张兴平等在对欧洲陆上风电场和海上风电场调研总结的基础上，得到风电场项目投资面临的风险因素，见表 8－4。

表 8－4　欧洲陆上风电场和海上风电场风险

序号	风险类型		含　义	实体/角色（风险原因）
1	策略/商业风险	融资风险/专业能力不够/管理经验不足	资金短缺（如债务）/投资者的专业能力和（或）管理经验不足导致潜在收入损失	债务资金提供者/投资者/项目开发商
		技术和创新风险	风能资源评估不准确；技术能力和创新不足导致技术低效；过时技术引致公众（政府）反对，从而导致潜在收入损失	项目开发商/供应商/普通公众
		公众反对	公众反对和（或）终端用户抵制导致建设受阻和（或）政府支持政策的不利变化	普通公众/终端用户/国家层面
		复杂的许可程序	行政机构许可和审核低效或程序不透明导致许可滞后和（或）相应费用增加	公共部门行政人员
2	运输/施工/完工		运输和施工阶段的各种干扰引发的风险，和（或）破坏或被盗导致开工日期延误，进而导致收入损失	人/供应商/电网运营商/自然灾害/项目开发商

续表

序号	风险类型		含义	实体/角色（风险原因）
3	运营/维修风险	一般运营和维修风险	由于疏忽、事故、损耗和原/备品备件短缺导致的非正常关闭，和/或技术匮乏/不可靠等而导致有形资产破坏，从而导致收入损失	人/供应商/项目开发商
		自然灾害导致的破坏（如恶劣气候条件）	自然灾害对风电场产生的破坏，从而导致收入损失	自然灾害
		连续损失导致的破坏	风电机组缺陷引发的风险，并导致收入损失	供应商
		由于商业干扰（中断）导致的收入损失	由于潜在商业干扰（中断）引发的风险，从而导致收入损失	
4	责任/法律风险		由于潜在环境破坏对第三方的责任风险，和/或法律争议的不确定性，和/或由于复杂立法或程序导致的合同风险，从而造成收入损失	自然/供应商/国家层面和公共部门的行政人员
5	市场/销售风险	由于气候/资源风险而导致的收益不确定	由于风能资源评估或装机容量不确切引致的风险，从而导致预期收益降低	项目开发商/自然
		并网风险导致的收益不确定	无法并网或并网限制风险导致的预期收益降低	公用事业部门/输电公司/电网运营商
		电价波动导致的收益不确定	未来能源价格的不确定性导致的预期收益降低	能源市场环境（供应和需求）
6	交易对手风险	O&M 服务商	交易对手能力及信誉低导致的预期收益降低	服务商
		电力购买协议（PPA）合同对方	交易对手能力及信誉低导致的预期收益降低	电力购买商
7	政治、政策和规制风险		国家层面关于可再生能源投资的支持政策或规制的潜在不利变化导致的预期收益降低	国家层面/立法者，政策制定者

文献［11］针对中国企业在海外电力投资面临的主要风险进行了专门研究，仅就风电能源投资而言，面临的风险细分为三大类八个维度，见表8-5。

表8-5 海外风电场项目主要投资风险

风险类别	风险维度	风险指标	风险类别	风险维度	风险指标
国别风险	经济基础	经济规模	国别风险	中国因素	进出口依存度
		发展水平			投资依存度
		经济增速			伙伴关系
		通胀指数			双边协定
		债务水平			建交日期

续表

风险类别	风险维度	风险指标
国别风险	对外金融	金融自由度
		商务自由度
		汇率波动情况
		贸易开放度
		投资水平
	社会发展	人口增长
		城镇化率
		失业率
		社会犯罪
		教育水平
	政治风险	腐败控制
		政府有效性
		政治稳定性
		法治
		战乱情况

风险类别	风险维度	风险指标
环境风险	环境风险	碳排放水平
		碳排放增长
		水压力
		PM2.5
		NDC① 目标
电力风险	电力市场	通电率
		电气化率
		电力需求增速
		电力进口程度
		人均耗电量
	风电收益	风电发电量
		规划风电装机容量
		风电发电量增速

注 ①NDC 目标是指国家自主贡献（National Determined Contributions）目标。

中国分布式风电场项目投资风险分为政府规制风险、经济风险、社会风险和技术风险 4 个维度，每个维度又下设若干风险指标。

（1）政府规制风险。主要表现为可再生能源政策变化、规划和许可政策滞后、上网电价政策变化、投资补贴减少和税收优惠政策取消或力度减少。

（2）经济风险。主要表现为利率增加、风能资源不足、土地租金增加、风力发电量减少、电费无法回收等。

（3）社会风险。主要表现为塔筒倒塌、失火或叶片断裂对第三方造成的伤害，噪声 & 光线污染，施工期环境污染和破坏，施工、运维专业技术人才的短缺等。

（4）技术风险。主要表现为技术低效、运营成本增加、叶片运输和物流复杂、工期延误导致的工程造价增加、资本性开支增加、总分包商之间的非协作等。

由已有研究文献可以看出，风电场项目投资风险可以分为宏观环境风险、电力行业环境风险和风电场项目风险三个层面。宏观环境风险主要从国家或区域层面描述经济、金融、政治和社会、生态环境等方面的风险；电力行业环境风险主要指电力市场供需现状及其增速、风电发展规划、风电行业政策等方面的风险；风电场项目风险可以从项目生命期视角出发，从前期决策、设计、施工和运维、报废回收等阶段分析其内生的风险。

8.3 风电场项目投资风险评估

8.3.1 风电场项目投资风险度量模型

按照一般风险管理理论，风险量 R 由不利事件发生的可能性（概率）P 和不利事件产生的后果 S 之间的乘积表示。而在投资学中，关于收益风险，常见的投资风险度量模型如图 8-2 所示。

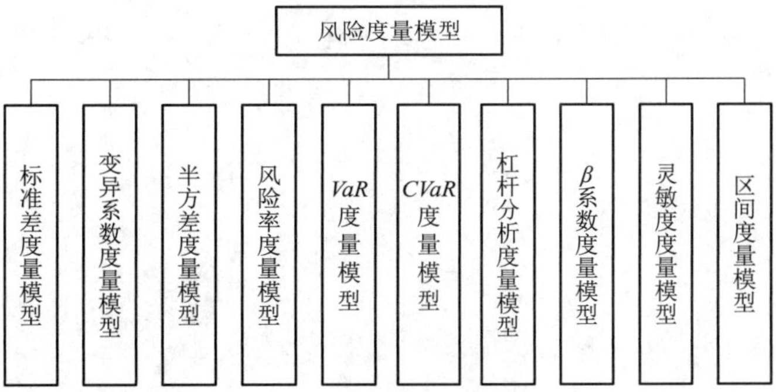

图 8-2　投资风险度量模型

(1) 标准差度量模型。投资组合风险的标准差度量模型为

$$\sigma(x)=\sqrt{VaR(x)} \tag{8-1}$$

标准差 $\sigma(x)$ 是风险度量最常用的工具，但其仅考虑收益的波动水平，而并未考虑收益的期望值，用于度量风险存在一定局限性。因此，一般只能在期望值相同的条件下用标准差比较风险的大小才有意义，否则脱离期望值，只依赖标准差无从讨论风险的大小。

(2) 变异系数度量模型。变异系数又称为标准离差率，指标准差同期望报酬率的比值。一般用来比较期望报酬率不同的投资项目的风险程度。标准离差率越大，意味着该项投资未来收益偏离期望值的幅度就越大，即未来收益越不确定，风险也越大；反之，则表示未来收益确定，风险程度较低。变异系数度量模型为

$$S=\frac{\sigma}{E(x)} \tag{8-2}$$

(3) 半方差度量模型。该度量模型认为不确定性并不必然带来收益的损失，也可能存在收益增加的情形。因此风险是指"由于不确定性带来损失的可能性"，从数学上看，应该用半方差代替方差作为下方风险的度量，用公式表达为

$$M(\gamma,x)=\int_{-\infty}^{\gamma}(\gamma-x)f(x)\mathrm{d}x \tag{8-3}$$

式中　x——投资项目的收益值；

$f(x)$——随机变量 x 的密度函数；

γ——目标收益值，一般取 $\gamma=E(x)=\mu$，即以投资收益期望值为目标值的半方差模型。

半方差度量模型的不足在于侧重于减少损失，而对收益高于期望值的部分不予考虑，即仅针对风险最小化，而并没有达到收益最大化。

(4) 风险率度量模型。该模型中，损失定义为“投资收益低于无风险收益的程度”，进而收益的不确定性转换为损失的不确定性。风险表述为“投资收益低于无风险收益的可能性”。具体可用风险率 F 表示，就是指投资收益低于无风险收益的概率。数值由 0%到 100%，风险程度依次加大，投资价值依次降低。数学公式表达为

$$F=\frac{1}{\sqrt{2\pi}}\int_{-\infty}^{0}\mathrm{e}^{\left\{-\frac{\left[-\frac{E(x)-WR}{\sigma}\right]^2}{2}\right\}}\mathrm{d}z\times 100 \tag{8-4}$$

其中

$$z=\frac{E(x)-WR}{\sigma}$$

式中　x——投资项目的收益值；

WR——无风险收益值。

(5) VaR 模型。VaR 是指风险资产在既定置信区间内在正常市场条件下的最大期望损失。假设某投资组合价值的概率分布密度为 $f(w)$，给定置信水平 c，w_0 为风险资产的初值，r 为持有期间 t 上的收益率，w^* 为置信水平 c 上的资产最低价值，则

$$VaR=E(w)-w^* \tag{8-5}$$

VaR 计算方法主要有正态方法、历史模拟方法、压力测试法、蒙特卡罗法等。VaR 计算涉及持有资产期限时间的长短、置信水平的大小、未来资产组合价值函数的分布特征三个要素。持有期长短取决于资产调整的频率，调整速度越高，则该期限越短，反之越长。置信水平一般取 95%～99%，置信水平过低，损失超过 VaR 值的极端事件发生的概率过高，将使得 VaR 值失去意义。实际上资产组合中各元素的分布形式不可能完全一致，因而不能将单个资产的情况简单相加得到，为简化计算，通常假设资产组合中各元素符合正态分布形式。

(6) $CVaR$ 模型。$CVaR$ 衍生于 VaR，也称为条件风险价值，是指投资组合的损失超过某给定 VaR 时的条件期望值，反映了收益分布的左尾信息和超过 VaR 值可能遭受的平均潜在损失大小。假设 X 是一个随机变量，表示金融资产的损失，$VaR_{1-\alpha}(X)$ 表示在 $(1-\alpha)$ 置信水平下的 VaR，则 $CVaR_{1-\alpha}(X)$ 表示损失超过 $VaR_{1-\alpha}(X)$ 时期望值，即有

$$VaR_{1-\alpha}(X)=E[X\,|\,X\leqslant VaR_{1-\alpha}(X)]=\frac{1}{\alpha}\int_{-\infty}^{VaR}xf(x)\mathrm{d}x \tag{8-6}$$

式中，VaR 是 X 的 α 的分位数。由于损益分布 $f(x)$ 没有必要是绝对连续的，通常可以用 ES（期望损失）表示离散分布条件下的 $VaR_{1-\alpha}(X)$。

（7）杠杆分析度量模型。杠杆分析法主要通过计算经营杠杆系数（DOL）、财务杠杆系数（DFL）和总杠杆系数（DTL）来衡量企业经营风险、财务风险和总风险的大小。杠杆系数越大、企业风险也越大，反之亦然。计算公式为

$$DOL=\text{息税前收益变动率}/\text{销售量(额)变动率} \tag{8-7}$$

$$DFL=\text{每股税后收益变动率}/\text{息税前收益变动率} \tag{8-8}$$

$$DTL=\text{每股税后收益变动率}/\text{销售量(额)变动率} \tag{8-9}$$

（8）β 系数度量模型。β 系数计算公式为

$$\beta=\frac{Cov(R_i, R_m)}{VaR(R_m)} \tag{8-10}$$

式中　R_i——资产 i 的收益率；

R_m——整个市场投资组合报酬率；

β——资产 i 相对于整个市场投资组合的风险系数。

显然 β 系数为单项资产风险和整个市场组合风险之间的内在关系。β 系数越大，说明投资者承担的风险越大，所要求的投资报酬率就越高。不过 β 系数只表示一种相对风险，而非单项资产自身的绝对风险。若选择的市场组合风险较大，即使 β 值很小，但并不意味着单项资产面临的风险就很小；此外，β 值的估算受时间区间选择影响很大，对于同一资产组合，用不同时间区间计算出的 β 值是不同的；同时，β 值的稳定性与计算数据的数量相关，计算数据越丰富，β 值的稳定性越好。

（9）灵敏度度量模型。灵敏度方法是利用金融资产价值对其市场因子的敏感性来测量风险的方法。标准的市场因子包括利率、汇率、股票指数和商品价格等。

灵敏度可用导数定义为

$$D_i=\frac{1}{P}\frac{\mathrm{d}P}{\mathrm{d}x_i} \tag{8-11}$$

式中　P——金融资产的价值；

x_i——影响其价格变动的市场因子，$x_i=x_1, x_2, \cdots, x_n$，价值 P 为市场因子 $x_1, x_2, \cdots, x_n$ 的函数；

D_i——P 对于 x_i 的灵敏度。

灵敏度方法测定的是市场因子变化与资产组合价值变化的关系。对于市场因子的特定变化量，通过这种变化关系可得到资产组合价值的变化量。

（10）区间度量模型。假设 $Q=[\underline{q}, \overline{q}]$ 为预期项目风险损失率的波动区间，考虑参数 $\alpha\in[0.1]$，于是项目风险损失区间 $Q=[\underline{q}, \overline{q}]$ 中的任一风险可表示为 $\hat{q}=\alpha\overline{q}+(1-\alpha)\underline{q}$，因此 α 又称为风险损失参数，表示决策者可接受风险损失的程度。α 取值越大，

表明决策者是风险偏好的，在风险损失范围内更倾向于接受较高风险的项目；否则表明决策者是风险厌恶的，在风险损失范围内更倾向于接受低风险的项目。区间度量模型综合考虑了风险和收益的波动性，因此具有较好的应用价值。

8.3.2　风电场项目投资风险估计方法

不同风险度量模型下，风险估计的内容有所不同，导致其所使用的方法也有所不同。如前所述，若按照一般风险管理理论中“风险量＝风险事件发生的概率×后果严重程度”的度量模型，其方法可区分为风险事件发生概率估计方法和风险损失估计方法两大类。

1. 风险事件发生概率估计方法

风险事件发生概率或概率分布一般应由对历史资料和数据进行的分析而得，但当缺乏足够的历史资料和数据来确定风险事件发生概率或概率分布时，也可以利用理论概率分布或主观概率进行风险估计，这就是客观概率和主观概率之分。

（1）由已有资料确定风险因素的概率分布。如前所述，风能资源风险是风电场项目投资面临的主要风险之一。风能与风速相关，因此，确定风速概率分布是非常重要的，这可以通过分析较长时期内的风速实测数据得到。在统计学中，常用的方法有绘制频率直方图和概率密度演化法等。此外，还有预测技术中的回归分析法、历史数据推定法、类推法、神经网络法、蒙特卡罗模拟法、决策树分析法等。

（2）利用理论概率分布确定风险因素的概率分布。在实践中，对于一些较为重要且常见的风险因素，前人已进行了大量探索或研究，并得到了这些风险因素的随机变化规律。对于这种情况，就可利用已知的理论概率分布，结合实际数据或资料进行拟合优度检验分析，或者进行参数估计，从而获得风险因素发生的概率分布函数。如在正常的施工条件下，每一个影响质量的因素作用并不是十分明显，因此风电场项目施工质量波动具有规律性，一般认为其服从正态分布。又如，关于风速概率分布，已有文献归纳为两类：一类为单峰参数分布，主要有威布尔分布、瑞利分布、伽马分布、极值分布和对数正态分布等；另一类为多模参数分布，主要有由几个单峰参数分布组成的混合分布。

（3）用主观概率分析风险事件发生的概率。实际上，很多风险因素的历史数据和资料是难以获取的，此时就不得不依赖于管理人员或专家的经验猜测风险因素的概率分布或风险事件发生的概率，常用的方法如下：

1）等可能法。在分析风险因素或风险事件发生概率时，在没有任何历史资料和数据的情况下，可认为各个自然状态出现的可能性是相等的。这种方法又称为拉普拉斯（Laplace）法。

2）专家估计法。为避免个体行为的认知偏差，常充分利用专家们的集体智慧，由专家们来确定风险因素或风险事件发生的概率。具体做法是：邀请若干专家分别对风险因素或风险事件发生的概率进行估计，并对每位专家的意见赋予不同的权重，然后求解加权平均值，即可得到某个风险因素或风险事件发生概率的估计值。

2. 风险损失估计方法

在风电场项目投资的不同阶段，其管理目标有所不同。如在建设阶段，风险损失通常表现为工期延误、建设成本超支、质量安全事故等，而质量安全事故的影响通常可归结为费用和进度问题，有时进度问题也会归结为费用问题去分析处理；而在运营阶段，风险损失通常表现为运维成本超支、发电量降低、上网电量波动和上网电价降低等，这些一般可归结为预期收益损失。随着计算机技术的发展，进度风险往往基于网络计划技术进行概率分析或仿真分析，而预期收益损失风险一般基于折现现金流量模型进行仿真分析。当然在无法获得风险因素的概率分布或发生概率时，也常用专家估计法。

蒙特卡罗仿真分析法起源于二战期间，又称统计表试验方法，是一种依据数理统计理论，利用计算机研究风险发生概率或风险损失数值的计算方法。其基本思想如下：

（1）若已知描述风电场项目风险状态的概率分布，根据风电场项目投资目标或规定的状态函数 g（X_1，X_2，…，X_n），利用抽样技术，生成符合状态变量概率分布的一组随机量X_1，X_2，…，X_n，将其代入状态函数 g（X_1，X_2，…，X_n），得到状态函数的一个随机量。如此重复，产生 N 个类似的状态函数的随机量。

（2）若在 N 个状态函数的随机量中有 M 个不大于（或不小于）风电场项目投资目标或规定的值X_0，当 N 充分大时，由大数定理可知，此时的频率已接近概率，因而可以得到风电场项目投资风险率p_r为

$$p_r = \lim_{n \to \infty} P\{g(X_1, X_2, \cdots, X_n) \leqslant X_0\} = \frac{M}{N} \tag{8-12}$$

$$p_r = \lim_{n \to \infty} P\{g(X_1, X_2, \cdots, X_n) \geqslant X_0\} = \frac{M}{N} \tag{8-13}$$

同时，针对 N 个样本值进行统计分析，可以得到分布曲线，并检验其概率分布，估计其均值和标准差。

如果风电场项目投资收益风险基于折现现金流量模型（DCF）分析，目前有比较成熟的仿真分析商业软件可以运用，如水晶球（Crystal）、@Risk 等软件。

8.3.3 风电场项目投资风险评价方法

由于风险的相对性以及风险主体的风险态度的不同，在风险估计的基础上进行风险评价是必不可少的环节，这是制定风险应对措施的前提，也是风电场项目投资商进行风险决策的依据。

风险评价分为单风险评价和综合评价，其方法也有所不同。单风险评价可在风险

估计的基础上，直接按照计划风险水平或可接受的风险水平进行评价，得出该单风险可否接受的结论。风险综合评价比较复杂，常见的风险综合评价方法主要分为定性分析法和定量分析法两类。

1. 风险评价定性分析法

(1) 专家打分法。专家打分法是以专家为索取信息的重要对象，各领域的专家运用专业方面的理论与丰富的实践经验，找出各种潜在的风险并对其后果做出分析与估计。其优点是在缺乏统计数据和原始资料的情况下，可以做出定量的估计；缺点主要表现在易受心理因素的影响。

(2) 故障树分析法（Fault Tree Analysis，FTA）。FTA 法是在确定风险因素后构造类似层次分析法的树状图，并进行逐步分解。FTA 法的一般步骤为：①定义工程项目的目标，此时应将影响项目目标的各种风险因素予以充分考虑；②做出风险因果图；③全面考虑各风险因素之间的相互关系，从而研究对工程项目所应采取的对策或行动方案。FTA 法的优点主要是比较全面地分析了所有故障原因，风险因素分析较全面；FTA 法的缺点是这种方法应用于系统时，容易产生遗漏和错误。学者 Nadine 和 Nikolai 在研究风电场项目投资中的政策风险时，针对“追溯性降低上网电价(FIT)”风险事件建立了图 8-3 所示的故障树分析图。风险因素有组件事件（Component Event，CE）和终端事件（Terminal Event，TE），终端事件直接导致风险事件（Risk Event，RE），也可导致 CE 发生，然后 CE 导致 RE 发生等。

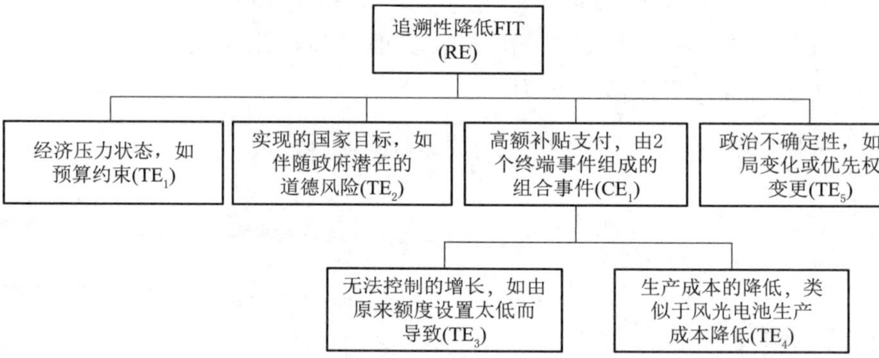

图 8-3 “追溯性降低 FIT”风险事件故障树示意图

(3) 经验数据法。经验数据法是指不同类型的工程项目，其风险因素不同，所统计的风险数据也不同，这些数据经整理后对项目的风险评估有很高的权威性。但统计数据的来源要有广泛性、代表性和针对性，要搜集与本工程具有相同性质的建设工程的风险管理资料，如电力工程项目就应搜集类似工程的风险材料，而且要结合工程所处的背景和环境，有针对性地搜集这方面的资料，才能识别出有参考价值的风险因素，并进行有效的风险评价，为制定风险对策提供依据。

(4) 德尔菲法。德尔菲法是采用背对背的通信方式征询专家小组成员的预测意见，经过几轮征询，使专家小组的预测意见趋于集中，最后做出未来可能存在风险的预测结论。德尔菲法作为一种主观、定性的方法，不仅可以用于预测领域，而且可以广泛应用于各种评价指标体系的建立和具体指标的确定过程。

2. 风险评价定量分析法

风险评价定量分析法很多，目前应用较为普遍的主要如下：

(1) 综合评价法。综合评价法也称为主观评分法，主要是在识别风险因素、获得风险清单的基础上，邀请专家对风险因素的重要性（权重）和风险事件发生的可能性进行打分，将每个风险因素的重要性和可能性相乘求和，即可得到风险的综合评价。风险事件发生可能性一般按照5级划分法，即可能性很大（1.0）、较大（0.8）、中等（0.6）、不大（0.4）和较小（0.2）。

(2) 层次分析法。层次分析法源自于控制论，是由美国数学家 A. L. Saaty 在20世纪70年代提出的，评价思路为：评价者将复杂的风险问题分解为若干层次和若干要素，并在同一层次的各要素之间进行两两比较、判断和计算，确定各个因素之间的权重，在对不同方案单个变量打分的基础上，求出加权总分，从而得到不同方案风险的综合评价。

(3) 模糊评价法。模糊评价法是利用模糊集理论评价风电场项目投资风险的一种方法。这种方法源于许多风险难以用完全精确的数据加以描述，而是具有模糊性的情形，如常用“风险大”或“风险小”等词语来描述。美国学者 L. A. Zadeh 于1965年提出模糊集理论，引入隶属度概念。一般而言，选取隶属度高所对应的评语为风险评价结论。模糊评价中，模糊运算公式有很多，常用的是模糊乘积法。对于风电场项目投资风险评价问题，其风险因素集 $U=\{u_1, u_2, \cdots, u_n\}$，评价指标集 $V=\{v_1, v_2, \cdots, v_m\}$，各风险因素权重分别为$W_1$，$W_2$，…，$W_n$，则风电场项目投资风险可用模糊乘积 $W \cdot V$ 来描述。

(4) Topsis 评价法。Topsis（Technique for Order Preference by Similarity to Ideal Solution)，也称优劣解排序法，是对不同方案下的风险评价指标值进行标准化处理，并考虑风险评价指标的权重构建加权的标准化决策矩阵，确定理想解和负理想解，进而计算每个方案分别与理想解和负理想解的欧式距离S_i^* 和S_i^-，最后再计算各方案与理想解的相对贴近度$C_i=S_i^*/(S_i^*+S_i^-)$。显然，按照C_i由大到小排列，C_i越大，意味着该方案离理想解越近，投资风险越小。

除了前述常用的定量评价方法外，其他的多属性决策分析方法也可以用于风险综合评价，有兴趣者可自行阅读相关书籍。

【案例8-1】 海外风电场项目投资中国家风险的评价。

国家风险最初起源于国际银行间的跨境业务，但随着全球化发展，国家风险从金融界术语逐渐发展为一个广泛运用的商业词汇。早期学者观点将国家风险与政治风险等同，但 20 世纪 90 年代后，国家风险内涵扩展，认为国家风险不同于企业自身问题所产生的经营性风险，是指海外投资中由于东道国政治、法律、经济政策等外在因素所决定的风险；而政治风险仅仅是源于东道国政府的更迭、政策的不连续、地缘政治冲突、民主主义与宗教意识形态冲突，以及地区和局部战争、战乱、腐败、官僚体制以及恐怖主义威胁等因素引发的外商直接投资损失的可能性。国家风险由于其特殊性和普遍性，是海外投资中关注的最重要风险因素之一。

从金融术语看，国家风险是指一个国家主权或借贷主体无法偿付债务的可能性，因此也称为主权信用风险。国际上影响广泛的三大评级机构包括标准普尔、惠誉和穆迪。这些评级机构定期发布的主权国家风险等级评估的正是一国主权信用违约的风险。这一风险最直接的反映是国家中央政府发行的国债违约概率。但在海外投资中，国家风险评级通常采用经济学家情报单位（Economist Intelligence Unit，EIU）、国际国别风险评级指南机构（ICRG，International）和环球透视（HIS Global Insight，GI）。限于篇幅，仅介绍 ICRG 关于国家风险的评级体系。

ICRG 评价的国家风险包含政治、经济和金融三类风险。每类又下设若干指标，并明确了各指标的最高分值，详见表 8-6。

表 8-6　ICRG 国家风险影响因素及其分值

政治风险	分值
政局稳定状况	12
社会经济条件	12
投资执行状况	12
有无内部冲突	12
有无外部冲突	12
政府腐败状况	6
军队在政治中的影响	6
宗教状况	6
法律与秩序	6
种族状况	6
民主负责	6
行政效率	4
政治风险总分	100

经济风险	分值
人均 GDP	5
经济增长率	10
年通货膨胀率	10
财政收入占 GDP 比重	10
国际收支占 GDP 比重	15
经济风险总分	50

金融风险	分值
外债占 GDP 比重	10
外债占出口商品与服务比重	10
经常项目占出口商品与服务比重	15
国际资本流动比率	5
汇率稳定状况	10
金融风险总分	50

ICRG 认为，政治风险与偿付意愿有关，金融风险与经济风险与偿付能力有关，

能力和意愿共同构成了该国主权信用基础。这三类风险也可以根据投资者的需要单独使用。而在国家风险的综合评级中，政治风险权重为50%，金融和经济风险各占25%。于是对一个国家而言，其国家风险计算公式为

$$CPFER=0.5PR+0.25(FR+ER) \tag{8-14}$$

式中 $CPFER$——综合政治、金融与经济风险；

PR——政治风险指数；

FR——金融风险指数；

ER——经济风险指数。

式（8-14）所得的国家风险指数值与风险度之间的关系见表8-7。显然，国家风险指数值越高，国家风险越低，反之亦然。

表8-7 ICRG的国家风险度与风险指数分值

风险度	风险指数分值	风险度	风险指数分值
非常高风险	00.0～49.5	低风险	70.0～79.5
高风险	50.0～59.5	非常低风险	80.0～100
中度风险	60.0～69.5		

8.4 风电场项目投资风险应对

8.4.1 风电场项目投资风险应对计划

风电场项目投资风险应对计划是一份分析陈述风电场项目面临的投资风险，以及应对风险策略、措施和确定风险管理目标、责任、程序等内容的书面说明，其目的是降低投资风险，并尽可能充分利用不确定性带来的机会。在编制风电场项目投资风险应对计划时，常需考虑多个应对方案，并从中选择一个优化的方案。

1. 风电场项目投资风险应对计划编制依据

风电场项目投资风险应对计划编制依据一般包括如下内容：

(1) 风电场项目风险管理计划和风险清单。风险管理计划包括风险管理方法、岗位划分和职责分工、风险管理费用预算等；风险清单一般包括不同风险事件发生的可能性、风险事件发生后对投资目标的影响等。

(2) 风电场项目投资风险的特性。风电场项目投资风险应对计划要根据风险特性制定。如对风险信息完备程度不一的风险就应采用不同的应对计划；风险的可控程度不同，其应对措施也不同，如技术风险一般为内生风险，更多采用优化设计、加强技

术评估和维修管理等应对措施；而政策法律风险为外生风险，一般会采用风险回避或风险自留等应对策略。

（3）风电场项目投资主体的抗风险能力。投资主体的风险承受能力直接影响投资主体对于风险应对措施的选择。投资主体的风险承受能力受到许多因素的影响，既有项目经理承受风险的心理因素和处理风险的已有经验，又有投资主体能够提供资源（含资金）的能力等。

（4）风电场项目投资风险的详细分析资料，包括项目风险因果分析资料、风险最大损失值和项目风险发展趋势分析资料等。有时一些风险可能是由一个共同因素引起的，对于这种情况针对共同因素制定应对措施就可以大大降低应对风险的成本。

（5）可供选择的风险应对措施。针对某具体风险，可能存在若干风险应对措施可供选择，必须综合考虑风险应对成本、应对能力和应对效果等要素进行选择。

2. 风电场项目投资风险应对计划编制内容

风电场项目投资风险应对计划编制内容主要包括如下项目：

（1）风电场项目投资风险识别和风险度量结果及其说明。

（2）风电场项目投资风险管理责任分配及其说明。

（3）风险分析和风险信息处理过程的安排，以及更新项目风险清单和风险度量结果的说明。

（4）风险应对措施的选择和实施行动计划。

（5）期望残留风险水平的确定和二级风险的分析处置。二级风险是指采取风险应对措施而产生的新风险。

（6）风险应对的费用预算和时间计划。

（7）风险应急计划和退却计划。风险应急计划是在风险事件发生时所实施的行动计划，主要包括项目应急费计划、项目技术措施后备计划和应急管理职责分工等内容。

8.4.2　风电场项目投资风险应对策略

如前所述，风险应对策略和措施有风险规避、风险转移、风险缓解、风险自留和风险利用，以及这些策略的组合。理论上，风电场项目投资的具体情况和风险管理者的心理承受能力、风险态度、风险承受能力不同，其风险应对策略和措施应该有所不同，不可能存在完全一样的风险应对策略和措施。但在实践中，人们总结出了制定风电场项目投资风险应对策略和措施的常用方法。

8.4.2.1　风险规避

风险规避是通过变更风电场项目投资实施计划，从而消除风险或消除风险产生的条件，或者保护风电场项目投资目标不受风险的影响。显然，通过规避风险事件发生的概率和规避风险事件发生后可能有的损失，可以达到既定目的。风险规避的具体方法如下：

(1) 终止法。终止法是通过终止(或放弃)项目或项目计划的实施来避免风险的一种方法,是规避风险的基本方法。如对某风电场项目投资的政策法律风险进行评估,若评估结果显示政策法律风险很高,导致预期收益损失的可能性很大,则可能放弃该项目的投资,这在海外投资中较为常见。

(2) 工程法。工程法是以工程技术为手段,以消除物质性风险的威胁。如在高空吊装叶片作业时,进行吊装机械的稳定性和吊点计算、吊点设计,并选择足够强度的钢丝吊绳等;在基础施工时在预留洞口设置围栏、盖板等均是十分典型的工程法规避风险的措施。工程法常见的手段是将风险因素与人、财、物在时间和空间上隔离,从而有效规避损失或风险。

(3) 程序法。程序法要求用标准化、制度化、规范化的方式从事风电场项目投资实施过程中的各项活动,以避免可能引发的风险或不必要的损失,这是一种无形的风险规避方法。如在风电场项目运维管理中,制定相关规范规程和操作手册,要求运维人员严格按照操作手册作业,以避免相关风险的发生。

(4) 教育法。实践表明,管理人员和操作人员的行为不当是引起风险的重要因素之一,因此通过经济、技术和法律等方面内容的普及教育,可以提高项目参与人员的风险意识和风险管理技术、方法。

8.4.2.2 风险转移

风险转移是设法将某风险的结果连同应对风险的权利和责任转移给他方的方法。转移风险并不是消除风险,而是仅将风险管理的责任转移给他方,但这并不意味着他人肯定会受到风险损失。在某些环境下,风险转移者和接受风险者会取得双赢。如在风电场项目 EPC 总承包中,允许总承包商将其并不擅长的子项分包给经验丰富的专业承包商承担设计和施工任务,这显然整体上降低了风电场项目建设阶段的风险,而承担该项任务的专业承包商还可以利用技术和经验优势,获得盈利。

风险转移方式可以分为非保险和保险两种方式。

1. 非保险风险转移方式

实践中非保险风险转移方式常采用以下具体方法:

(1) 合作投资或并购投资以改变风险量的转移方式。为降低投资风险,考察并择优选择一个资金实力较为雄厚或技术管理经验丰富的伙伴组建项目公司合作投资;或者选择一家对地方政府有较大影响的公司作为合作伙伴,可以降低政治风险或监管风险。并购投资可以推迟进入风电场项目的投资,尤其是在项目施工后期或调试阶段进行并购,可以大大降低风电场项目的建设风险,这对于一些财务投资者尤为关键。例如三峡集团投资巴基斯坦第一风电场项目时,就采用了合作投资的策略。

(2) 采用担保或履约保函方式转移风险。风电场项目开发商在 EPC 总承包发包时,要求中标的 EPC 总承包商提交履约担保或保函,将总承包商可能会出现的违约风险转移给出具担保的担保公司或出具保函的银行。在海外投资中，由于面临比较高的政治风险，也常采用担保手段转移政治风险。

（3）采用科学合同策划转移风险。具体表现如下：

1）采用适当的合同计价方式转移风险。风电场项目建设周期一般比较短，常在 1 年左右，因此较为适宜采用固定总价合同，从而将建设期内的物价波动和工程量的变化风险转移给总承包商，从而达到控制建设成本超支的风险。

2）确定合适的合同范围转移风险。如许多风电场项目开发商对于风电场项目开发涉及的相关专业技术理论和知识并不熟悉，或者对当地政府的审批报建政策、流程不熟悉，或者对当地老百姓的宗教信仰、风俗习惯不熟悉等，将风电场项目的征地拆迁、审批报建、设计施工和调试试运行等工作均打包给总承包商，实现“交钥匙”工程，从而将风电场项目前期和建设实施阶段的大部分风险转移给总承包商。在实践中，甚至还有“EPC＋O&M”承包方式，即风电场项目投资商或开发商除了采用 EPC 总承包外，还将项目的运维管理委托给他方，将运维管理风险部分转移给受委托的运营管理方。又如，海上风电场项目中，海域征用风险至关重要。如东潮间带海上风电工程涉及紫菜和贝类养殖海域，该风电场投资商就采用费用包干的形式由当地政府出面处理养殖补偿问题，从而转移了海域征用风险。

（4）运用合同条件转移风险。对于 EPC 合同而言，这主要体现在合同支付条件、方式、违约责任、工程变更条件、工期延误、合同竣工标准和不可抗力约定等关键合同条件的制定上，如哪些是不利施工条件和恶劣气候条件？哪些属于不可抗力？合同竣工要求达到的技术标准是什么？等等，只有明确约定才能达到转移风险的目的。如巴基斯坦第一风电场项目投资商在应对金融风险时，基于美元签订了 EPC 合同，将人民币汇率风险和中国国内通货膨胀风险转移给 EPC 总承包商。

（5）采用合理的分包方式转移风险。如前所述，允许总承包商将不擅长的专业工程分包，是实现共赢、转移风险的重要方法。

2. 保险风险转移方式

保险是风险转移的一种常用手段，是指风电场项目投资商或总承包商，或其他被保险人向保险人缴纳一定保险费，一旦所投保的风险事件发生，造成财产或人身伤亡，则由保险人给予补偿的一种制度。目前，国内外有商业保险机构、政策性保险和再保险机构具有一些保险品种可用于投保，国内常见的有建设期投保建设安装工程一切险、运营期投保财产一切险、公众责任险，此外还有人员团体意外伤害险、雇主责任险、运输保险；国外的金融机构或保险机构还可提供政治风险保险、海外投资保险等。如巴基斯坦第一风电场项目投资商，就是通过购买海外投资保险防范汇兑风险。

但总体看来，我国国内市场保险产品比较单一，条款不够专业。对于我国近年来大力发展的海上风电场项目而言，由于过往经验相对匮乏、自身风险点多且涉及高额投保资产，因此面临保险安排困难的现状，主要表现如下：

1）海上风电场项目在保险市场具有“特险”属性，无再保合约而存在较大的临分需求。国内海上风电场项目承保能力受限于各保险公司的自留额，承保份额有限，直保公司只能为单个项目寻找再保临分，必须要得到国际再保人的承保能力支持，但再保市场愿意释放的再保支持非常有限，或附加苛刻条件。

2）海上风电场项目投保资产规模大，各家保险公司对风险的认识不够，报价差异显著。国内海上风电场项目投资额大，对于装机容量 30 万 kW 的风电场，投保保额超过 40 亿元人民币，建设期 2～3 年，保费在千万元级别以上。由于现有的保险数据不充分，保险公司缺乏经验，各保险公司报价差距有时高达数倍。随着国内海上风电的规模化发展，保险排分面临的困难更大。

3）国内保险市场没有专门的海上风电保险产品，国际再保市场接受程度低。国际市场上，有能力且有兴趣参与海上风电场项目的再保公司包括 Swiss Re、RSA、Codan、Axa、Allianz 等，它们的承保能力共计约 20 亿美元，大多只愿意在 WindCAR/WindOP 条件下提供 DSU（Delay in Start Up）和 BI（Business Interruption）的保障并要求高免赔的承保条件。保险公司谨慎的原因主要在于核保信息有限且多为中文、不考虑海事检验师（MWS，可视为海上风电“专业监理”）、国内东南部台风、对中国承包商和供应商的了解不足等。

由此可见，我国海上风电场项目投保要与国际市场接轨，加强和国际再保市场的沟通和联系，同时充分发挥保险经纪人的作用，选择综合实力强的保险公司。保险经纪人的职责主要是制定保险方案，进行保险招标，主导保险竞争谈判，挑选具备承保资质、偿付能力充足、保险服务信誉好的保险公司。

8.4.2.3 风险缓解

风险缓解，又称减轻风险，是指将风电场项目投资风险的发生概率或后果降低到某一可以接受程度的过程。风险缓解并不是消除风险，也不是避免风险，而是减轻风险。风险缓解的具体途径主要有降低风险发生的可能性、减少风险损失、分散风险和采取一定的后备应急计划措施等。下面以三峡集团巴基斯坦第一风电场项目采取的风险缓解具体措施来说明。

【案例 8-2】 巴基斯坦第一风电场项目采取的风险缓解措施

巴基斯坦第一风电场项目投资商在风险识别的基础上，对项目存在的技术方案风险、电价风险、环境和征地移民风险、融资关闭风险、风能资源风险拟定了风险缓解的应对措施。

(1) 技术方案风险。针对当地高温天气，该项目在多方论证的情形下，选取了具有良好的散热性能、安装有耐高温部件的风电机组，以减轻项目所在区域高温气象条件引起的项目技术风险。

（2）电价风险。三峡集团在巴基斯坦开发风电场项目，首先是利用自身技术优势和融资能力，尽可能降低投资成本，并提供最优发电量的技术方案，在这种情况下寻求合理电价和投资回报，以达到互利双赢的效果，从长远看项目电价也有一定的竞争性，从而降低未来的市场和政策风险；其次，凭借前期调研过程中对巴基斯坦相关政策的了解，充分利用该国“基准发电量担保”的风能资源风险分担政策，即当月平价风速低于购电协议规定的保证风速时，电网将按照预先设定的基准发电量支付企业欠发的电量，保证企业发电收入不受风速低于预期的影响；如当月风能资源好于担保风速，则多发的电量电网公司只支付10%的电价。在风能资源准确评估的基础上，与电网公司谈判，确定合理的基准发电量或保证风速。

（3）环境和征地移民风险。该项目投资商按照国际金融公司对环境保护和移民方面的项目实施原则，以国际标准的环保和移民理念指导工作。首先将项目环评工作委托一家国际一流的环评咨询公司完成，并经多方审议研讨；其次移民征地工作以三峡工程征地移民管理系统为基础，开发了适用于海外项目的征地移民管理系统，做到了移民工作的精细化、数字化管理，保证了公正和透明，得到了政府和移民的信任和支持。

（4）融资关闭风险。三峡集团为防范项目融资关闭风险，组织了专业高效的法律、商务和技术团队分头工作编制融资方案和技术方案，尽可能按照金融机构的要求修改完善，并积极推介项目，在项目早期阶段就做好了风险防范准备。

（5）风能资源风险。三峡集团针对风能资源评估有完整的制度规定，要求对风能资源资料相对完整的国家，做到重分析、重类比、重第一手的现场勘察实测工作；对资料不完整的国家，利用大量时间去收集测量风能资源。在该项目中，针对巴基斯坦境内风能资源资料并不完整的情况，通过广泛收集所有可能的测风和气象数据，并自建测风塔进行了近两年的测风工作，力争获得尽可能可靠和完善的风能资源评估数据。

4. 风险自留

风险自留，也称风险接受，是由投资主体自行承担风险后果的风险应对措施。其一般适用于损失后果不是十分严重的风险，对于这类风险，是完全可以通过保险或非保险等方式处置风险的，但出于经济性考虑，而将风险自留。

风险自留不采用专门的预防措施，但一般会准备一笔费用和后备措施，一旦风险发生，将这笔费用用于损失补偿，做好应急计划也可大大降低风险应对行动的成本。风险自留有主动自留和被动自留两种类型。被动自留是指在没有充分识别风险及其损失的最坏后果，没有考虑到其他处置风险措施的条件下，不得不由自己承担损失后果的处置风险的方式。显然被动风险自留是不可取的。

在风电场项目风险管理实践中，最为常见的风险自留情形就是工程材料价格波动风险、设计不足风险、不利施工条件风险和有关法规的变化风险，此外还有 CDM 审核风险等。

参 考 文 献

[1] Maheshwari NI，Chandrasekaran M，Babu R. Optimization of electrical power using solar and wind energy systems [J]. Proceedings of 7th international conference on intelligent systems and control，2013 (3)：30 - 33.

[2] 严丹霖．中国风电产业政策测量及效应评价研究 [D]. 武汉：中国地质大学，2015.

[3] 余波．不确定环境下分布式风电项目投资决策研究 [D]. 重庆：重庆大学，2017.

[4] 兰忠成．中国风能资源的地理分布及风电开发利用初步评价 [D]. 兰州：兰州大学，2015.

[5] Ioannou A，Vaienti C，Angus A，et al. A cluster analysis of investment strategies in the offshore wind energy market [J]. 2017 6th Int. Conf. Clean Electr. Power，Santa Marguerita Ligure，Italy：IEEE Xplore；2017：362 - 369.

[6] 马维唯．国际风电产业现状及发展趋势 [J]. 企业改革与管理，2019：209 - 213.

[7] Bandoc G，Pravalie R，Patriche C，et al. Spatial assessment of wind power potential at global scale：A geographical approach [J]. Journal of Cleaner Production，2018，200 (NOV. 1)：1065 -1086.

[8] Christos Makridis. Offshore wind power resource availability and prospects：A global approach [J]. Environmental science&Policy，2013 (33)：28 - 40.

[9] 罗承先．世界可再生能源支持政策变迁与趋势 [J]. 中外能源，2016 (9)：20 - 27.

[10] 张兴平，刘文峰．典型国家可再生能源政策演变研究 [J]. 电网与清洁能源，2018 (10)：60 - 68.

[11] 王晨晨，杜秋平，王晓，等．可再生能源国外政策综述 [J]. 华北电力技术，2017 (2)：65 - 70.

[12] "一带一路"后中国企业风电、光伏海外股权投资趋势分析 [EB/OL]. (2019 - 12 - 19). https：//max. book118. com/html/2019/0715/7132140034002041. shtm.

[13] 国际可再生能源署．可再生准备评估——蒙古 [EB/OL]. (2019 - 12 - 19). https：//www. irena. org/-/media/Files/IRENA/Agency/Publication/2016/IRENA _ RRA _ Mongolia _ 2016. pdf.

[14] 产业经济评论．"一带一路"沿线国家——俄罗斯产业结构与产业政策分析 [EB/OL]. (2019 - 2 -28). http：//www. sohu. com/a/298574985 _ 804346.

[15] 国际可再生能源署．俄罗斯联邦可再生能源展望 [EB/OL]. (2017 - 4 - 11). https：//www. irena. org/publications/2017/Apr/Renewable - Energy - Prospects - for - the - Russian - Federation - REmap - working - paper.

[16] 张琪．俄罗斯发展风电很不顺 [EB/OL]. (2013 - 1 - 14). http：//paper. people. com. cn/zgnyb/html/2013 - 01/14/content _ 1184940. html.

[17] 苏美达．俄罗斯乌里扬诺夫斯克风电项目顺利安装完成 [EB/OL]. (2017 - 11 - 28). http：//www. sinomach. com. cn/xwzx/zgsdt/zgs17 _ 6389/201711/t20171128 _ 180036. html.

[18] 叶瑞克，高壮飞，刘康丽，等．俄罗斯可再生能源开发利用现状及展望 [J]. 南京工业大学学报，2018，17 (3)：87 - 96 .

[19] 徐洪峰，王晶．俄罗斯可再生能源发展现状及中俄可再生能源合作 [J]. 欧亚经济，2018 (5)：83 - 92.

[20] 驻俄罗斯联邦经商参处．俄罗斯可再生能源发展概况 [EB/OL]. (2019 - 10 - 16). http：//ru. mofcom. gov. cn/article/ddgk/201910/20191002904893. shtml.

[21] 世界银行 . GDP 增长率（年百分比）——印度［EB/OL］.（2019-10-16）. data. worldbank. org. cn/indicator/NY. GDP. MKTP. KD. ZG? end=2018&locations=IN&start=2013&view=chart.

[22] Chaurasiya P K，Warudkar V，Ahmed S. Wind energy development and policy in India：A review ScienceDirect［J］. Energy Strategy Reviews，2019（24）：342-357.

[23] 欧洲海上风电 . 新市场开放！印度向全球开放海上风电市场［EB/OL］.（2018-4-26）. http：//www. bdhye. com/news/news9. html.

[24] Samreen Siddique，Rashid Wazir. A review of the wind power developments in Pakistan［J］. Renewable and Sustainable Energy Reviews，2016（57）：351 - 361.

[25] 李长菁，刘兰波 . 巴基斯坦风电发展现状及其政策研究［J］科技和产业，2012，12（2）：6-9.

[26] 刘志栋 . 巴基斯坦风电项目开发［J/OL］. 国际工程与劳务，2017，8（453）：59-61.

[27] 全球风能理事会 . 东南亚最具前景风电市场：越南风电发展概况［EB/OL］.（2019-5-16）. https：//newenergy. in-cn. com/html/newenergy-2338180. shtml.

[28] 张朋举 . 论越南风电项目投资开发［J］. 云南水力发电，2017（3）：7-9，16.

[29] 全球风能理事会 . Market to Watch：Vietnam Offshore Wind［EB/OL］.（2019-9-23）. https：//gwec. net/market-to-watch-vietnam-offshore-wind/.

[30] 贤集网风能专题 . 中国能建承建越南汉巴拉姆 117MW 风电项目［EB/OL］.（2019-5-16）. https：//www. xianjichina. com/special/detail _ 407034. html.

[31] Doan V Q，Dinh V N，Kusaka H，et al. Usability and challenges of offshore wind energy in Vietnam revealed by the regional climate model simulation［J］. Scientific online letters on the atmosphere：SOLA，2019.

[32] 全球风能理事会 . 2018 年全球风电发展报告［EB/OL］. https：//www. useit. com. cn/thread-22890 -1 -1. html.

[33] 财经时报 BT. 全球最大风电站越南升龙风电项目将启动考察 英国公司担纲［EB/OL］.（2019-6-17）. https：//newenergy. in-en. com/html/newenergy-2341118. shtml.

[34] 越南新法速递：风电和太阳能上网电价截止日期的变化［EB/OL］. http：//www. chinagoabroad. com/zh/article/changes-to-wind-and-solar-power-feed-in-tariff-deadlines.

[35] Sakkarin Chingulpitak，Somchai Wongwises. Critical review of the current status of wind energy in Thailand［J］. Renewable and Sustainable Energy Reviews，2014（31）：312-318.

[36] JW A，MI B，YG B. Offshore wind power potential of the Gulf of Thailand［J］. Renewable Energy，2015（81）：609-626.

[37] 全球风能理事会 . 2018 年全球风电发展报告［EB/OL］. https：//www. useit. com. cn/thread-22890-1-1. html.

[38] 泰国电力行业投资指南［EB/OL］. https：//zhuanlan. zhihu. com/p/44603339.

[39] 欧洲海上风电 . 菲律宾首批海上风电［EB/OL］.（2020-4-1）. https：//baijiahao. baidu. com/s? id=1662727802089518867&wfr=spider&for=pc.

[40] Renewable Readiness Assessment - The Philippines［EB/OL］. www. doc88/com/p-582649902 7423. html.

[41] Dennis Elliott. Philippines Wind Energy Resource Altas Development［J］. Office of Scientific & Technical Information Technical Reports，2000：11-29.

[42] 菲律宾风力发电驱动该国能源就业及旅游发展［EB/OL］.（2017-4-21）. http：//news. bjx. com. cn/html/20170421/821536. shtml.

[43] 商务部 . 2018 年对外投资合作国别（地区）指南——印度尼西亚［EB/OL］.（2019-2-11）. https：//www. yidaiyilu. gov. cn/zchj/zcfg/77105. htm.

[44] 全球风能理事会 . Annual Global Wind Report［EB/OL］.（2019-2-11）. https：//gwec. net/

members - area - market - intelligence/reports/.
[45] 印度尼西亚风力发电潜力和挑战 [EB/OL]. http://www.istis.sh.cn/list/list.aspx? id=12396.
[46] 国际电力观察．印尼风电、光伏产业及规划 [EB/OL]. http://news.bjx.com.cn/html/20171201/865083.shtml.
[47] 2018年对外投资合作国别（地区）指南——埃及 [EB/OL]. https://www.yidaiyilu.gov.cn/wcm.files/upload/CMSydylgw/201902/201902010516015.pdf.
[48] 土耳其能源需求增长迅速 光伏装机增幅达48% [EB/OL]. https://energy.cngold.org/c/2019-12-05/c6734034.html.
[49] Tagliapietra S, Zachmann G, Fredriksson G. Estimating the cost of capital for wind energy investments in Turkey [J] Energy Policy., 2019, 131 (AUG.): 295-301.
[50] Kaplan Y A, Overview of wind energy in the world and assessment of current wind energy policies in Turkey [J]. Renewable and Sustainable Energy Reviews., (2015), 43 (4): 562-568.
[51] Elizbarashvili E Sh, Elizbarashvili M E, Elizbarashvili Sh E, et al. The Potential of Renewable Energy Resources of Georgia [J]. Russian Meteorology and Hydrology, 2016, 41 (11-12): 770-772.
[52] 李明．格鲁吉亚电力能源政策及投资前景 [EB/OL]. https://wenku.baidu.com/view/37a57c26b4daa58da0114a8a.html.
[53] 商务部．2018年对外投资合作国别（地区）指南——哈萨克斯坦 [EB/OL]. https://www.yidaiyilu.gov.cn/wcm.files/upload/CMSydylgw/201902/201902010511040.pdf.
[54] 聂书岭．哈萨克斯坦新能源与可再生能源的开发利用潜力 [J]．科技与经济，2006，10：3-6.
[55] 付京霞，于惠．哈萨克斯坦新能源行业现状及发展潜力分析-新华社（新华丝路） [EE/OL]. https://max.book118.com/html/2018/0223/154344999.shtm.
[56] 哈萨克斯坦：开启可再生能源“风”头正起 [EB/OL]. http://mp.ofweek.com/windpower/a745613429136.
[57] 奥夫少．波兰风电市场概况 [EB/OL]．(2020-2-27) http://news.bjx.com.cn/html/20200227/1048160-2.shtml.
[58] 欧洲风能协会．2018年欧洲风电统计报告 [EB/OL]. http://fd.bjx.com.cn/special/? id=964340.
[59] 商务部．2018年对外投资合作国别（地区）指南——波兰 [EB/OL]. https://www.yidaiyilu.gov.cn/wcm.files/upload/CMSydylgw/201902/20190 2010425034.pdf.
[60] 吴春莹．罗马尼亚风电产业概述 [EB/OL]. (2017-2-4) http://www.istis.sh.cn/list/list.aspx? id=10490.
[61] 高国庆，王南楠．罗马尼亚风电项目投资机会浅析 [J]. 风能，2012 (5)：54-59.
[62] 廖顺宝，刘凯，李泽辉．中国风能资源空间分布的估算 [J]. 地球信息科学，2008 (5)：5-10.
[63] 李然涛．对风电场选址技术流程的分析 [J]. 内蒙古石油化工，2012 (6)：28-30.
[64] 赵吴鹏．风电工程环境影响评价及应对措施 [J]. 能源研究与管理，2016 (3)：10-13.
[65] 王浩宇，王三平，韩震，等．风电建设项目生态环境影响评价技术要点 [J]. 能源与节能：2013 (10)：64-67.
[66] 李喜华．基于前景理论的复杂大群体直觉模糊多属性决策方法 [D]. 长沙：中南大学，2012.
[67] 刘慧晖．S型效用函数下的模糊多属性决策方法研究 [D]. 北京：华北电力大学，2017.
[68] 徐泽水．几类多属性决策方法研究 [D]. 南京：东南大学，2002.
[69] 陈志华．有限责任公司与股份有限公司问题的思考 [J]. 中国行政管理，2001 (10)：21-22.
[70] 夏云峰．2018年欧洲风电行业投融资情况概览 [J]. 风能，2019 (7)：42-47.
[71] 中债资信．绿色债券境内外市场发展概况 [EB/OL]. (2019-12-16) https://

finance. sina. com. cn/money/bond/market/2019 - 12 - 16/doc - iihnzahi7937028. shtml? cre = tianyi&mod=pcpager _ fin&loc=9&r=9&rfunc=100&tj=none&tr=9.

[72] 刘学峰．风电项目建设单位如何加强对工程勘察设计的管理［J］．项目管理技术，2017（1）：110 -115.

[73] 郭莉，王朋，方向，等．电网项目海外投资案例研究与风险识别［J］．科技管理研究，2018（18）：256 -262.

[74] 林琳．湘电集团保加利亚风电场项目的投资风险研究［D］．长沙：湖南大学，2013.

[75] 张夏博．基于全生命周期视角的海外风电总承包项目风险源分析及管控［J］．东方电气评论，2019，33（4）：67 - 72.

[76] Miller K D. A framework for integrated risk management in international business［J］. Journal of International Business Sudies，1992（2）：311 - 331.

[77] Li C B，Peng L，Xia F. Analysis of wind power generation operation management risk in China［J］. Renewable Energy，2014（64）：266 - 275.

[78] Marion Hitzeroth，Andreas Megerle. Renewable Energy Projects：Acceptance Risks and Their Management［J］. Renewable and Sustainable Energy Reviews，2013（27）：576 - 584.

[79] Nadine Gatzert，Nikolai Vogl. Evaluating investment in renewable energy under policy risks［J］. Energy Policy，2016（95）：238 - 252.

[80] Nadine Gatzert，Thomas Kosub. Risks and risk management of renewable energy Projects：The case of onshore and offshore wind parks［J］. Renewable and Sustainable Energy Reviews，2016（60）：982 - 998.

[81] 袁家海，曾昱榕．基于熵权 Topsis 灰色关联的“一带一路”国家电力投资风险评价研究［J］．华北电力大学学报（社会科学版），2019（3）：32 - 40.

[82] Zhou S，Yang P. Risk management in distributed wind energy implementing Analytic Hierarchy Process［J］. Renewable Energy，2020（150）：616 - 623.

[83] 刘珂．可再生能源发电投资风险分析与评估模型［D］．北京：华北电力大学，2013.

[84] 李杰，陈建兵，张琳琳，等．中国大陆地区年最大平均风速的概率密度函数［J］．自然灾害学报，2006（10）：76 - 82.

[85] 陈博．广义国家风险的评估——EIU、ICRG 和 GI 风险评级体系综述［EB/OL］．（2013 - 11 - 22）. https：//max. book118. com/html/2018/0226/154752559. shtm.

[86] 郑小慧．论国内海上风电项目保险管理及解决方案［J］．中国市场，2019（8）：51 - 52.

《风电场建设与管理创新研究》丛书
编辑人员名单

总 责 任 编 辑　营幼峰　王　丽

副总责任编辑　王春学　殷海军　李　莉

项 目 执 行 人　汤何美子

项 目 组 成 员　丁　琪　王　梅　邹　昱　高丽霄　王　惠

《风电场建设与管理创新研究》丛书
出版人员名单

封面设计　李　菲

版式设计　吴建军　郭会东　孙　静

责任校对　梁晓静　黄　梅　张伟娜　王凡娥

责任印制　黄勇忠　崔志强　焦　岩　冯　强

责任排版　吴建军　郭会东　孙　静　丁英玲　聂彦环